Jörg Pilawa

Pilawas ganze Welt des Wissens

Jörg Pilawa

PILAWAS
ganze Welt des Wissens

Fragen, Fakten, Phänomene

cbj

cbj ist der Kinder- und Jugendbuchverlag
in der Verlagsgruppe Random House

MIX
Papier aus verantwortungsvollen Quellen
FSC® C022125

Verlagsgruppe Random House FSC-DEU-0100
Das für dieses Buch verwendete FSC®-zertifizierte Papier
Eurobulk von Biberist liefert Papier Union.

Gesetzt nach den Regeln der Rechtschreibreform.

1. Auflage 2011

Texte in Zusammenarbeit mit Dr. Bernd Flessner
Lektorat: Gabi Neumayer, Hjördis Fremgen
Bildredaktion: Tanja Nerger, Random House, München;
KONTRASTE – Graphische Produktion, Sevilla

Umschlaggestaltung: büro süd, München
Fotos: siehe Bildnachweis S. 316/317
hf · Herstellung: RF

Layout, Gestaltung und Satz:
KONTRASTE – Graphische Produktion, Sevilla
Gesamtproduktion:
Westermann Druck GmbH, Zwickau

ISBN 978-3-570-15264-5
Printed in Germany

www.cbj-verlag.de

Inhaltsverzeichnis

Nur wer die Welt von heute kennt, kann die Welt von morgen verstehen

Alle paar Jahre verdoppelt sich zurzeit das Wissen der Menschheit. Wer kann da noch mithalten? Also, ich nicht! Für einen einzelnen Menschen ist das auch völlig unmöglich. Aber man kann sich auf dem Laufenden halten. Über die neuesten Erkenntnisse in Wissenschaft und Forschung, neue Techniken, Trends in der Gesellschaft und die großen und kleinen Entwicklungen auf unserer Welt. Um heute schon zu wissen, wie die Welt morgen aussehen könnte – und was wir noch verändern müssen, damit uns die Welt von morgen auch gefällt.

Dieses Buch gibt euch einen Überblick über den Stand der Dinge heute. Damit seid ihr absolut „up to date"! Ihr erfahrt, woran die Wissenschaftler gerade arbeiten, welche Entwicklungen sich abzeichnen und welche Entdeckungen gemacht werden.

Was sich da tut, klingt nicht selten wie Science-Fiction: Da werden täglich neue Tiere, Pflanzen und sogar Planeten entdeckt. Man findet Erklärungen für bislang unerklärliche Phänomene wie Kugelblitze oder das berühmte Ungeheuer von Loch Ness. Und es werden neue Technologien wie der Mikrochip für Blinde, 3-D-Mails oder der Essensdrucker entwickelt.

Tag für Tag suchen Experten und Betroffene aber auch nach Lösungen für die großen Probleme unserer Welt: Wie überwindet man eine Wirtschaftskrise? Wie kann man das Aussterben von Tieren und Pflanzen verhindern? Wie schaffen es die Menschen, friedlich zusammenzuleben? Wie können wir Rohstoffe sparen, neue Energien nutzbar machen und den Klimawandel aufhalten?

Aber nicht nur in Wissenschaft und Technik, Wirtschaft und Weltgeschehen gehen die Entwicklungen weiter. Auch in Kultur, Sport und den Medien tut sich ständig etwas. Wer hätte noch vor einigen Jahren gedacht, dass im Jahr 2011 3-D-Filme boomen würden, neue Sportarten wie „Parkours" populär werden, Vampirfilme der Renner sind und soziale Netzwerke uns Tausende von neuen „Freunden" bescheren?

Ihr seht schon: Euch erwartet in diesem Buch eine bunte Mischung. Spannend, aufregend, unglaublich, aufrüttelnd, witzig – und immer wissenswert!

Und weil man viel leichter lernt und mehr versteht, wenn man Spaß dabei hat, wünsche ich euch vor allem eins: ganz viel Spaß beim Kreuz- und Querlesen, beim Staunen und Lachen, beim Raten und Entdecken!

Euer
Jörg Pilawa

Biologie

Die Erforschung der biologischen Vielfalt auf der Erde ist noch lange nicht abgeschlossen – im Gegenteil: Immer mehr Fossilien von Tieren und Pflanzen, die vor Millionen von Jahren lebten und inzwischen längst ausgestorben sind, werden entdeckt. Außerdem stoßen Wissenschaftler in undurchdringlichen Dschungeln und heißen Wüsten regelmäßig auf bislang unbekannte Tierarten.

Von besonderem Interesse für die Forscher sind die Tierarten, die erst vor Kurzem, also in den letzten Jahrhunderten, von den Menschen ausgerottet wurden. Vielleicht, so die Hoffnung, kann man sie eines Tages mithilfe der Gentechnik wieder zum Leben erwecken.

Auch die Kommunikation von Tieren und Pflanzen wird intensiv untersucht. Sie ist offenbar komplexer, als man lange Zeit angenommen hat.

Die Zahl der vom Aussterben bedrohten Arten wächst von Jahr zu Jahr. Viele der neuen Erkenntnisse dienen deshalb vor allem einem Zweck: Sie sollen uns helfen, zu verhindern, dass immer mehr Pflanzen und Tiere von der Erde verschwinden.

Neue Dinos

Wer Dinosaurier jagt, braucht viel Geduld. So auch die amerikanischen Paläontologen, die 2005 in einem Steinbruch in Utah auf fossile Knochen stießen. Bergen konnten sie ihren Fund erst einmal nicht, weil er in festem Gestein an einer unzugänglichen Stelle eingeschlossen war. Es dauerte mehrere Jahre, bis die Felsen um die Knochen nach und nach weggesprengt werden konnten. Die Sprengladungen durften ja auf keinen Fall die fossilen Knochen zerstören. Darum mussten die Sprengungen genau berechnet werden. Außerdem musste man verhindern, dass der Hang des Steinbruchs nachgab und den Fund unter sich begrub.

Wie heißen die großen vierbeinigen Pflanzenfresser?

A Antipoden
B Sauredrops
C Sauropoden
D Vegetosaurier

1

Nach Jahren konnten die Forscher endlich zwei Schädel von Sauropoden freilegen; das sind riesige Pflanzenfresser, die vor rund 105 Millionen Jahren lebten. Eine Sensation, denn Schädelfunde von Sauropoden sind äußerst selten. Außerdem gehören die 2010 vorgestellten Schädel zu einer bislang unbekannten Art, die den Namen *Abydosaurus* erhielt. Bis alle Knochen geborgen sind, werden aber noch mehrere Jahre vergehen. Über die Lebensgewohnheiten der neuen Art weiß man bislang noch nichts.

Sauropoden-Knochen

2007 stießen Braunschweiger Dinoforscher im Fluss Niger in Afrika auf riesige Knochen eines bislang unbekannten Sauropoden. Auch hier dauerte es Jahre und insgesamt vier Expeditionen, bis die Knochen ausgegraben und präpariert waren. Das 14 Meter lange Tier lebte vor rund 170 Millionen Jahren. Es wurde *Spinophorosaurus nigerensis* genannt, „stacheltragende Echse aus Niger“, weil es an seiner

Spinophorosaurus

Schwanzspitze vier lange Dornen hat, mit denen es wahrscheinlich Raubsaurier abwehrte.

Sauropode

Funde wie dieser sind keine Seltenheit: In den letzten Jahren wurden mehr als 100 neue Dinosaurier-Arten entdeckt! Und mit jedem neuen Fund lernen wir etwas Neues über die Riesenechsen. Manchmal bringt ein Fund unser Bild von den Dinosauriern auch ganz schön durcheinander.

Was haben die Dinosaurier „erfunden"?

A Zähne
B Federn
C Ei
D Hals

2

Einen solchen Sensationsfund konnten chinesische Wissenschaftler 2003 melden. Ihr Saurier ist zwar nur einen halben Meter lang, hat aber Federn an allen vier Gliedmaßen! Wie das Tier namens *Microraptor gui* damit fliegen oder gleiten konnte, darüber streiten die Forscher noch.

Riesenskorpion

Der deutsche Paläontologe Markus Poschmann aus Mainz machte 2007 in einem Steinbruch in Willwerath in der Eifel eine Riesenentdeckung: die Kieferklaue eines Skorpions, der vor rund 390 Millionen Jahren lebte. Die Sensation dabei ist die Größe der Schere: Sie misst sagenhafte 46 Zentimeter. Als Poschmann zusammen mit englischen und amerikanischen Kollegen die ungefähre Größe des Seeskorpions berechnete, kam er auf 2,50 Meter.

Damit hatte niemand gerechnet, denn die Wissenschaftler waren sicher, dass Gliederfüßer – das sind vor allem Insekten, Spinnen und Krebse – niemals so groß werden können, weil ihr besonderes Atmungssystem das nicht zulässt. Insekten und Spinnen haben nämlich keine Lungen, sondern atmen mit dünnen Röhrchen im Hinterleib, den Tracheen.

Wo haben einst Riesenskorpione gelebt?

A in Ostfriesland
B in der Eifel
C im Harz
D in Berlin-Kreuzberg

3

Diese Röhrchen können nicht so viel Sauerstoff aufnehmen wie Lungen und damit auch keinen so großen Körper mit Sauerstoff versorgen, wie das mit Lungenatmung möglich ist. Wie also konnte der Skorpion, der den wissenschaftlichen Namen *Jaekelopterus rhenaniae* erhielt, so groß werden? Einige Forscher nehmen an, dass die Seeskorpione kaum Feinde hatten und sich darum ungehindert entwickeln konnten. Vor allem aber ermöglichte wohl die Atmosphäre, dass die Skorpione ihren riesigen Körper gut mit Sauerstoff versorgen konnten: Damals enthielt die Luft mehr Sauerstoff als heute.

Markus Poschmann

Jetzt fragen sich die Forscher natürlich, ob es auch andere Gliederfüßer gab, die so groß wurden, zum Beispiel Spinnen oder Krebse.

Gepanzerter Frosch

Vor rund 70 Millionen Jahren hüpfte er durch den Dschungel von Madagaskar: *Beelzebufo ampinga*, auf Deutsch: Gepanzerter Riesenfrosch. Der größte Frosch aller Zeiten war 40 Zentimeter lang und wog rund 5 Kilogramm. Sein Maul war außergewöhnlich breit und kräftig. Eidechsen und Säugetiere zählten zu seinen Opfern. Und sogar kleine Dinosaurier konnte er erbeuten. Er selbst brachte sich mit großen Sprüngen vor Feinden in Sicherheit oder verließ sich auf seine Tarnung.

Wo hat der Riesenfrosch gelebt?

A Südafrika
B Belgien
C Madagaskar
D Grönland

4

Und so hat man das alles herausgefunden: Versteinerte Knochen dieses Riesenfrosches waren schon lange bekannt. Doch erst kürzlich ist es englischen Wissenschaftlern gelungen, aus 75 einzelnen Skelettfunden ein komplettes Tier zusammenzusetzen. Eine mühsame Puzzlearbeit: Das Skelett wurde fotografiert und in einen Computer eingegeben. Mithilfe besonderer Programme wurden dann die Muskeln ergänzt und zuletzt die Haut hinzugefügt. Wie die Haut ausgesehen haben kann, rekonstruierte man

Hast du das gewusst?

Der größte heute lebende Frosch ist der afrikanische Goliathfrosch. Er wird etwa 36 Zentimeter lang und bis zu 3,6 Kilogramm schwer.

Beelzebufo ampinga

so: Das Skelett zeigte, dass der Riesenfrosch zu den Hornfröschen gehörte. Die heute noch lebenden Hornfrösche haben eine gepanzerte Haut in Tarnfarben, und daraus schlossen die Wissenschaftler, dass auch der Riesenfrosch eine gepanzerte Haut besaß.

Das Computerbild stützt sich also auf begründete Vermutungen. Aber wie der Frosch tatsächlich ausgesehen oder gelebt hat, weiß man nicht. Aber auch das versuchen die Forscher herauszufinden. Erste Aufschlüsse gibt das riesige Maul: Damit könnte er auch große Tiere erbeutet haben. Und da er in einer trockenen Region lebte, muss er gut an ein Leben ohne viel Wasser angepasst gewesen sein.

Rückkehr der Mammuts

Eine Herde Mammuts stampft durch die russische Waldsteppe. Ihre riesigen Stoßzähne sind nach oben gebogen. Ihr Fell mit den langen Haaren schützt sie vor der Kälte. Zwei Jungtiere sind auch dabei, die sich nie weit von ihren Müttern entfernen. Die Eintrittskarten für den Mammutpark sind teuer, aber Besucher aus der ganzen Welt stehen Schlange. Jeder will die sensationellen Urzeittiere mit eigenen Augen sehen!

So etwa stellen sich einige Forscher die nahe Zukunft vor. Denn jüngst haben amerikanische und russische Genforscher gemeinsam das Genom, also das Erbgut, des in der Eiszeit ausgestorbenen Mammuts fast vollständig entschlüsselt. Dazu wurden die Haare von zwei Mammuts benutzt. Sie waren seit mehr als 20 000 Jahren im sibirischen Dauerfrostboden eingefroren, deshalb ist das Erbgut in ihren Zellen besonders gut erhalten.

Mammut

Als die Forscher das Genom kannten, konnten sie es mit dem der heutigen Elefanten vergleichen und die Unterschiede genau herausarbeiten. Jetzt hoffen sie, mit dem Genom das Mammut wieder

„zum Leben erwecken" zu können. Praktisch stellen sie sich das so vor: Sie wollen einen künstlichen Zellkern mit dem Mammut-Genom herstellen und in die Eizelle einer Elefantenkuh einbringen. Statt eines kleinen Elefanten trägt die Elefantenkuh dann ein Mammut-Baby aus.

Wie heißt das Erbgut eines Lebewesens?

A Gollum
B Genom
C Ganglion
D Golem

5

Möglich ist das derzeit noch nicht, aber einige Forscher arbeiten daran. Auch andere ausgestorbene Tiere will man auf diese Weise wiederauferstehen lassen. Zum Beispiel den Tasmanischen Tiger, einen Beutelwolf, der in den 30er-Jahren ausgerottet wurde. Auch sein Genom ist inzwischen entschlüsselt.

Säugetiere entdeckt

Im Dschungel von Papua-Neuguinea kämpften sich 2009 ein Fernsehteam und einige Biologen durch den Regenwald. Ihr Ziel war der Krater des erloschenen Vulkans Mount Bosavi. Als sie das Kraterinnere mit den bis zu 1000 Meter hohen Wänden erreichten, wurde der amerikanische Biologe Kristo-

Riesenratte

fer Helgen fündig: eine riesige Ratte! Mit ihren 82 Zentimetern Länge vom Kopf bis zum Schwanz und 1,5 Kilogramm Gewicht war sie größer als jede bisher bekannte Rattenart. Und Helgen war sich sicher: Diese Säugetierart war noch nie zuvor beschrieben worden. Er taufte die Riesenratte *Bosavi woolly rat*.

Wo werden noch viele unbekannte Tierarten vermutet?

A in der Nordsee
B in der Mongolei
C in Oberammergau
D im Regenwald

6

Die Entdeckung einer neuen Säugetierart ist gar keine so große Seltenheit. Allein in den letzten 15 Jahren haben Zoologen mehr als 400 neue Arten entdeckt. Damit steigt die Zahl der uns bekannten lebenden Säugetiere auf über 5200 Arten. Zu den Neuentdeckungen der letzten Jahre gehört auch die Laotische Felsenratte, 2005 in Laos entdeckt, die seit 11 Millionen Jahren als ausgestorben galt. Auf Madagaskar stießen deutsche Zoologen auf den Nördlichen Riesenmausmaki, einen bis dahin noch unbekannten Affen. Und im Dschungel Brasiliens spürte ein holländischer Forscher eine neue Nabelschweinart auf: das Riesenpekari, das 1,30 Meter lang wird.

Welche Nabelschweinart wurde kürzlich entdeckt?

A Zwergeber
B Riesenpekari
C Großtrappe
D Bergtapir

7

Viel Zeit für weitere Entdeckungen bleibt den Zoologen aber nicht mehr. Denn vor allem durch Rodungen verschwinden die Lebensräume weiterer unbekannter Tierarten mehr und mehr – und damit verschwinden auch die Tiere selbst. Verhindern können das nur noch strengere Schutzmaßnahmen.

Ausgerottete Tiere

34 Zentimeter lang, mit einem Umfang von einem Meter: So sieht das größte Ei aller Zeiten aus. Gefunden wurde es schon 1967 auf Madagaskar. Doch erst jetzt konnte man mit modernen Computertomografen die vertrocknete Masse in seinem Inneren Schicht für Schicht sichtbar machen. Zum Vorschein kam ein fast ausgebrüteter Elefantenvogel. Aus einem anderen Ei konnten Wissenschaftler 2010 sogar DNA gewinnen. Denn man will mehr wissen über den wahrscheinlich größten Vogel, der je gelebt hat: Ein ausgewachsenes Tier konnte eine Kopfhöhe von über drei Metern erreichen. Leider wurde der stämmige Laufvogel, der nur auf Madagaskar lebte, im 17. Jahrhundert ausgerottet. Die Menschen hatten zu viele der Elefantenvögel erlegt und zu viele ihrer Eier gesammelt.

Moa

Ganz ähnlich erging es einem anderen flugunfähigen Laufvogel, dem Moa, der auf Neuseeland lebte. Er war gut zwei Meter groß und hatte nur ein einziges Tier zu fürchten: den Haast-Adler. Mit über drei Metern Spannweite war er der größte Adler aller Zeiten. Als die Polynesier Neuseeland im 13. Jahrhundert entdeckten und besiedelten, waren die furchtlosen

Haast-Adler

Moas eine leichte Beute für sie. Innerhalb weniger Jahrzehnte war das letzte Tier erlegt – und der Haast-Adler starb gleich mit aus.

Welcher Adler jagte die Moas?

A Bundesadler
B Kampfadler
C Haast-Adler
D Affenadler

8

Kleiner, aber noch bekannter ist die Dronte, auch Dodo genannt, die auf den Inseln Mauritius und Réunion im Indischen Ozean lebte. Dieser einen Meter große flugunfähige Vogel ist mit den Tauben verwandt. Als die Inseln zu Beginn des 16. Jahrhunderts von den Portugiesen entdeckt wurden, waren die plumpen Vögel für die Seefahrer eine willkommene Ergänzung des Reiseproviants. Außerdem schleppten die Seefahrer Ratten und Schweine ein – fatal für die Dronten, denn diese Tiere fraßen ihre Eier. Schon um 1690 waren die seltsamen Vögel mit ihren geschwungenen Schnäbeln darum ausgerottet. Weitaus größer war das Tier, das der deutsche Arzt Georg Wilhelm Steller zufällig 1741 auf einer Expedition nach Alaska entdeckte. Am Ufer einer unbekannten Insel tauchte plötzlich eine acht Meter lange und vier Tonnen schwere Seekuh aus dem eiskalten Wasser auf. Das harmlose und unbekannte Riesentier wurde später *Stellers Seekuh* genannt. Die Beschreibung der Seekuh kam leider auch vielen Walfängern und Pelztierjägern zu Ohren. Sie machten Jagd auf die Riesenseekuh und rotteten sie innerhalb von nur 27 Jahren aus.

Wie wird die Dronte noch genannt?

A Didi
B Dodo
C Dada
D Dudu

9

Heute versuchen Wissenschaftler, anhand von Eiern, Federn, Knochen oder Haaren mehr über Tiere zu erfahren, die vom Menschen ausgerottet wurden. Sie wollen durch ihre Forschung auch dazu beitragen, die Ausrottung anderer Tiere zu verhindern.

Hast du das gewusst?

Ausgestorben ist auch der Auerochse oder Ur: Der letzte starb 1627 in Polen. Von dieser wilden Rinderart stammen alle unsere heutigen Hausrinder ab.

Kryptozoologie

Es war im Jahr 2007, als ein Cario-Indianer tief im Regenwald Brasiliens in der Nacht den Schrei eines unbekannten Tieres hörte. Als er davon berichtete, hörten aber nicht nur die anderen Indianer seines Stammes gespannt zu, sondern auch der Kryptozoologe David Oren.

Welche Forscher suchen sogar nach Fabeltieren?

A Moraltheologen
B Ornithologen
C Morphologen
D Kryptozoologen

10

Für die Indianer stand schnell fest, von wem der nächtliche Schrei stammte: vom gefürchteten Mapinguaris, einer Art Urwaldgottheit. Oren aber hatte einen anderen Verdacht, denn er glaubte nicht an geheimnisvolle Götter. Für ihn kam nur ein Tier infrage. Ein Tier allerdings, das nach Ansicht bekannter Zoologen schon vor rund 10 000 Jahren ausgestorben ist: das Megatherium, ein Riesenfaultier. Genau dort, wo der Schrei zu hören war, hatte es gelebt. Das war Anlass genug für Oren, zu glauben, dass der Schrei von einem Megatherium stammte.

Megatherium

Zoologen halten das für ausgeschlossen – nicht aber einige Kryptozoologen. Sie fahnden überall auf der Welt nach rätselhaften Tieren, von denen in Sagen und Legenden berichtet wird. Auch der Yeti, der geheimnisvolle Schneemensch, und das Ungeheuer von Loch Ness gehören dazu. Einige Kryptozoologen hoffen sogar, dass in abgelegenen Gebieten Dinosaurier überlebt haben könnten – auch wenn alle anderen Wissenschaftler darüber lachen.

Wie heißt das ausgestorbene Riesenfaultier?

A Megatherium
B Minotaurus
C Megalosaurus
D Martyrium

11

David Oren will nun durch eine weitere Expedition klären, ob der Schrei, den er damals gehört hat, tatsächlich von einem Riesenfaultier stammte. Das wäre eine Riesensensation – ist aber extrem unwahrscheinlich.

Riesenkalmare

Die Meeresbiologen an Bord des amerikanischen Forschungsschiffs „Gordon Gunter" holten am 30. Juli 2009 zum ersten Mal ihr neues Forschungsnetz aus 1500 Metern Tiefe ein. Es war schwerer als erwartet, und als das Netz über dem Deck schwebte, wussten sie auch, warum: Neben kleineren Tintenfischen hatten sie einen sechs Meter langen Riesenkalmar gefangen.

Wie viele Arme hat ein Riesenkalmar?

A acht Arme
B zehn Arme
C zwölf Arme
D zwanzig Arme

12

Dass es im Golf von Mexiko derartige Meeresmonster gibt, war bekannt, denn 1954 war ein totes Tier angeschwemmt worden. Doch gefangen hatte man einen lebenden Riesenkalmar noch nie. Daher wissen die Forscher bis heute auch sehr wenig darüber, wie diese Tiere leben. Das Exemplar von 2009 war leider ebenfalls tot; es hatte den Aufstieg aus der großen Tiefe nicht überstanden.

Riesenkalmar

Einen noch größeren Riesenkalmar fingen neuseeländische Fischer im Juli 2007 in den Gewässern der Antarktis. Das rosarote Tier war zehn Meter lang und wog 450 Kilo, war aber ebenfalls tot. Hätte man diesen Riesentintenfisch zu Tintenfischringen verarbeitet, wären sie so groß wie Traktorreifen gewesen! Aber das Tier wurde natürlich nicht gegessen, sondern Forschern übergeben.

Wer sind die Feinde der Riesenkalmare?

A Sterneköche
B Weiße Haie
C Pottwale
D Tiefseetaucher

13

Bislang weiß man nicht viel über Riesenkalmare. Es gibt nur einige Funde toter Tiere und einige wenige Fotos von lebenden Exemplaren. Sie wurden mit Fotofallen in großer Tiefe gemacht. Diese Fallen sind wasserdichte Fotoapparate mit einem Blitzlicht. Sie werden durch einen Köder oder einen Bewegungsmelder ausgelöst. Zumindest weiß man: Riesenkalmare können bis zu 18 Meter lang werden. Sie gehören zu den zehnarmigen Tintenfischen und sind an das Leben in der Tief-

Kalamar

see perfekt angepasst. Dort jagen sie Fische, die sie mit ihren Fangarmen festhalten.

Aber auch solche Riesentiere haben einen Feind, nämlich den Pottwal. Er kann 1500 Meter tief tauchen, und er gewinnt oft den Kampf der Giganten. Das kann man an Teilen von Riesenkalmaren sehen, die man in den Mägen von Pottwalen gefunden hat.

Invasion der „Aliens"

Im Sommer 2009 schlug Montserrat Vilà Alarm. Die Wissenschaftlerin von der Estación Biológica de Doñana in Sevilla ist Leiterin eines Forschungsprojekts, das nach Europa eingewanderte Tier- und Pflanzenarten untersucht. Diese „Aliens", wie sie viele Biologen nennen, werden immer mehr. 2009 waren es schon 1094 Arten.

Viele sind harmlos, aber andere stören die einheimischen ökologischen Systeme und verursachen enorme Schäden. Manche Aliens sind sogar für den Menschen gefährlich, zum Beispiel die australische Rotrückenspinne, die sich in Südeuropa einquartiert hat.

Auch die asiatische Buschmücke gehört zu den gefährlichen Invasoren. Sie macht sich seit 2008 in Süddeutschland und der Schweiz breit und überträgt schwere Viruserkrankungen. In der Nordsee wuchert die eingewanderte giftige Alge *Chrysochromulina* und sondert Giftstoffe ab, die für Fische tödlich sind. Und auf dem Meeresboden der Nordsee breitet sich die Pazifische Felsenauster aus und verdrängt vor der Küste die einheimischen Miesmuscheln.

Was ist eine der Hauptursachen für die Alien-Invasion?

A Osterferien
B Klimawandel
C Zoohandlungen
D Außerirdische

14

Doch warum kommen plötzlich so viele Aliens zu uns? Dafür gibt es zwei Gründe: Wir selbst schleppen durch die Einfuhr von

Lebensmitteln, durch den Schiffsverkehr und durch Fernreisen viele Arten ein. Hier können sie sich dann gut verbreiten – und das immer leichter, denn durch den Klimawandel können in Europa nun auch Arten leben, denen es bislang bei uns zu kalt war. Außerdem haben sie oft keine Fressfeinde, sodass sie sich ungestört vermehren können. Viele Forscher sind damit beschäftigt, Mittel gegen die gefährlichsten Aliens zu finden, um eine weitere Ausbreitung zu verhindern.

Rote Liste wächst

Die Rote Liste der gefährdeten und vom Aussterben bedrohten Pflanzen und Tiere wird alle zehn Jahre von Biologen neu erarbeitet. Die letzte erschien 2009. Danach hat sich der Bestand einiger Arten leicht erholt – es gibt wieder mehr Biber, Störche und Seehunde. Doch vielen anderen Arten geht es schlechter als je zuvor: 130 Arten sind akut vom Aussterben bedroht. Und sogar einst häufige Tiere wie der Feldhamster zählen dazu.

Dafür gibt es mehrere Gründe: Die modernen Äcker haben keine unbepflanzten Randstreifen mehr. Es gibt immer weniger feuchte Wiesen, die zum Beispiel der Kiebitz braucht. Vögel wie die Lachseeschwalbe finden keine ruhigen Plätze mehr für ihre Nester. Immer mehr Straßen zerschneiden die Landschaft und unterbrechen die Wanderwege der Tiere. Immer mehr Häuser, Gewerbehallen und Parkplätze werden gebaut. Landwirte benutzen immer größere Traktoren und bearbeiten riesige Felder, die nicht durch schützende Hecken und Büsche unterteilt sind.

Feldhamster

Welches Tier ist bei uns vom Aussterben bedroht?

A Dachs
B Wildschwein
C Maulwurf
D Feldhamster

15

Das von der Europäischen Union vorgegebene Ziel, bis 2010 den Verlust der biologischen Vielfalt zu stoppen, kann Deutschland so jedenfalls nicht erreichen. Damit das doch noch gelingt, müssen deutlich mehr Menschen aktiv werden. Zumal jede Art, die verschwindet, weitere Arten gefährdet. Schließlich lebt kein Tier für sich allein – jedes bildet mit anderen Pflanzen und Tieren ein kompliziertes ökologisches Gefüge. Wenn wir das nicht endlich verstehen, werden wir dieses Gefüge so sehr aus dem Gleichgewicht bringen, dass am Ende auch unser eigenes Überleben in Gefahr ist.

Bienensterben

Überall auf der Welt beobachten Imker die ausfliegenden Bienen und hoffen, dass sie viel Nektar und Pollen sammeln. Doch seit einigen Jahren geschieht es immer öfter, dass die Bienen den Stock zwar verlassen, aber nicht mehr zurückkehren. Stattdessen landen sie irgendwo und sterben. Zurück bleiben die Königin, die Brut und die gesammelten Vorräte an Honig und Pollen. Und wenn die Brut und die Königin nicht mehr versorgt werden, sterben sie.

Wie heißen die männlichen Bienen?

A Dronten
B Drohnen
C Dromedare
D Druiden

16

Das plötzliche Bienensterben trägt seit 2006 den englischen Namen „Colony Collapse Disorder“. Es war zwar schon vorher bekannt, aber nicht in diesem Ausmaß: Allein im Jahr 2007 starben in den USA etwa 80 Prozent aller Bienenvölker. Auch in Europa und Indien gingen Tausende von Völkern zugrunde. Die Imker und auch die Wissenschaftler standen vor einem Rätsel.

Wer ist für das Bienensterben auch verantwortlich?

A Bienenwolf
B Stinktier
C Varroa-Milbe
D Braunbär

17

Und daran hat sich bislang nur wenig geändert. Dabei fahnden Forscher weltweit nach den Ursachen. Eine umfassende Lösung haben sie bisher nicht gefunden, aber es gibt immer wieder kleine Erfolge: Als im April und Mai 2008 im Rheintal unzählige Bienenvölker starben, war der Grund ein Pflanzenschutzmittel namens Clothianidin, mit dem Mais behandelt wird. In anderen Regionen machen Forscher die Varroa-Milbe für das Bienensterben verantwortlich, einen winzigen Parasiten, der für Bienen schäd-

Bienen mit Bienenkönigin

liche Viren überträgt. Andere Wissenschaftler, vor allem in den USA, haben seit 2009 Picorna-Viren in Verdacht. Diese Krankheitserreger stören die Eiweißproduktion in den Zellen der Bienen.

Hast du das gewusst?

Bienen spielen bei der Bestäubung vieler Obstbäume und Nutzpflanzen eine große Rolle, von denen unser Überleben abhängt. Zu unserem Glück gibt es aber noch einige andere Insektenarten – wie Hummeln, Erdbienen, Käfer und Schmetterlinge –, die diese Aufgabe ebenfalls erfüllen. Durch das Bienensterben hat sich sogar ein neuer Geschäftszweig entwickelt: Imker leihen ihre Völker für Geld an Obstplantagen aus.

Ob die Forscher mit ihrer Diagnose richtig liegen, wird sich in den nächsten Jahren zeigen. Und dann geht es darum, ein Gegenmittel zu finden.

Erfolgreiche Käfer

Dass es erfolgreiche Hollywoodstars gibt, ist klar. Aber wie können Käfer erfolgreich sein? Für Biologen ist diese Frage leicht zu beantworten: Mit 350 000 bekannten Arten sind die Käfer die artenreichste Ordnung aller Lebewesen auf der Erde. Jede vierte Art ist ein Käfer! Mindestens. Denn jedes Jahr kommen Hunderte neu entdeckte Arten hinzu. Viele Käferforscher, Koleopterologen genannt, vermuten, dass es mindestens 50 000 bis 80 000 noch unbekannte Käferarten auf der Erde gibt. Und sie sind fast überall zu finden, auf allen Kontinenten, im Süßwasser ebenso wie in den hohen Bergen. Nur in den Ozeanen und in den arktischen Polarregionen und Antarktika gibt es sie nicht.

Wie werden Käferforscher auch genannt?

A Koleopterologen
B Ornithologen
C Limnologen
D Mykologen

18

Zu verdanken haben die Käfer diesen Erfolg vor allem ihrer außergewöhnlich großen Artenvielfalt und ihrer hohen Anpassungsfähigkeit: Jede Käferart ist anders, jede Art besetzt einen anderen Lebensraum, eine andere ökologische Nische. Es gibt Winzlinge, wie *Nephanes titan*, der einen halben Millimeter groß wird, aber auch Riesen, wie den 17 Zentimeter langen Riesenbockkäfer aus Brasilien. Manche Käfer sind Raubtiere, wie der

Riesenbockkäfer

Marienkäfer, andere fressen Holz oder Pflanzenteile, wieder andere Schimmelpilze.

Wie heißt der größte Käfer der Welt?

A VW-Käfer
B Hirschkäfer
C Maikäfer
D Riesenbockkäfer

19

Aber wie konnte es ausgerechnet bei den Käfern zu so vielen verschiedenen Anpassungsformen kommen? Das ist das große Rätsel, das die Koleopterologen derzeit zu lösen versuchen.

Insektenschwärme

Wer im August 2009 an die Nord- oder Ostseeküste fuhr, hatte nicht nur Wellen, Deiche und Dünen vor Augen, sondern auch Millionen von Marienkäfern. Vor allem helle Objekte zogen sie magisch an: Bücher, T-Shirts oder Handtücher.

Marienkäfer

Das massenhafte Auftreten bestimmter Insektenarten ist kein neues Phänomen. Schon in der Bibel wird über Wanderheuschrecken berichtet, die als siebte Plage über Ägypten herfielen. Auch heute noch treten riesige Schwärme in Afrika auf. Aber wie entstehen sie?

Was fressen Marienkäfer?

A Nektar
B Blattläuse
C Samen
D Blüten

20

Normalerweise hält sich die Anzahl der Heuschrecken in Grenzen. Sind die Umweltbedingungen jedoch sehr gut – wenn die Temperatur hoch und die Luft feucht ist und es genügend Nahrung gibt –, legen die Weibchen mehr Eier. Dadurch kann die Zahl der Tiere so stark ansteigen, dass sie sich ständig gegenseitig berühren. Und das führt dazu, dass die Tiere Hormone bilden, die den Wandertrieb auslösen: Sie starten alle mehr oder weniger gleichzeitig und gehen auf Feldern nieder, die sie restlos kahl fressen.

Nicht viel anders ist es bei den Marienkäfern. Ein großes Angebot an Nahrung – das heißt: an Blattläusen – führt dazu, dass sie sich massenhaft vermehren. Sind die letzten Läuse dann gefressen, suchen die Käfer neue Nahrung.

Im Sommer 2009 waren es über 30 Millionen Marienkäfer, die von Dänemark nach Deutschland flogen, um neue Nahrung zu finden. Aber nur etwa die Hälfte erreichte ihr Ziel, und nur ein kleiner Teil landete auf Blättern, die von Läusen befallen waren. So wurde aus den Millionen von Tieren bald wieder eine ganz normale Menge.

Käfer mit Giftgas

Ein Frosch! Viel zu spät bemerkt ihn der kleine Bombardierkäfer. Doch zur leichten Beute des Frosches wird er trotzdem nicht. Statt wegzulaufen, streckt er dem Frosch den Hinterleib entgegen und feuert mit einem lauten Knall eine Ladung aus 100 Grad heißem Giftgas ab. Der Frosch kneift die Augen zusammen. Er spürt ein heftiges Brennen in der Nase und hüpft mit einem Riesensatz davon. Der Käfer aber setzt in Ruhe seinen Weg fort.

Dass manche Tiere chemische Waffen einsetzen, ist schon lange bekannt. Wie kompliziert die Gifte aufgebaut sind und wie aufwendig die Mechanismen zum Versprühen und Verteilen sind, weiß man jedoch erst seit Kurzem. Der Bombardierkäfer beispielsweise hält zwei reaktions-

Bombardierkäfer

freudige Chemikalien bereit, Wasserstoffperoxid und Hydrochinon. Kurz vor dem Einsatz presst er sie in eine besondere Reaktionskammer in seinem Hinterleib und gibt zwei Enzyme hinzu. Dadurch wird das Gemisch heiß und dehnt sich aus. Mit einem Knall schießt der Bombardierkäfer das ätzende Gemisch dann durch zwei Körperöffnungen 20 Zentimeter weit.

Wo liegt die Reaktionskammer des Bombardierkäfers?

- **A** in den Beinen
- **B** im Kopf
- **C** im Hinterleib
- **D** in den Fühlern

21

„Flashverdampfung" nennen Experten diesen Vorgang. Und erst 2008 gelang es englischen Forschern der Universität Leeds, den komplizierten Mechanismus nachzubauen. Sie waren so begeistert von der Reaktionskammer und den automatischen Ventilen, dass sie nun versuchen, technische Anwendungen dafür zu finden.

Bald sollen medizinische Sprays, aber auch Feuerlöscher auf diese Weise funktionieren.

Erstaunliche Kakerlaken

Nachts krabbeln Kakerlaken – auch Küchenschaben genannt – aus ihren Verstecken und fressen fast alles: Lebensmittel, Papier, Leder, Stoffe. Zurück lassen sie nur ihren Kot, der gefährliche Krankheitserreger enthält und Allergien auslösen kann. Tagsüber verstecken sie sich in Ritzen und Schächten.

Wer sie mit der Hand fangen will, muss schnell sein, denn im Ernstfall schafft das am schnellsten krabbelnde Insekt der Welt 1,5 Meter in der Sekunde. Das wäre so, als könnte ein Mensch 80 Meter pro Sekunde laufen!

Wogegen sind Kakerlaken weitgehend immun?

A Radioaktivität
B Feuer
C Salzsäure
D Frost

22

Kammerjäger setzen beim Kampf gegen Kakerlaken verschiedene Gifte ein, die sie auf die Wege der Schaben sprühen oder streichen. Das hilft aber nur einige Jahre – dann sind die Schaben immun gegen das Gift geworden und ein neues Gift muss her. Sogar radioaktive Strahlen halten Schaben aus. Als Wissenschaftler nach den ersten Atombombenversuchen in Schutzanzügen das Gelände inspizierten, staunten sie nicht schlecht: Alle Tiere waren tot – außer den Schaben. Wahre Überlebenskünstler!

Mit großem Aufwand an Gift und Fallen versuchte Peking im Olympia-Jahr 2008, die Schaben zumindest für die Dauer der Olympischen Spiele aus der Stadt zu vertreiben. Vergeblich. Und auch das amerikanische Verteidigungsministerium schafft es nicht, die Kakerlaken im Pentagon zu besiegen.

Kakerlake

Kein Wunder, denn Schaben leben schon seit rund 300 Millionen Jahren auf der Erde. Sie haben nicht nur alle Eiszeiten überlebt, sondern auch die Katastrophe, die vor 65 Millionen Jahren die Dinosaurier aussterben ließ. Zu verdanken haben die Schaben das ihrer hohen Fortpflanzungsrate, ihrer enormen Anpassungsfähigkeit und ihrem schnellen Nervensystem.

Für dieses Nervensystem interessieren sich inzwischen auch die Neurobiologen. Denn Kakerlaken können mit ihren Sinnen Stoffe an wenigen Molekülen erkennen. In zahlreichen Experimenten versuchen Forscher diese besondere Fähigkeit zu ergründen.

Hast du das gewusst?

Experten schätzen, dass auf einer mittelgroßen Mülldeponie etwa eine Milliarde Schaben leben.

„Die Kakerlake ist unter Neurobiologen zur Insektenversion der weißen Mäuse geworden", sagt ein Insektenforscher. Auf weitere Überraschungen darf man gespannt sein.

Die Wüste lebt

Urplötzlich öffnete sich im Januar 2010 mitten in einer Sanddüne in Israel eine Tür, die aus Speichel und Sand bestand. Vor der Düne hielten sich Wissenschaftler der Universität Haifa auf, die das Gebiet genauer untersuchten. Sie waren außerordentlich überrascht, als eine riesige Spinne mit einer Beinspanne von 14 Zentimetern aus der Tür gekrabbelt kam.

Riesenspinne

Niemand hatte es für möglich gehalten, dass es Höhlen in den Dünen gibt, in denen Riesenspinnen leben. Als sich dann auch noch herausstellte, dass die Spinnenart bislang unbekannt ist, war die Sensation perfekt. Das außergewöhnliche Tier erhielt den Namen *Cerbalus aravensis*.

Wo wurde die unbekannte Riesenspinne entdeckt?

A in Ägypten
B in Israel
C auf Sylt
D in Syrien

23

Noch ist kaum etwas über die Lebensweise der Riesenspinne bekannt. Und die Wissenschaftler vermuten, dass noch mehr unbekannte Tiere in den Dünen leben. Eigentlich sollte das Wüstengebiet im Süden Israels bald in Felder umgewandelt werden, aber jetzt will man die großen Dünen schützen. Und mit ihnen die Riesenspinne und alle Tiere, die dort noch leben mögen.

Bärenstarke Bärtierchen

Als im Jahr 2007 die *Sojus*-Rakete vom Kosmodrom Baikonur in Kasachstan abhob, war die Forschungskapsel FOTON-M3 an Bord – und einige tierische Astronauten: In mehreren kleinen Boxen flog eine ganze Kolonie Bärtierchen ins All.

Wie heißt die todesähnliche Starre der Bärtierchen?

A Symbiose
B Laktose
C Coladose
D Kryptobiose

24

Diese tierischen Lebewesen sind nicht einmal einen Millimeter groß und haben acht Beine. Auf der Erde sind sie fast überall zu Hause: auf jedem Berg, im Regenwald, auf dem Grund der Ozeane und sogar in der Antarktis.

Bärtierchen

Diese Tiere lieben Feuchtigkeit. Wenn es ihnen zu trocken wird, schrumpfen sie ein und fallen in einen Zustand der Kryptobiose, das bedeutet: Ihr Stoffwechsel läuft auf Sparflamme. Auch lange Dürrezeiten können sie in dieser todesähnlichen Starre überdauern. Ein Tropfen Wasser reicht jedoch aus, um sie wieder „zum Leben zu erwecken".

Aber wie widerstandsfähig sind Bärtierchen wirklich? Das wollte der Zoologe Dr. Ralph O. Schill von der Universität Stuttgart wissen, als er eine ganze Mannschaft von ihnen 2007 in den Orbit schickte. Dort wurden die Tiere dem Vakuum des Weltalls und der kosmischen Strahlung ausgesetzt. Als erste Tiere machten sie sogar einen Weltraumspaziergang!

Wie viele Beine haben Bärtierchen?

A zwei
B vier
C acht
D zwölf

25

Nach der Rückkehr und der Auswertung der Messergebnisse ist nun klar: Ein Großteil der winzigen Astronauten hat die Reise überlebt. Jetzt soll erforscht werden, wie die Bärtierchen das geschafft haben. Vor allem ist es ein Rätsel, wie sie die hohe Strahlung überstehen konnten. Wenn man das herausfindet, kann man die Erkenntnisse vielleicht nutzen, um zum Beispiel Zellen widerstandsfähiger zu machen.

Luftplankton

Plankton, das sind winzige pflanzliche und tierische Organismen – von Einzellern bis zu kleinen Krebsen –, die im Wasser der Ozeane schweben. Die wenigsten wissen jedoch, dass es auch in der Luft Plankton gibt, das Aeroplankton. Dazu gehören Tausende verschiedener Viren und Bakterien, aber auch Pollen, Sporen, Pflanzensamen, Gewittertierchen, winzige Käfer und sogar Spinnen, die von ihren Spinnfäden durch die Luft getragen werden.

Lange Zeit interessierte sich kaum jemand für diese ganz eigene Welt, doch seit einigen Jahren wird sie intensiv erforscht. Denn Kleinstlebewesen und organische Stoffe spielen in der Natur offenbar eine größere Rolle als bislang gedacht. Immerhin wird das Gesamtgewicht des Luftplanktons auf 56 Millionen Tonnen geschätzt, und sogar in 50 Kilometern Höhe haben Forschungsballons noch Keime und Sporen gefunden.

Was wird vom Luftplankton beeinflusst?

A Mondphasen
B Gezeiten
C Wetter
D Weltraum

26

Die Luft ist also keineswegs so leer, wie uns unser Auge vortäuscht. Mit jedem Atemzug atmen wird Tausende von Mikroorganismen ein. Und auch auf das Wetter hat das Luftplankton Einfluss, denn Wasserdampf braucht winzige feste Teilchen, damit Regentropfen sich darum herum bilden können. Das können Staubteilchen sein, aber auch Mikroorganismen.

Das Luftplankton ist sogar in der Lage, die Einstrahlung des Sonnenlichts auf die Erde zu verändern. Deshalb hoffen Forscher, dass man es eines Tages einsetzen kann, um den Klimawandel zu bekämpfen.

Tier-Adoption

Im Zoo von Taiyuan in der nordchinesischen Provinz Shanxi war im Juni 2009 die Freude zunächst groß: Eine Pandamutter hatte zwei Junge bekommen. Aber sie wollte ihre Jungen nicht säugen. Eine Katastrophe, denn Pandas sind vom Aussterben bedroht.

Die Tierpfleger hatten jedoch eine Idee. Sie fanden bei einem Bauern im Umland eine Hündin,

Tier-Adoption

Tier-Adoption

die gerade Welpen bekommen hatte. Weil es nur zwei waren, hatte sie genügend Milch, um die beiden Pandas auch noch zu säugen. Die große Frage war nur: Würde die Hündin die beiden Tierbabys adoptieren?

Vorsichtig ließ man die Hündin an den Pandas schnüffeln und legte sie dann zu den Welpen. Es klappte: Die winzigen Bären saugten Milch, genau wie die Welpen. Die Adoption war geglückt, die Pandas waren gerettet.

Was löst beim Säugetier Fürsorgeverhalten aus?

A Eierkopf
B Kindchenschema
C Kinderkogelkopf
D Niedlicheffekt

27

Noch kurioser ging es in einem Zoo in Bangkok zu. Dort adoptierte im Januar 2010 die achtjährige Tigerdame Sai Mai drei Ferkel. Dass sie sie nicht als Beute betrachtete, lag daran, dass sie selbst als Baby mit Schweinen aufgewachsen war.

Uns erscheint das seltsam, aber Tierpfleger kennen solche Tier-Adoptionen seit Langem. Unter Säugetieren werden fremde Tierbabys oft als „Adoptivkinder" akzeptiert, und zwar deshalb, weil alle Säugetierjunge Ähnlichkeiten haben. Ihre Gesichter zeigen das sogenannte Kindchenschema: ein großer Kopf mit großen Augen und einer kleinen Nase. Das nutzen vor allem Zoos für Tieradoptionen, wenn es darum geht, seltene Tiere zu retten.

Angst vorm Wolf?

Ein Wolf schleicht durch die Nacht. Er ist auf der Jagd nach Beute für sein Rudel. Bald hat er die Witterung einiger Kaninchen aufgenommen. Ein paar Menschenspuren findet er auch, aber die interessieren ihn nicht weiter. Der Rüde kennt sein Revier genau.

Dieses Revier liegt nicht etwa in den Tiefen der russischen Steppe, sondern mitten in Deutschland, auf einem Militärübungsplatz nahe der Landesgrenze von Sachsen-Anhalt und Brandenburg. Denn seit einigen Jahren leben wieder Wölfe bei uns – inzwischen sind es schon mehr als sechzig. Sie sind aus Polen oder Osteuropa eingewandert. Und sie pflanzen sich fort: Im Mai 2009 brachte die brandenburgische Wölfin fünf Welpen zur Welt.

Wie nennt man eine Wolfsfamilie?

- A Rotte
- B Herde
- C Schwarm
- D Rudel

28

Nach dem Luchs ist der Wolf nun das zweite große Raubtier, das in Deutschland ausgerottet war, nun aber wieder eingebürgert werden konnte. Die Wölfe haben jedoch nicht nur Freunde: In vielen Köpfen sorgen Märchen und Vorurteile für Angst vor dem scheuen Jäger. Dabei sind es Menschen, die Wölfe jagen, nicht umgekehrt. Im Juni 2009 beispielsweise erschoss ein Jäger trotz gesetzlichen Jagdverbotes den Rüden des kleinen Rudels in Brandenburg. Nur mit Mühe konnte die Wölfin die Welpen durchbringen.

Wölfe

In welchem Land leben auch Wisente und Bären?

- A Polen
- B Dänemark
- C Liechtenstein
- D Island

29

Tierschützer hoffen nun, dass sich die Wölfe wieder ausbreiten und so für ein besseres ökologisches Gleichgewicht in vielen Gebieten sorgen. Auch wenn das nicht allen Jägern gefällt.

Tier-Kommunikation

→ Wenn die Gorilladame Koko Hunger hat, geht sie zu Francine Patterson, der Gründerin und Leiterin der „Gorilla Foundation", die sich die Erforschung der Gorillas zur Aufgabe gemacht hat. Koko macht Bewegungen mit ihren Händen: Sie spricht ASL (American Sign Language), eine in den USA verbreitete Gebärdensprache, wie sie von Gehörlosen gesprochen wird. „Koko Hunger. Koko will Banane."

Für die beiden ist so ein Gespräch normal. Denn Francine Patterson hat der Gorilladame schon im Kindesalter ASL bei-

Koko und Francine Patterson

gebracht. Inzwischen beherrscht Koko rund 1000 Wörter.

Lange Zeit galt die Sprache als typische Eigenschaft des Menschen. Doch Gorilladame Koko, der Bonobo Kanzi und andere Menschenaffen zeigen, dass sich auch intelligente Tiere auf menschliche Weise verständigen können.

Wie heißt eine in den USA verbreitete Zeichensprache?

A ASL
B BBC
C CBJ
D DDD

30

Hunde verstehen die Sprache des Menschen ebenfalls sehr gut. Es hat allerdings viele Jahre gedauert, bis Forscher sich ernsthaft mit den Befehlen befasst haben, die Herrchen ihren Hunden geben. Am deutschen Max-Planck-Institut in Leipzig kam man zu verblüffenden Erkenntnissen: Intelligente Hunde verstehen mühelos 200 Wörter und bringen auf Zuruf die Gegenstände, die ihnen genannt werden. Sie lernen auch schnell neue Wörter und apportieren unbekannte Objekte.

Hast du das gewusst?

Gebärdensprachen sind richtige Sprachen, die aus Gesten, Handstellungen und Bewegungen bestehen. Taubstumme Menschen können damit alles ausdrücken, was man auch mit einer Lautsprache sagen kann. Es gibt sogar überall auf der Welt unterschiedliche Dialekte.

Diese erstaunliche Fähigkeit erklären die Wissenschaftler so: Hunde werden schon seit 15 000 Jahren als Haustiere gehalten. Im engen Zusammenleben mit dem Menschen haben sie offenbar immer besser gelernt, menschliche Wörter und Zeichen zu verstehen. – Die Wölfe, von denen sie abstammen, verstehen jedenfalls fast kein Wort.

Tierische Intelligenz

In einer Plexiglasröhre steht ein kleines Töpfchen mit Futter. Aber um an das Töpfchen zu kommen, reicht der Schnabel von Laborkrähe Betty nicht aus. Zum Glück stehen ihr Holzstöckchen und Drähte zur Verfügung. Damit löst Betty das Problem: Sie biegt das Ende eines Drahtes zu einem Haken und

Krake öffnet Flasche

angelt damit das Töpfchen aus der Röhre.

Forscher der University of Oxford testeten im Sommer 2009 noch weitere Krähen. Zur Lösung mancher Testaufgaben mussten die Vögel gleich drei verschiedene Werkzeuge benutzen, aber auch das war kein Problem für sie. Die Forscher waren überrascht von der enormen Intelligenz der Tiere. Dass Menschen und Affen derartige Tests bestehen, wusste man. Aber Vögel?

Zu welcher Familie gehören Krähen?

A Raubvögel
B Pechvögel
C Rabenvögel
D Taubenvögel

31

Auch der Krake Harry Potter im Meerwasseraquarium von Seattle in den USA zeigt Intelligenz. Wenn der Biologe Roland Anderson ihm ein Glas mit Fischstückchen hinstellt, ist das Glas verschlossen. Es hat außerdem eine Kindersicherung, der Deckel muss also beim Drehen nach unten gedrückt werden. Der Krake schraubt trotzdem in aller Ruhe den Deckel ab. Dabei schaut er den Biologen mit seinen großen Augen an. Er kennt ihn – Kraken können sich Gesichter gut merken.

Wie heißt der Krake im Aquariums von Seattle?

A Thaddäus Tentakel
B Harry Potter
C Tebbe Tintenfisch
D Davy Jones

32

Dieses und andere Experimente zeigen, dass Kraken zu den intelligentesten Tieren der Erde zählen. Sie wurden lange unterschätzt, aber neue Experimente werden zeigen, was sie noch alles können. Manche Forscher meinen, Kraken könnten in ferner Zukunft sogar die Intelligenz von Menschen erreichen.

Pflanzen geben Alarm

In Kalifornien landen einige Heuschrecken auf einem Wüstensalbei und beginnen zu fressen. Die Pflanze reagiert sofort, denn ihre Zellen spüren die Bisse der Heuschrecken. Elektrische Signale durchzucken die Pflanze und erreichen innerhalb von Sekunden die Wurzel. Dort liegt das „Kommunikationszentrum“ der Pflanze, die nun gewissermaßen weiß, dass sie angegriffen wird. Das haben Biologen der Universität Bonn 2009 mithilfe von genauen Messungen der elektrischen Signale herausgefunden. Wie diese Signale jedoch genau verarbeitet werden, das weiß man noch nicht.

Heuschrecke

Und was macht der Salbei mit der Nachricht? Er aktiviert seine Verteidigung. Statt harmloser Pflanzensäfte produziert er jetzt giftige Stoffe, die den Heuschrecken nicht schmecken und die ihre Verdauung stören. Dann gibt der Salbei auch noch Großalarm: Seine Blätter setzen Botenstoffe frei, die mit dem Wind die anderen Pflanzen in der Umgebung erreichen.

Nicht nur andere Salbeigewächse können diese Alarm-Signale empfangen, sondern zum Beispiel auch der Tabak. Als Folge bilden sich Nikotin und Jasmonsäure in seinen Blättern – hochgiftige Stoffe, die schon in kleinen Dosen tödlich sind. Wenn die Heuschrecken vom Salbei zum Tabak wechseln, sind seine Blätter schon ungenießbar für sie.

Wo liegt bei Pflanzen das Kommunikationszentrum?

A in der Blüte
B in den Blattspitzen
C in der Wurzel
D in den Samen

33

Immer mehr Studien zeigen, dass Pflanzen sogar komplizierte Nachrichten austauschen können. Ihre Sprache sind chemische Botenstoffe, die sie „per Luftpost" verschicken. Jetzt geht es für die Wissenschaftler darum, die genauen Inhalte solcher Nachrichten zu entschlüsseln.

Die Samen-Arche

Wie lange bleiben Samen keimfähig? Diese Frage wird in Zukunft immer wichtiger. Darum machten israelische Biologen 2008 einen verblüffenden Test dazu: Von Archäologen besorgten sie sich drei Datteln, die 1960 bei Ausgrabungen auf der Wüstenfestung Masada gefunden wurden. Dort waren sie vor 2000 Jahren als Lebensmittel in Krügen eingelagert worden. Jetzt landeten sie in Blumentöpfen.

Zwei der Samen rührten sich nicht, aber der dritte keimte.

Innerhalb eines Jahres wuchs daraus eine kleine Dattelpalme, die auf den Namen „Methusalem" getauft wurde.

Wie heißt die 2000-jährige Dattelpalme aus Masada?

A Heesters
B Ötzi
C Gandalf
D Methusalem

34

Das ist der älteste Samen, der je gekeimt ist. Eine gute Nachricht, denn immer mehr Pflanzenarten sterben aus, weil der Mensch ihre Lebensräume zerstört. Und alte Gemüse- oder Obstsorten verschwinden, weil sie nicht mehr angebaut werden. Ihre Samen jedoch könnten ihr Überleben dennoch sichern. Sofern man sie lange genug an einem sicheren Ort verwahren kann.

Diesen Ort gibt es inzwischen. Eröffnet wurde er 2008 auf der Insel Spitzbergen, nur 800 Kilometer vom Nordpol entfernt. In langen unterirdischen Tunneln, geschützt vor Bomben und Naturkatastrophen, können in riesigen Regalen Samen gelagert werden. Jedes Land der Welt hat hier ein Konto. Deutschland hat bereits 2000 Samen eingezahlt, vor allem Getreidesorten. Noch sind viele Regale leer, denn es wird viele Jahre dauern, um die geeigneten Samen zusammenzutragen.

Dattelpalme „Methusalem"

Wo liegt das internationale Samenarchiv?

A Spitzbergen
B Mittelerde
C Samarkand
D Keimstadt

35

Gekühlt werden brauchen sie nicht: Der Dauerfrostboden auf Spitzbergen kann sogar den Klimawandel überstehen. Die Samen-Arche ist also gewappnet für die Reise in die Zukunft.

Wundersame Samen

Wenn die Schoten des Wiesenschaumkrauts reif sind, öffnen sie sich nicht einfach, sondern explodieren. Enormer Druck wird in den Zellen aufgebaut, und dann werden die nur Millimeter großen Samen über zwei Meter weit geschleudert.

Diese seltene Form der Verbreitung von Samen nennen die Botaniker „Saftdruckstreuung". Sie ist

Verschiedene Samen

nur eine von vielen Möglichkeiten, die Pflanzen nutzen, um ihre Samen zu verbreiten.

Wie verbreitet sich das Wiesenschaumkraut?

- A Knallschleuderung
- B Saftdruckstreuung
- C Zellverplatzung
- D Samenweitwurf

36

Die bekannteste Möglichkeit ist der Wind, der zum Beispiel Löwenzahnsamen durch die Luft trägt. Pflanzen wie das Leberblümchen oder das Schneeglöckchen sind stattdessen auf Ameisen angewiesen. Das funktioniert so: Duftstoffe in den Samen wie Rizinolsäure locken die Ameisen an. Sie schleppen die Samen in ihren Bau und fressen das Fruchtfleisch. Den eigentlichen Samen tragen sie zu einem Müllplatz, wo er zwischen anderen Abfällen des Ameisenhaufens gut keimen kann. Diese Form der Verbreitung nennen Botaniker „Myrmekochorie“.

Manche Pflanzen wie die Ponderosa-Kiefer aus Nordamerika brauchen sogar einen Waldbrand, um sich fortzupflanzen. Die Zapfen der Kiefer sind nämlich so hart und dick, dass die darin enthaltenen Samen erst keimen können, wenn die Deckschicht verbrannt ist. Auf diese Weise kann die Kiefer die schlimmsten Brände überstehen – und die jungen Pflanzen nutzen die Asche dann als Dünger.

Welche Pflanze lässt Samen von Ameisen verbreiten?

- A Riesenkürbis
- B Sauerampfer
- C Klette
- D Schneeglöckchen

37

Ökologische Veränderungen können die Samenverbreitung beeinflussen. So haben jüngst amerikanische Biologen nach einer Ursache dafür gesucht, dass bestimmte Pflanzen sich nicht mehr verbreiten. Wie sich herausstellte, ist dafür eine neu eingeschleppte Ameisenart verantwortlich, die nicht auf die Duftstoffe der Samen reagiert.

Die Kannenpflanze

Was für ein ekelhafter Gestank! Ein Mitarbeiter des Botanischen Gartens von Lyon folgte seiner Nase – und landete bei einer Kannenpflanze. Mit ihrer bis zu 50 Zentimeter langen Kanne fängt diese asiatische Pflanze vor allem Insekten.

Welche dieser Pflanzen zählt zu den fleischfressenden?

A Sonnentau
B Bärenklau
C Löwenzahn
D Wolfsmilch

38

Diesmal aber war es etwas Größeres: eine ausgewachsene Maus! Der Botaniker zog das halb verdaute Tier aus der Kanne – so heißt die Blüte –, in der Säuren und Enzyme schwimmen. Hinausklettern ist für kein Tier möglich: Die glatte Wand und winzige nach unten gerichtete Härchen verhindern das. Die Maus hatte keine Chance.

Wie lockt die Kannenpflanze ihre Beute an?

A mit Sonderangeboten
B mit grellen Farben
C mit Duftstoffen
D mit Klappern

39

Eines aber steht seit diesem Fund fest: Die Legenden von Kannenpflanzen, die auch Vögel und

Kannenpflanze

Säugetiere fangen und verdauen, stimmen! Bis zu diesem Vorfall dachten die Forscher, dass fleischfressende Pflanzen nur Insekten und Spinnen fangen – ein Irrtum.

Gibt es noch größere und hungrigere Kannenpflanzen? Etwa 100 Arten kennt man, doch man vermutet, dass es etliche unbekannte Arten in den Regenwäldern gibt.

Sie sind die Größten

Der Blauwal kann bis zu 150 Tonnen wiegen. Er ist das größte und schwerste Lebewesen, das je auf der Erde gelebt hat – das glauben zumindest viele. Und vergessen dabei die Pflanzen und Pilze.

Ganz oben auf der Liste der Riesenlebewesen steht nämlich kein Tier, sondern der Hallimasch: ein Pilz. Er breitet unterirdisch ein riesiges Myzel aus. Manche dieser Wurzelgeflechte sind Tausende von Jahren alt! In den letzten Jahren hat man in den USA und in Europa nach Waldbränden einige Riesenhallimasche teilweise ausgegraben. Biologen errechneten dabei Gewichte zwischen 500 und 1000 Tonnen pro Exemplar.

Wie heißt das Wurzelgeflecht eines Pilzes?

A Bürzel
B Myzel
C Kürzel
D Ritzel

40

Es gibt auch Pflanzen, die mit dem Hallimasch mithalten können, zum Beispiel das Schilf. Es vermehrt sich mithilfe langer Ausläufer und bildet riesige Pflanzensiedlungen. Das größte geschlossene Schilfgebiet der Welt liegt im Donaudelta in Rumänien: Auf mehr als 5000 Quadratkilometern Fläche wächst Schilf dort seit über 8000 Jahren. Und einzelne Schilfsiedlungen erreichen, wie man jüngst festgestellt hat, mühelos 1000 Tonnen Gewicht.

Wie groß wird ein Mammutbaum?

A 50 Meter
B 80 Meter
C 100 Meter
D 150 Meter

41

Dagegen ist der Riesenmammutbaum schon fast winzig: Der Durchmesser seines Stam-

Hallimasch

mes beträgt höchstens 13 Meter. Dafür aber wiegt ein 2000 bis 3000 Jahre alter Baum über 2400 Tonnen – das entspricht 16 großen Blauwalen oder 320 afrikanischen Elefantenbullen.

Gab es echte Hobbits?

Hobbits gibt es nur in den Büchern von J. R. R. Tolkien und im Film. Frodo, Bilbo, Samweis und Gollum sind reine Fantasiewesen. Oder doch nicht?

Australische und indonesische Archäologen entdeckten im Jahr 2004 auf der indonesischen Insel Flores in einer Höhle sonderbare menschliche Knochen. Aber sie waren viel kleiner, als man das beim Menschen bislang kannte: Selbst erwachsene Exemplare dieses Steinzeitmenschen maßen nur etwa einen Meter.

Die unbekannten Menschen, die bis vor rund 12 000 Jahren auf der Insel lebten, wurden auf den wissenschaftlichen Namen *Homo floresiensis* getauft. Seitdem versuchen Wissenschaftler auf der ganzen Welt, das Rätsel der „Hobbits" zu lösen, wie die kleinwüchsigen Menschen bald genannt wurden. Waren sie tatsächlich eine eigene Art? Oder führten Krankheiten, Gendefekte oder Mangelernährung zu ihrer geringen Körpergröße?

Mit modernen Methoden suchen Paläontologen nach weiteren Knochen. Sollte man auf ihnen DNA finden, könnte das Rätsel schnell gelöst werden.

Inzwischen weiß man zumindest schon, wie die Hobbits ausstarben: Ein Vulkanausbruch vernichtete vor mehr als 10 000 Jahren das Leben auf der abgelegenen Insel.

Immer mehr Allergien

Jucken, Hautausschlag, Quaddeln, Husten, Heuschnupfen: Fast jeder scheint heute unter einer Allergie zu leiden. Sie entsteht, wenn das Immunsystem keinen echten Feind attackiert, sondern den eigenen Körper angreift. Aber was bewegt das Immunsystem dazu, so etwas zu tun?

Trotz intensiver Forschung sind bis heute viele Ursachen für Allergien noch unbekannt. Dass genetische Veranlagungen und verschiedene Umweltgifte eine große Rolle spielen, gilt jedoch als sicher. In den letzten Jahren ist verstärkt auch übertriebene Hygiene in Verdacht geraten. Denn in Ländern mit geringeren hygienischen Standards treten Allergien weitaus seltener auf. Dreck, Pilzsporen und Bakterien, denen ein Baby oder Kleinkind ausgesetzt ist, scheinen also das Immunsystem zu trainieren. Und wenn dieses Training ausfällt, kann sich das Immunsystem gegen den eigenen Körper wenden.

Wie nennt man Stoffe, die Allergien auslösen können?

A Allergiker
B Allergene
C Algen
D Algerien

42

Sogar Parasiten wie Würmer und Milben scheinen das Immunsystem fit zu machen! Das zeigen neuere Untersuchungen. Inzwischen weiß man auch, dass bestimmte Medikamente wie Antibiotika und Fiebermittel das Immunsystem im Kindesalter schädigen können. Die Allergieforscher haben es nicht leicht,

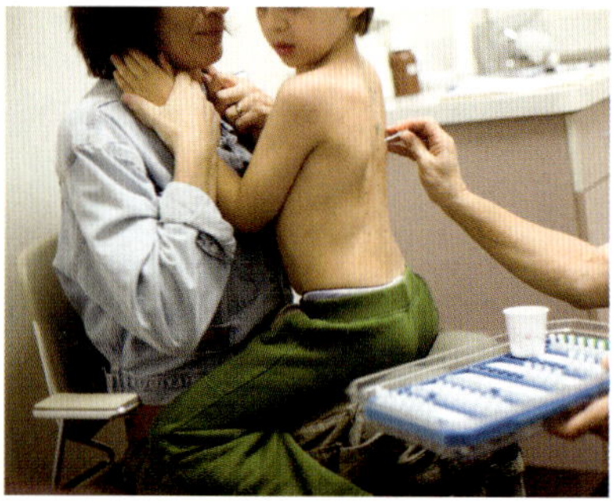

Allergie-Test

Milbe

denn fast immer wirken verschiedene Ursachen zusammen. Aber eins ist sicher: Wenn der Vormarsch der Allergien gestoppt werden soll, muss weiter geforscht werden. Sonst juckt es bald jeden.

Pandemien

Im März 2009 breitete sich in Mexiko eine neue Form der Grippe aus. So etwas kann jederzeit passieren, denn Viren neigen zu Mutationen, und so entstehen immer wieder neuartige Erreger. Schnell entdeckten Mediziner auch diesmal das Virus, A/California/7/2009 (H1N1). Es gehört zum H1N1-Virenstamm – genau wie die Spanische Grippe, der 1919 und 1920 mehr als 50 Millionen Menschen zum Opfer fielen.

Als das Virus aus Mexiko identifiziert war, gab die WHO, die Weltgesundheitsorganisation der UN, Großalarm. Sie befürchtete eine weltweite Epidemie, eine Pandemie. Denn nicht nur Touristen und Geschäftsleute reisen mit Flugzeugen um die Welt, sondern auch Viren und Bakterien. Im Mai 2009 war bereits ganz Mexiko betroffen, fast 100 Menschen starben. Im April wurden die ersten Grippefälle in den USA bekannt. Auch in Europa tauchte das Virus auf und verbreitete sich rasend schnell. Im Januar 2010 gab es Kranke in 209 Ländern.

Wo trat zum ersten Mal die „Schweinegrippe" auf?

A Island
B USA
C Mexiko
D Ägypten

43

Die WHO hatte recht behalten mit der weltweiten Verbreitung – aber zum Glück hat sie sich geirrt, was die Schwere der Erkrankung betrifft: In den meisten Fällen verlief die neue Grippe harmlos. Dennoch starben weltweit rund 16 000 Menschen daran.

Hast du das gewusst?

Krankheiten sind genauso tödlich wie Kriege. Die Spanische Grippe tötete in nur zwei Jahren 50 Millionen Menschen. Zum Vergleich: Im Zweiten Weltkrieg starben innerhalb von sechs Jahren rund 55 Millionen Menschen.

Die WHO will nun bessere Notfallpläne ausarbeiten. Denn die nächste Mutation eines Virus kommt bestimmt. Die Schweinegrippe hat gezeigt, wie schnell ein Virus heutzutage die Welt erobern kann.

Erde und Weltall

Die Erde ist unser Heimatplanet – aber umfassend erforscht ist sie trotzdem nicht. In vielen Regionen wissen wir nicht einmal, was sich wenige Meter unter unseren Füßen abspielt, ganz zu schweigen von mehreren Kilometern Tiefe. Noch immer warten unbekannte Höhlen auf ihre Entdeckung, und Vulkanologen suchen nach den Gesetzmäßigkeiten, die das Verhalten eines Vulkans bestimmen. Nicht einmal alle Berge des Himalaja sind bislang bestiegen worden!

Auf viele Fragen haben Wissenschaftler aber inzwischen auch Antworten gefunden. Zum Beispiel weiß man jetzt, wie Kugelblitze und Monsterwellen entstehen. Und auch über das Weltall findet man immer mehr heraus: Neu entdeckte Zwergplaneten umkreisen die Sonne, und in den Tiefen des Alls gibt es unzählige Exoplaneten. Noch vor wenigen Jahren war es ein Wunschtraum vieler Astronomen, einen Planeten außerhalb des Sonnensystems zu entdecken – heute kennt man bereits mehr als 450. Andere Fragen, zum Beispiel die nach der Dunklen Materie, warten noch auf eine Antwort. Die Erforschung unserer Welt und des sie umgebenden Weltraums bleibt spannend!

Tiefenbohrungen

Die meisten Bohrtürme und Bohrinseln werden aufgebaut, weil man nach Öl oder Erdgas suchen will. Aber auch Geologen betreiben Bohrtürme, denn nur so können sie die Erdkruste genau erforschen.

Bohrinsel in der Nordsee

Solche Bohrungen sind jedoch sehr teuer. Daher haben sich 1996 die Geologen mehrerer Länder, darunter die USA und China, zu der Forschungsgemeinschaft International Continental Scientific Drilling Program (ICDP) zusammengeschlossen. Die Zentrale dieses internationalen Tiefbohrprogramms ist das GeoForschungsZentrum in Potsdam.

Seit der Gründung der ICDP wurden bereits mehr als 20 Tiefenbohrungen durchgeführt. Dabei haben die Forscher drei Schwerpunkte: Sie wollen etwas über die Klimageschichte der Erde erfahren, den Vulkanismus besser erforschen und herausfinden, wie Meteoriteneinschläge die Erde verändert haben.

Bei den Bohrungen sammelt sich im hohlen Bohrgestänge durchstoßenes Gestein, der Bohrkern, der dann im Labor untersucht wird. An den verschiedenen Schichten und der unterschiedlichen Zusammensetzung des Gesteins können die Geologen ablesen, wie sich dieser Teil der Erdoberfläche über einen langen Zeitraum entwickelt hat. Für sie ist der Bohrkern eine Art Kalender, auf dem sie die Geschichte von Jahrhunderten oder sogar Jahrmillionen verfolgen können.

Wo ist die Zentrale für geologische Tiefenbohrungen?

A Amsterdam
B Edam
C Rotterdam
D Potsdam

44

Besonders spektakulär war in jüngster Zeit eine Bohrung auf Hawaii, bei der der aktive Vulkan Mauna Kea von der Seite her angebohrt wurde. Dadurch hat man erfahren, wie die Kraterwände aufgebaut und wie heiß sie sind. Die Bohrung ging mehr als 4500 Meter tief.

Seit 2002 bohren Geologen auch im Chicxulub-Krater in Mexiko. Dort ist vor rund 65 Millionen Jahren ein Meteorit

Chicxulub-Krater

mit 15 Kilometern Durchmesser eingeschlagen, der für das Aussterben der Dinosaurier mit verantwortlich sein könnte. Man hat mehrere Bohrkerne aus 1800 Metern Tiefe geborgen, und darin suchen die Forscher nun nach Spuren dieses Meteoriten-Einschlags. Mit weiteren Bohrungen an anderen Stellen des Kraters will man in den nächsten Jahren das Rätsel lösen.

Brennende Kohleflöze

Eigentlich sollte Kohle ja nur in Kohlekraftwerken, Heizungsanlagen und Hochöfen verbrennen. Aber sie brennt auch da, wo sie gefunden und abgebaut wird: in den Bergwerken.

Leider sind solche Brände von Kohleflözen unter Tage keine Seltenheit. Wie viele es genau sind, wissen nicht einmal die Geologen: Die Schätzungen schwanken zwischen 800 und 30 000 Bränden weltweit. Die häufigste Ursache für einen Brand ist die Selbstentzündung der Kohle: Sie erhitzt und entzündet sich, sobald sie mit Sauerstoff in Berührung kommt.

Wenn Kohle nicht ordnungsgemäß abgebaut wird, kann sie so heiß werden, dass sie zu glimmen beginnt. Und auch weggeworfene Zigaretten oder Schweißgeräte können einen Brand unter Tage auslösen.

Wie heißt eine Kohle führende Schicht?

- **A** Schacht
- **B** Grube
- **C** Flöz
- **D** Stollen

45

Die meisten Brände gibt es in den USA, Indien und China, wo in jedem Jahr rund 25 Millionen Tonnen Kohle auf diese Weise verbrennen. Weitere 200 Millionen Tonnen werden unbrauchbar, weil sie sich durch die Brände chemisch verändern und dann nicht mehr gut brennen. Dabei entsteht so viel CO_2, wie sämtliche Autos auf deutschen Straßen in einem Jahr ausstoßen!

Wo gibt es die meisten unterirdischen Brände?

- **A** Frankreich
- **B** Mexiko
- **C** China
- **D** Island

46

Eine Katastrophe für das Klima und ein großer wirtschaftlicher Schaden. Deshalb versuchen chinesische und deutsche Experten seit Jahren, die unterirdischen Feuer mit verschiedenen Methoden zu löschen, inzwischen mit ersten Erfolgen. Zum Beispiel wird die brennende Kohle abgegraben, sodass sich das Feuer nicht weiterfressen kann. Oder man deckt einen Brand oberirdisch mit Lehm ab und erstickt ihn. Oder man pumpt große Mengen Wasser und Schlamm in Bohrlöcher. Aber es gibt immer noch Brände, die zu tief und verzweigt sind, um sie zu löschen. Nach Lösungen wird weiter geforscht.

Riesenhöhlen

Man sieht es der Erdoberfläche nicht an, aber sie ist an vielen Orten von Höhlen durchlöchert. Erkundet werden sie von Höhlenforschern, den Speläologen. Viele Höhlen sind seit Jahrhunderten bekannt, andere sind erst in den letzten Jahren entdeckt worden und alle paar Monate kommen neue dazu.

Mammut-Höhle in Kentucky, USA

Unbekannte Höhlen werden keineswegs nur in abgelegenen Gebieten aufgespürt: Selbst im gut erforschten Deutschland gibt es Überraschungen. So stießen Speläologen im Sommer 2002 bei Berchtesgaden auf die wohl tiefste Höhle Deutschlands: Über 1000 Meter tief bohrt sie sich in den Fels. Im Jahr 2009 konnten die Forscher auf verschlungenen Pfaden bis zu einem Punkt vordringen, der fast 13 Kilometer vom Einstieg entfernt liegt! Aufgrund ihrer Größe haben sie die Höhle „Riesending" getauft. Ihre Erforschung ist noch lange nicht abgeschlossen. Keiner weiß bislang, wo sie endet.

Wie nennt man einen Höhlenforscher?

- **A** Sinologe
- **B** Seismologe
- **C** Speläologe
- **D** Selenologe

47

Die Speläologen werden noch jahrelang mit dieser Höhle beschäftigt sein, denn Höhlenforschung ist schwierig und gefährlich: Die Forscher müssen sich in den langen Gangsystemen mithilfe eines Kompasses zurechtfinden. Wenn der jedoch von eisenhaltigem Gestein abgelenkt wird, verliert man die Orientierung. Außerdem herrscht völlige Dunkelheit, die von den Lampen nur zum Teil vertrieben wird. Noch

Höhlenforscher

dazu müssen die Forscher viel mitschleppen: Schlafsäcke, Lebensmittel, Kleidung und manchmal sogar Schlauchboote und Taucherausrüstungen, mit denen man unterirdische Seen und Grotten überwinden kann. Auch das Klettern in Schluchten und Steilwänden ist nicht ungefährlich. Und bei all dem nehmen die Speläologen ständig genaue Messungen vor, damit sie anschließend eine Karte der Höhle zeichnen können.

Hast du das gewusst?

Die Mammut-Höhle in Kentucky, USA, ist mit rund 590 Kilometern die längste bekannte Höhle der Welt. Schon die Indianer kannten sie, aber erst 1908 wurde sie genau vermessen.

Permafrostböden tauen

→ Sie liegen vor allem in Kanada und Russland: Etwa ein Fünftel der Landflächen der Erde sind Permafrostböden, die das ganze Jahr hindurch gefroren sind. In einigen Gebieten reicht der Frost nur wenige Meter tief in den Boden – in Sibirien sind es bis zu 1500 Meter.

Auf einem solchen Untergrund zu bauen, ist eine echte Herausforderung, denn oft taut der Permafrostboden im Sommer an der Oberfläche auf und Bauten rutschen einfach weg. Häuser oder die Tragestützen von Pipelines müssen deshalb auf Pfählen errichtet werden, und die müssen bis dorthin reichen, wo der Boden dauerhaft gefroren ist. Straßen kann man auf Permafrostböden oft überhaupt nicht bauen.

Welches Gas bildet der aufgetaute Permafrostboden?

A Methan
B Titan
C Aldebaran
D Bhutan

48

In den letzten Jahren stellen Forscher besorgt fest, dass der Permafrostboden wegen des weltweiten Klimawandels in vielen Regionen langsam auftaut. Und das kann katastrophale Folgen haben: Auch gut verankerte Gebäude können ihren Halt verlieren, Erdrutsche und Schlammlawinen bedrohen Straßen und Städte. Außerdem setzt der aufgetaute Boden gespeichertes Kohlendioxid (CO_2) frei und beschleunigt dadurch den Klimawandel. Und es entstehen Sümpfe, die das noch gefährlichere Treibhausgas Methan bilden.

Trotz intensiver Forschung: Aufhalten kann man diesen Vorgang nur, wenn man den Klimawandel stoppt.

Erdrutsche

Am 25. Januar 2010 stürzte im oberbayerischen Stein an der Traun ein tonnenschwerer Felsblock von der Größe eines Reisebusses auf ein Haus und zerstörte es vollständig. Zwei Menschen starben.

Erdrutsch in Nachterstedt

Am 18. Juli 2009 riss in Nachterstedt in Sachsen-Anhalt ein 150 x 350 Meter breites Stück vom Ufer des Concordia-Sees und rutschte ins Wasser. Ein komplettes Haus und die Hälfte eines zweiten Hauses wurden mitgerissen und verschwanden in einem riesigen Krater. Drei Bewohner gelten seitdem als vermisst. Ihre Leichen konnten bislang nicht geborgen werden. Darüber hinaus dürfen etwa 40 Anwohner ihre einsturzgefährdeten Häuser am Ufer des Sees nicht mehr betreten.

Solche Erdrutsche sind gar nicht so selten und sie haben oft katastrophale Folgen. Daher versuchen Geologen, ihre Ursachen zu erforschen, um rechtzeitig vor einem drohenden Erdrutsch warnen oder ihn sogar verhindern zu können.

Wie nennt man die Verwitterung von Gestein?

A Invasion
B Erosion
C Illusion
D Aggression

49

Keine leichte Aufgabe, denn Erdrutsche können eine Vielzahl von Ursachen haben. Zum Beispiel starke Regenfälle, kleine lokale Erdbeben oder auch Erosion, die Verwitterung von Gestein, können die Ursache sein.

In Labors bauen Geologen darum Hänge und Steilufer nach, mit denen sie Erdrutsche simulieren können. Die Forschungsergebnisse helfen dabei, an den richtigen Stellen Barrieren zu errichten oder Dränageröhren zu verlegen, die den Boden entwässern. Zumindest einige Erdrutsche lassen sich dadurch verhindern.

Mineralien

Neue Mineralien

Granit, Steinsalz, Bergkristall und auch der kostbare Diamant sind Mineralien. Ihre Merkmale: Sie sind fest und auf natürliche Weise entstanden, aber nicht biologischen Ursprungs. Bäume gehören also beispielsweise nicht dazu, das Eis der Gletscher hingegen schon. Mineralien bestehen aus verschiedenen chemischen Verbindungen und sind ganz unterschiedlich aufgebaut. Viele haben eine kristalline Struktur wie der Bergkristall oder das Eis.

Woher stammt das Mineral Hapkeit?

A Mond
B Alaska
C Alpen
D Himalaja

50

Obwohl die Menschen schon vor mehr als 5000 Jahren begonnen haben, Mineralien zu unterscheiden und sie zu erforschen, sind noch immer nicht alle bekannt. Zuständig für die Bestimmung von Mineralien ist die 1958 gegründete Internationale Mineralogische Vereinigung (IMA). Wer glaubt, ein unbekanntes Mineral gefunden zu haben, kann es den Experten dieser Organisation vorlegen.

Hast du das gewusst?

Oft erhalten Mineralien den Namen bekannter Forscher. Dadurch entstehen immer wieder sehr komische Namen. Ein 1821 entdecktes Mineral zum Beispiel hat man nach dem deutschen Chemiker Carl August Blöde benannt: das Blödit.

Bis heute wurden rund 4600 verschiedene Mineralien entdeckt. Regelmäßig kommen neue hinzu. Besonders selten sind solche, die durch Meteoriten auf die Erde gelangt sind – wie das 2004 entdeckte Hapkeit, eine Verbindung aus Eisen und Silizium.

Für Aufsehen sorgte 2010 auch die iranische Mineralogin Farahnaz Daliran, als sie die Entdeckung eines bislang noch unbekannten Salzes bekannt gab. Ihr zu Ehren wurde es Daliranite genannt. Jetzt wird untersucht, ob dieses Salz aus einer Wüste im Iran vielleicht als Rohstoff für neue Produkte dienen könnte, zum Beispiel für Halbleiter. Darum ist auch die Computerindustrie sehr an der Entdeckung noch unbekannter Minerale und ihrer Eigenschaften interessiert. Daliranite, so vermuten Elektronikexperten, könnten sich darüber hinaus für Solarzellen eignen, die Sonnenlicht in elektrischen Strom verwandeln.

Gefährlicher Treibsand?

Im März 2010 unternahmen fünf Forscher vom Fischerdorf Büsum aus eine Wattwanderung. In der Nähe eines Priels, eines Wasserlaufs im Watt, gab der Boden unter ihren Füßen plötzlich nach. Bis zur Hüfte sackten die Forscher ein, und nur unter großer Kraftanstrengung und mit viel Glück konnten sie sich wieder befreien.

Die fünf Wissenschaftler kannten sich im Watt aus – trotzdem waren sie in Treibsand geraten. Er sieht nämlich fast genauso aus wie gewöhnlicher Sand. Entscheidend beim Treibsand ist jedoch das Mischungsverhältnis von feinem Sand und Wasser. Wenn dieses Gemisch zum Beispiel in einer Mulde aus Lehm gefangen ist, kann es nicht abfließen. Sobald man den Treibsand betritt, geraten die einzelnen Sandkörner in dem Wasser in Bewegung und geben nach: Man sackt ein.

Treibsand

Wie nennen Experten ein Sand-Wasser-Gemisch?

A Suspension
B Infusion
C Vollpension
D Kollision

51

Lange Zeit glaubte man, ein Mensch könnte im Treibsand vollständig versinken – in Filmen enden Bösewichter manchmal auf diese Art. Aber das stimmt nicht: Der Mensch ist nämlich viel leichter als der Treibsand. Darum schwimmt er auf ihm und kann nicht weiter als bis zur Hüfte einsinken.

Gefährlich ist der Treibsand trotzdem, weil man sich nicht immer allein daraus befreien kann. Im Wattenmeer kann das tödlich enden. Wenn die Flut kommt und das Wasser immer höher steigt, kann man ertrinken. Deshalb wurden an vielen Stellen an der Nordseeküste Warnschilder aufgestellt. Die sollte man unbedingt beachten!

Gefährliche Asche

Am 20. März 2010 brach auf Island der Vulkan Eyjafjalljökull aus. Menschen waren nicht in Gefahr – alle konnten rechtzeitig in Sicherheit gebracht werden. Der Ausbruch führte jedoch zu einem Lavastrom und einer dunklen Aschewolke, die bis zu 10 Kilometer in die Höhe stieg. Durch die Luftströmung da oben wurde sie nach Süden getrieben und erreichte bald Großbritannien und Nordeuropa.

Vulkan Eyjafjalljökull

Vom Boden aus war sie nicht zu sehen, aber die winzigen Aschepartikel legten trotzdem große Teile des Flugverkehrs lahm. Gerät nämlich ein Flugzeug in die Aschewolke, wird es von den Ascheteilchen wie mit Schleifpapier bearbeitet. Dadurch werden die Scheiben blind. Außerdem setzt sich Asche in den Düsentriebwerken fest und wird dort so heiß, dass sie schmilzt und die Triebwerke verklebt.

Weil die Flugzeuge wegen dieser Gefahren nicht fliegen konnten, mussten auch viele deutsche Flughäfen während des Frühjahrs und Sommers 2010 komplett geschlossen werden. Fluggesellschaften erlitten Verluste in Millionenhöhe.

Welcher Vulkan sorgte 1816 für „ein Jahr ohne Sommer"?

A Ätna
B Vesuv
C Tambora
D Eyjafjalljökull

52

Der Schaden hätte aber noch viel größer sein können. Als beispielsweise im April 1815 der auch heute noch aktive indonesische Vulkan Tambora ausbrach, verdunkelte die Aschewolke den Himmel – auf der ganzen Erde. Das Klima kühlte spürbar ab, sodass der Sommer 1816 buchstäblich ins Wasser fiel. Auch in Europa wurde es nicht richtig warm, und ein Unwetter jagte das nächste. Im August fiel bereits der erste Schnee! Ernteausfälle und eine große Hungerkatastrophe waren die Folge.

Heute würde ein solches Ereignis ebenfalls zu einer weltweiten Katastrophe führen. Daran gemessen, ist die Behinderung des Luftverkehrs noch recht harmlos.

Unbestiegene Berge

Die höchsten Berge der Welt sind allesamt erforscht und bestiegen? Irrtum! Es gibt mindestens 35 Berge über 7000 Meter, deren Gipfel noch kein Bergsteiger erreicht hat.

Wer beteiligt sich an den Kosten einer Expedition?

- A Matador
- B Labrador
- C Sponsor
- D Ecuador

53

Dazu gehört zum Beispiel der 7570 Meter hohe Gangkhar Puensum, der höchste Berg des Königreichs Bhutan im Himalaja. Mehrere Expeditionen sind bei dem Versuch gescheitert, ihn zu bezwingen, bis die Regierung das Bergsteigen 1994 verbot. Denn die Bürger Bhutans hatten gegen die vielen Expeditionen protestiert. Sie glauben, dass auf dem Gipfel Götter wohnen, die von den Bergsteigern gestört werden. In Pakistan scheiterten die Bergsteiger am Hauptgipfel des 7492 Meter hohen Pumari Chhish, ebenso wie am 7147 Meter hohen Gasherbrum V.

Doch warum können diese verlockenden Berge nicht bestiegen werden? Dafür gibt es viele Gründe: Einige Berge im Himalaja gelten als heilig und dürfen deshalb nicht betreten werden.

Weg zum Mount Everest

Andere liegen im Grenzgebiet zweier Staaten, zum Beispiel zwischen China und Pakistan. Wenn der Grenzverlauf nicht eindeutig geklärt oder das Gebiet von militärischer Bedeutung ist, verweigern die Staaten Bergsteigern die Erlaubnis.

In welchem Königreich liegen mehrere unbestiegene Berge?

- A Australien
- B Bhutan
- C Schweden
- D Liechtenstein

54

Eine Expedition kostet heutzutage sehr viel Geld, und für einen weniger bekannten Berg kann man nur schwer Sponsoren finden. Darüber sind aber nicht alle traurig: Viele freuen sich sogar, dass der Mensch nicht jeden Fleck auf der Erde erreichen und dort seine Spuren hinterlassen kann. Der viel bestiegene Mount Everest zum Beispiel hat inzwischen den Beinamen „höchster Müllplatz der Erde", denn viele Bergsteiger haben dort große Teile ihrer Ausrüstung, aber auch leere Konservendosen und Flaschen zurückgelassen. Das bleibt den unbestiegenen Bergen erspart.

Gletscher tauen

In jedem Hochgebirge gibt es Gletscher: riesige Eismassen, die zu Tal gleiten. Und das ganz schön schnell: Die Gletscher der Alpen zum Beispiel bewegen sich 30 bis 140 Meter im Jahr – die auf Grönland bis zu 10 Kilometer. An der Gletscherzunge, der Spitze, schmelzen die Gletscher ab und bilden einen Fluss oder einen Gletschersee. Im Winter erhalten sie durch Schneefälle dann wieder neues Eis.

Der Kontinent Antarktika im Süden und Grönland im Norden sind von bis zu 4500 Meter dicken Gletschern bedeckt. Zusammen bilden die Gletscher den größten Süßwasserspeicher der Erde. Millionen Menschen beziehen ihr Trinkwasser aus Gletscherwasser, das unzählige Flüsse speist. Die Gletscher sind auch sehr wichtig für unser Klima. Weil sie rund 90 Prozent des Sonnenlichts zurückwerfen, das sie erreicht, sind sie daran beteiligt, dass die Temperatur auf der Erde nicht zu stark ansteigt.

Wie heißt der größte und längste Alpengletscher?

A Aletschgletscher
B Amsterdamgletscher
C Andorragletscher
D Alaskagletscher

55

Seit rund 150 Jahren sorgt jedoch der Mensch durch den Ausstoß von Treibhausgasen wie Kohlendioxid dafür, dass sich die Erde erwärmt. Dadurch schmelzen wiederum die Gletscher ab. Die Alpengletscher zum Beispiel haben in den vergangenen 150 Jahren gut ein Drittel ihrer Fläche eingebüßt. Und in Nordamerika oder im Himalaja sieht es auch nicht besser aus. Die Folgen sind bereits überall zu sehen: Der Meeresspiegel steigt langsam an, und in einigen Regionen wird das Trinkwasser knapp. Wissen-

Gepatschferner Gletscher früher und heute

schaftler befürchten, dass bald auch viele Wasserkraftwerke wegen der Wasserknappheit keinen Strom mehr erzeugen können.

Wo gibt es die meisten Gletscher?

A Alaska
B Alpen
C Anden
D Antarktika

56

Wo der gefrorene Boden in den Bergen auftaut, kommt es außerdem immer häufiger zu Erdrutschen. Da hilft nur Klimaschutz: Nur wenn wir den Kohlendioxidausstoß verringern und damit einen weiteren Temperaturanstieg verhindern, können wir das Abschmelzen der Gletscher verlangsamen.

Methanhydrat

Methan ist – ähnlich wie Erdgas – ein sehr guter Energieträger. Darum suchen Forscher seit vielen Jahren nach einer Möglichkeit, Methanhydrat aus dem Meer zu fördern. Aber dabei gibt es Probleme, denn Methanhydrat ist ein ganz besonderer Stoff:

Es sieht aus wie Wasser-Eis und besteht auch zu einem Teil aus Wasser. In seinen Molekülen ist jedoch das Gas Methan eingeschlossen. Das stammt von Bakterien, die Methan als Abfallprodukt ihrer Verdauung ausstoßen. Diese Verbindung von Wasser und Methan kann nur unter großem Druck und bei niedrigen Temperaturen entstehen. Außerdem muss genügend Wasser vorhanden sein. Deshalb findet man Methanhydrat vor allem in 300 bis 1000 Metern Tiefe im Meer – besonders an den Rändern der Erdteile, den Kontinentalabhängen.

Wo lagert das meiste Methanhydrat?

A in der Wüste
B in den Bergen
C im Meer
D im Gletschereis

57

Wenn man Methanhydrat an die Meeresoberfläche bringen will, ergibt sich folgendes Problem: Der Druck lässt nach, das Hydrat löst sich auf, und im Wasser und in der Luft verwandelt sich das Methan in Kohlendioxid. Ein gefährliches Treibhausgas!

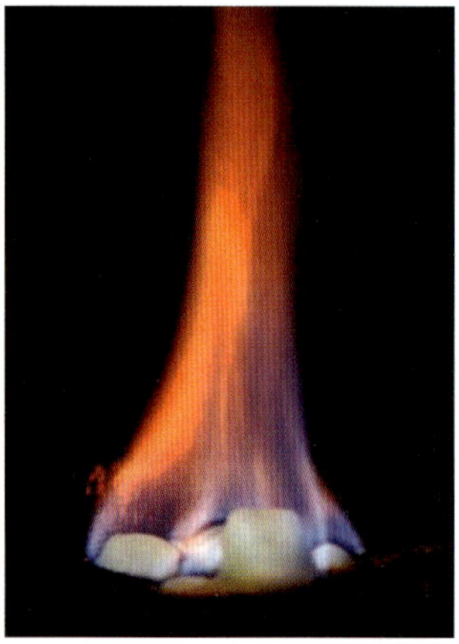

Methanhydrat

Und noch mehr Gefahren gehen von dem Methanhydrat aus. Wenn es sich vom Grund des Meeresbodens löst – zum Beispiel nach einem kleinen Seebeben –, dann bildet das Methan Bläschen wie in einer Limoflasche. Diese Bläschen aber verringern den Auftrieb von Schiffen, das bedeutet: Das Wasser trägt sie nicht mehr und sie gehen innerhalb von Sekunden unter! Einige Forscher vermuten, dass auf diese Weise einige Schiffe im berüchtigten Bermudadreieck in der Karibik verschwunden sind.

Wer erzeugt das Methan?

A Algen
B Bakterien
C Wale
D Fische

58

Die weltweiten Vorräte sind aber so groß, dass viele Menschen Methanhydrat trotz aller Risiken und Nachteile als Energieträger der Zukunft sehen – sofern es gelingt, den neuen Rohstoff sicher aus den Meerestiefen nach oben zu befördern.

Monsterwellen

Bis zu 30 Meter hohe Wellen, die selbst große Schiffe zum Kentern bringen? Lange Zeit galt so etwas als Seemannsgarn, und kaum jemand

Monsterwelle

glaubte Seeleuten, wenn sie von Monsterwellen berichteten.

Das änderte sich erst, als 1995 die neu installierte Messanlage einer Bohrinsel in der Nordsee eine 26 Meter hohe Welle registrierte. Nun nahmen Wissenschaftler und Reeder das Problem ernst. Sie bauten weitere Messgeräte auf – und stellten zu ihrer Überraschung fest, dass Monsterwellen gar nicht so selten sind. Auch das rätselhafte Verschwinden vieler Schiffe ging offenbar auf ihr Konto.

Wie nennen Seeleute eine Monsterwelle?

A Dauerwelle
B Kaventsmann
C Langwelle
D Klabautermann

59

Wie genau die riesigen Wellen entstehen, ist noch unklar. Wahrscheinlich treffen langsam laufende und sich schneller bewegende Wellen aufeinander und verbinden sich dann in einem Sturm zu einer Riesenwelle.

In den letzten Jahren hat man begonnen, mithilfe von Satelliten Meeresregionen auszumachen, in denen besonders häufig Monsterwellen auftreten. Die Routen der Schiffe können dann entsprechend geändert werden. Auch die Reeder haben reagiert und lassen nun viele Schiffe so bauen, dass sie einer Riesenwelle besser standhalten können. Neuartige Warngeräte sollen außerdem in Zukunft die Seeleute rechtzeitig vor einer Monsterwelle warnen.

Black Smoker

Heiße Quellen vulkanischen Ursprungs gibt es nicht nur an Land, sondern auch auf dem Meeresboden. In der Tiefsee haben sie oft die Gestalt von „Black Smokern" oder „White Smokern".

Und so entstehen sie: Das oft 400 Grad heiße Wasser, das aus der Erde aufsteigt, kann sich in der Tiefsee aufgrund des enormen Wasserdrucks nicht in Wasserdampf verwandeln, sondern bleibt flüssig. Das Wasser enthält viele Mineralien, die ihm die schwarze oder weiße Farbe geben. Wenn es abkühlt, lagert sich ein Teil der Mineralien um die Austrittsöffnung ab und bildet einen röhrenförmigen Schornstein – bis zu 50 Meter hoch kann er werden.

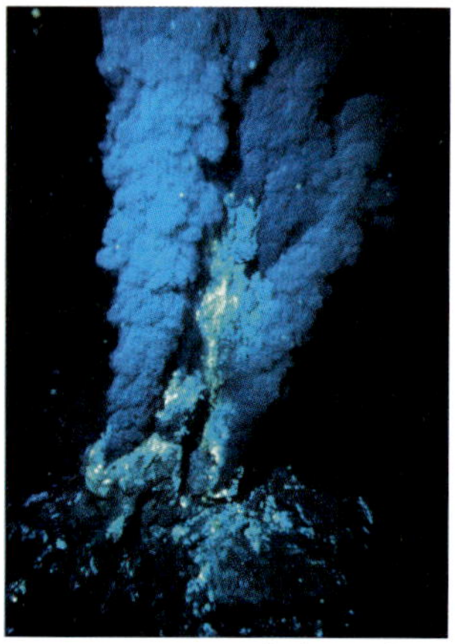
Black Smoker

Was nutzen Tiefseebakterien für die Energiegewinnung?

A Flanellstoff
B Schwefelwasserstoff
C Stickstoff
D Lehrstoff

60

Wissenschaftler interessieren sich aber weniger für die geologische Seite der Smoker als vielmehr für die biologische. Denn in rund 3000 Metern Tiefe bei völliger Dunkelheit sind die Smoker von einem einmaligen Biotop umgeben. Es fängt schon damit an, dass am Anfang der Nahrungskette nicht – wie an Land – Pflanzen stehen, die das Licht der Sonne als Energiequelle nutzen: Auf dem Meeresboden sind es Bakterien, die den Schwefelwasserstoff aus den heißen Quellen aufnehmen und in Kohlendioxid und andere Stoffe umwandeln. Alle anderen Tiere – darunter Seesterne, Muscheln, Würmer und Krabben – leben wiederum von diesen Bakterien. Die meisten

Tiere haben in dieser Tiefe übrigens weder Augen noch eine farbige Haut – beides ist in der Dunkelheit entbehrlich.

Die Black und White Smoker beweisen: Leben kann auch völlig ohne Sonnenlicht existieren. Das lässt die Forscher hoffen, dass es auch auf anderen Himmelskörpern Leben dieser Art gibt – zum Beispiel auf dem Jupitermond Europa, der von einem Ozean umgeben ist.

Nach rund 20 Jahren verstopft übrigens die Röhre eines Smokers, und das heiße Wasser sucht sich einen anderen Weg. Wie die Bakterien und Tiere dann zu einem anderen Smoker gelangen, ist noch völlig unbekannt.

Dünenforschung

→ Wie schnell bewegen sich Dünen? Diese Frage ist in den letzten Jahren wichtig geworden. Seit wir vom weltweiten Klimawandel wissen, ist bekannt, dass der Meeresspiegel steigt und dass die Wüsten sich

Düne

ausdehnen. Und je mehr wir über die Wanderbewegung von Dünen erfahren, desto bessere Schutzmaßnahmen können wir ergreifen: An der Nordsee wird der Küstenschutz verbessert – und in Afrika, in der Wüste Gobi, in Nordamerika, Australien und Spanien wird die Ausbreitung der Wüsten wirkungsvoller bekämpft.

Wie hoch kann eine Wanderdüne werden?

A bis 50 Meter
B bis 100 Meter
C bis 200 Meter
D über 300 Meter

61

Heute werden die Bewegungen von Dünen von Satelliten aus beobachtet. Doch um genügend Daten für eine Vorhersage zu sammeln, benötigt man Jahre. Daher haben Wissenschaftler der Universität Stuttgart die bereits bekannten Daten in einem Computermodell zusammengeführt, das die Dünenbewegungen simuliert: Was auf der Erde Jahre dauert, berechnet der Computer in wenigen Tagen.

Die großen, sichelförmigen Wanderdünen, die Barchane – das weiß man –, legen pro Jahr 20 bis 30 Meter zurück. Damit kann man genau berechnen, wann sie Felder und Städte bedrohen. Auch was passiert, wenn zwei Dünen aufeinandertreffen, lässt sich im Computer simulieren.

Inseln in Gefahr

Am 24. Februar 2005 brachen die beiden Spitzen der Wissower Klinken auf der Insel Rügen ab und stürzten in die Ostsee. Die berühmten Kreidefelsen haben dadurch eine ihrer Sehenswürdigkeiten verloren. Das Wahrzeichen der Insel Helgoland, die „Lange Anna", steht hingegen noch. Es ist aber nur noch eine Frage der Zeit, wann sie einstürzt.

Woraus besteht die „Lange Anna"?

A Granit
B Marmor
C Sandstein
D Feuerstein

62

Geologen haben die 47 Meter hohe Felsnadel aus Sandstein in den letzten Jahren untersucht und festgestellt, dass der freistehende Felsen nicht mehr zu retten ist. Gefährdet ist auch die Insel Sylt, die durch jeden Sturm einen Teil ihres Strandes und ihrer Dünen verliert. In jedem Frühjahr müssen Saugbagger Sand aus der Nordsee wieder auf den Strand schichten, um die Schäden zu beheben.

„Lange Anna" auf Helgoland

Wie heißt die größte Ortschaft auf Sylt?

A Lummerland
B Nimmerland
C Westerland
D Schlaraffenland

63

Für solche Schäden sind Wind und Wetter verantwortlich. Das war schon immer so. Und so haben die Inseln im Laufe von Jahrtausenden ihre heutige Form erhalten. Geologen vermuten jedoch, dass die Veränderungen immer schneller zunehmen werden, da der Klimawandel den Meeresspiegel steigen lässt und für schwerere Stürme sorgt. Selbst mit einem sehr großen technischen Aufwand kann der Küstenschutz nur einen kleinen Teil dieser Schäden beheben. Mit denen müssen die Inselbewohner wie die Touristen offenbar leben lernen.

Hast du das gewusst?

Vor hundert Jahren trug die „Lange Anna" noch den Namen „Mönch". Ihre heutige Bezeichnung verdankt sie einer schlanken, großen und sehr beliebten Kellnerin namens Anna, die um 1910 in einem Ausflugslokal auf Helgoland bediente.

Aus Film: „Am Anfang war das Feuer"

Doggerland

Im Juni 2009 stellten niederländische Archäologen eine sensationelle Entdeckung vor: Sie hatten den Schädel eines Neandertalers auf dem Boden der Nordsee gefunden. Der junge Mann ist jedoch nicht auf dem Grund der Nordsee gelandet, weil er ertrunken wäre: Er hat dort gelebt! Vor rund 40 000 Jahren gab es die Nordsee noch gar nicht. Sie ist erst nach der letzten Eiszeit vor 10 000 bis 7000 Jahren entstanden. Großbritannien war damals keine Insel, sondern mit dem europäischen Festland verbunden. Als die riesigen Gletscher jedoch zu schmelzen begannen, stieg der Meeresspiegel langsam an. Die Nordsee füllte sich, und Großbritannien wurde um 5000 v. Chr. zur Insel. Auch aus einem Teil des Landes zwischen Schottland und Skandinavien entstand eine Insel, Doggerland genannt. Dort lebten viele Menschen, denn das Klima wurde immer wärmer und milder. Es gab viel Wild, das man jagen konnte, und außerdem reiche Fischgründe. Doch der Meeresspiegel stieg weiter an. So wurde auch die Insel Doggerland schließlich von der Nordsee verschlungen. Heute liegt sie in 13 bis 30 Metern Tiefe.

Wie nennen Forscher das Doggerland scherzhaft?

A verlassene Welt
B vergessene Welt
C verlorene Welt
D verkehrte Welt

64

Vor einigen Jahren haben englische Archäologen und Geologen damit begonnen, Doggerland zu kartografieren. Und sie suchen mit Tauchern und Schleppnetzen nach Fundstücken aus der „verlorenen Welt" unserer Vorfahren. Gefunden haben sie bislang vor allem Jagdwaffen wie Speerspitzen, Harpunen und Faustkeile. Aber sie wollen Doggerland noch sehr viel gründlicher erforschen, um dadurch mehr über den Verlauf der Steinzeit in Nordeuropa generell zu erfahren.

Rekonstruktion eines Neandertalers

Plastikinsel

Als das Greenpeace-Schiff „Esperanza“ im Sommer 2006 durch den nördlichen Pazifik fuhr, entdeckten die Umweltschützer eine bislang unbekannte schwimmende Insel, so groß wie der amerikanische Bundesstaat Texas. Aber diese Insel besteht nicht aus Erde und Gestein – sondern aus mehr als 100 Tonnen Plastikmüll.

Dieser Müll stammt von Schiffen und aus den Städten Asiens, wo der Plastikmüll einfach ins Meer gekippt wird. Wind und Meeresströmungen transportieren ihn dann zu der schwimmenden Insel im Pazifik. Inzwischen hat sie sogar einen Namen: „Great Pacific Garbage Patch“.

Müll-Insel im Meer

Auch in anderen Regionen der Ozeane bilden sich derartige Inseln. Denn Plastik wird nur sehr langsam vom Sonnenlicht und von Bakterien zersetzt – bei einem Joghurtbecher dauert dieser Prozess zum Beispiel rund 500 Jahre. Wenn wir unsere Entsorgung von Plastik also nicht grundlegend ändern, werden die Plastikinseln weiter wachsen – und nach und nach die Natur zerstören. Denn Vögel und Fische können die kleinen Plastikteile kaum von ihrer Nahrung unterscheiden. Sie fressen sie und sterben zu Tausenden daran. Außerdem lagern Fische giftige Stoffe aus dem Plastikmüll in ihrem Körper ein. Wenn wir diese Fische essen, nehmen wir auch die Giftstoffe auf.

Welches Schiff hat die Müllinsel erforscht?

A Titanic
B Esperanza
C Queen Elizabeth
D Nautilus

65

Forscher schlagen zwei Wege vor, um eine Katastrophe zu verhindern: Entweder entsorgen wir den Müll ab sofort ordnungsgemäß an Land oder wir stellen nur noch ungiftigen und biologisch schnell abbaubaren Kunststoff her. Schnell handeln müssen wir auf jeden Fall.

Irrlichter und Co.

In früheren Jahrhunderten erzählten Reisende häufig, dass sie in Mooren oder Wäldern geheimnisvolle und unerklärliche Lichter gesehen hätten. Lange hielt man diese

Berichte für Einbildung oder für Sinnestäuschungen.

Wen hat man für Irrlichter verantwortlich gemacht?

A Geister
B Indianer
C Raubritter
D Schmiede

66

Doch inzwischen hat man eine Erklärung für die Irrlichter gefunden, die Wanderer einst ins Moor gelockt haben: In Mooren bilden sich Faulgase wie Methan. Unter bestimmten Wetterbedingungen – bei Gewitter, wenn die Luft elektrisch aufgeladen ist –, können sie sich entzünden. Sie verbrennen dann mit einer bläulichen Flamme und verlöschen schnell wieder.

Elmsfeuer

Ähnlich geheimnisvoll wie das Irrlicht erschien den Menschen früher das gefürchtete Elmsfeuer, das als Unheilsbote betrachtet wurde. Denn ein Elmsfeuer entsteht bei gewittriger Luft – vor allem an Schiffsmasten, Kirchtürmen und den Spitzen anderer hoher Objekte wie Gipfelkreuzen. Früher konnten sich die Menschen diese Lichter nicht erklären. Sie wussten aber, dass ihr Erscheinen immer ein heftiges Gewitter ankündigte.

Die Elektrizität, die dabei in der Luft liegt, ist die Ursache für das Elmsfeuer. Sie lädt Mastspitzen oder Gipfelkreuze elektrostatisch so stark auf, dass man manchmal sogar die Luft knistern hört. Dadurch kommt es dann zu einer Gasentladung der umliegenden Luft. Sie beginnt dank der Elektrizität zu leuchten, wie auch das Gas in einer Neonröhre oder Energiesparlampe leuchtet.

Was erscheint oft nach einem Elmsfeuer?

A Windstille
B Blitz
C Mondfinsternis
D Monsterwelle

67

Oft dauert dieses Leuchten nur wenige Sekunden, in seltenen Fällen länger als eine Minute. Fast immer folgen danach heftige Blitze – darum sind Elmsfeuer bei Bergsteigern und Seeleuten auch besonders gefürchtet.

Kugelblitze

Kugelblitze beschäftigen die Menschen schon seit Jahrtausenden. Immer wieder gab und gibt es Berichte über leuch-

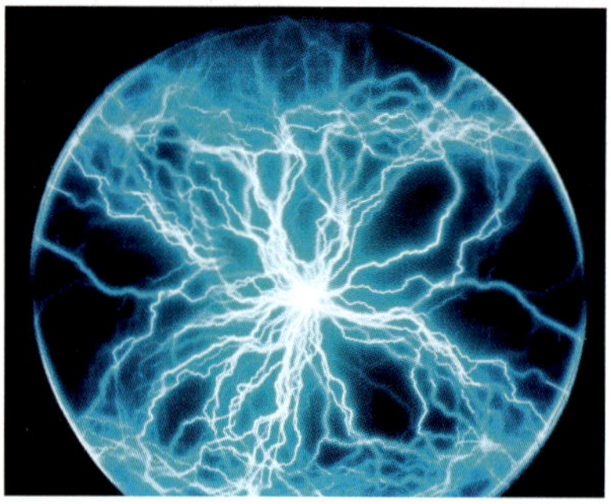

Kugelblitz

tende, kugelförmige Objekte, die bei Gewittern aus dem Nichts auftauchen und mühelos Wände durchdringen.

Da es schon immer sehr viele Zeugen solcher Erscheinungen gab, konnten sie nicht lange als Täuschung abgetan werden. Zumal auch Physik-Nobelpreisträger wie Niels Bohr und Pjotr Kapitza Kugelblitze beschrieben haben.

Wie nennt man elektrisch leitendes Gas?

A Asthma
B Stigma
C Plasma
D Magma

68

Seit über 100 Jahren sind Wissenschaftler dem Phänomen nun auf der Spur – aber sie haben bis heute keine eindeutige Erklärung dafür gefunden. Das bedeutet natürlich nicht, dass es keine gibt. Besonders eindrucksvoll ist beispielsweise die Erklärung, die Forscher vom Max-Planck-Institut für Plasmaphysik in Garching bei München und von der Berliner Humboldt-Universität jüngst entwickelt haben. Mithilfe eines einfachen Experiments konnten sie leuchtende Bälle aus Plasma – einem elektrisch leitenden Gas – erzeugen, die für Sekundenbruchteile über einer Wasseroberfläche schwebten. In der Natur käme die Elektrizität, die dafür nötig ist, aus der Luft.

Wenn man den leuchtenden Plasma-Ball länger schweben lassen könnte, hätte man damit einen künstlichen Kugelblitz erschaffen. Genau daran arbeiten die Physiker und hoffen, bald eine Lösung des alten Rätsels liefern zu können.

Meteorite

Die Erde wird jedes Jahr schwerer. Das liegt an den rund 25 000 Meteoriten, die jedes Jahr auf unserem Planeten landen. Zusammen wiegen sie etwa 40 000 Tonnen – so viel wie 270 Blauwale. Dabei sind die meisten dieser Geschosse aus dem All nur so groß wie Murmeln. Einige wenige erreichen die Größe von Ziegelsteinen, und felsgroße Brocken sind selten.

Meteorite machen die Erde aber nicht nur schwerer, sie liefern uns auch wertvolle Informationen über die Entstehung des Sonnensystems. Chondrite – das sind Steinmeteorite – stammen aus der

Simmulation eines Meteoriteneinschlags auf die Erde

Frühzeit des Sonnensystems: Sie sind oft Milliarden von Jahren alt. Eisen- oder Stein-Eisen-Meteorite kommen hingegen vom Mond oder vom Mars zu uns.

Wie werden Steinmeteorite noch genannt?

- **A** Chondrite
- **B** Margarite
- **C** Elite
- **D** Dendrite

69

Doch um herauszufinden, woraus Meteorite bestehen, muss man sie erst einmal finden. Für einen Experten ist das in der Regel kein Problem: Er erkennt einen Meteoriten an seiner dunklen Farbe und der geschmolzenen Oberfläche. Besonders gut lassen sich Meteorite in trockenen Wüsten und im Gletschereis finden.

Hast du das gewusst?

Der größte bekannte Meteorit liegt in Namibia auf der Hoba-Farm bei Grootfontain. Der Hoba-Meteorit wiegt rund 55 Tonnen, ist 2,70 x 2,70 Meter groß und fast einen Meter dick.

Dort verwittern sie nicht und sind gut zu erkennen. Im Labor werden sie dann analysiert. Dank neuer Methoden und natürlich auch neuer Meteoriten kann man immer genauer herausfinden, wie alt diese Brocken sind und woher sie stammen.

Jagd auf Asteroiden

Am 31. Dezember 2009 gab die NASA die Zahl der bislang bekannten Asteroiden bekannt, die die Sonne umkreisen: Es waren genau 477 204. Die meisten von ihnen bewegen sich im Asteroidengürtel zwischen der Umlaufbahn des Mars und der des Jupiters. Das größte Objekt des Gürtels ist der Zwergplanet Ceres mit einem Durchmesser von 975 Kilometern, das zweitgrößte ist der Asteroid Pallas mit 547 Kilometern Durchmesser.

Pallas ist noch halbwegs kugelförmig, aber fast alle anderen Asteroiden haben eher die Form einer Kartoffel oder eines abgebrochenen Felsstücks.

Insgesamt, so vermuten Astronomen, kreisen mehrere Millionen Asteroiden um die Sonne. Sie sind Überbleibsel aus der Entstehungszeit des Sonnensystems, Bruchstücke, die sich nicht zu einem Planeten formen konnten, weil die starke Schwerkraft des Jupiters das nicht zuließ.

Wie wurden die Asteroiden früher noch genannt?

A Planetoiden
B Hämorrhoiden
C Hebriden
D Vermieden

70

Neben den Objekten des Asteroidengürtels gibt es aber auch Asteroiden, die in elliptischen Bahnen um die Sonne kreisen – und dabei der Bahn der Erde manchmal sehr nahe kommen. Sie könnten darum eines Tages mit der Erde zusammenstoßen. Um etwas gegen diese Gefahr zu unternehmen, wurden mehrere Forschungseinrichtungen gegründet, 1996 zum Beispiel das Lincoln-Institut zur Erforschung erdnaher

Asteroiden

Asteroiden in den USA. Bis Februar 2009 hat man 6708 Objekte entdeckt, die die Erde gefährden könnten. Einer von ihnen ist der 15 Meter lange Asteroid 2010 AL30, der am 13. Januar 2010 in nur 122 000 Kilometern Entfernung an der Erde vorbeiraste. Sein Einschlag hätte die Explosionskraft mehrerer Atombomben gehabt.

Bislang gibt es noch keine wirksame Methode, mit der man einen Asteroiden im All zerstören oder ihn von seiner Bahn abbringen könnte. Raumfahrtorganisationen wie die NASA suchen aber weiter nach geeigneten Waffen gegen diese Bomben aus dem All.

Wasser auf dem Mond

Am 9. Oktober 2009 schlug die ausgebrannte Stufe einer Trägerrakete auf dem Mond ein. Verfolgt wurde der genau geplante Einschlag von einer Messsonde, die die Zusammensetzung der Staubwolke analysierte, bevor auch die Sonde auf dem Mond zerschellte.

Als Ort des Einschlags hatte die NASA den Krater Cabeus in der Nähe des Südpols des Mondes ausgewählt. Denn wegen des hohen Kraterrandes liegt ein Teil des Kraters immer im Schatten und wird nie vom Sonnenlicht erwärmt. Hier herrschen immer Minustemperaturen, und deshalb – so die Vermutung einiger Astronomen – könnte dort das Eis von Kometeneinschlägen überdauert haben. Um herauszufinden, ob das stimmt, wurde 2009 das Experiment „Lunar Crater Observation and Sensing Satellite“ (LCROSS) von der NASA durchgeführt, auf Deutsch: Mondkrater-Beobachtungs-und-Untersuchungssatellit.

In welchem Krater ist die Raketenstufe eingeschlagen?

- A Cabeus
- B Copernicus
- C Theophilus
- D Pytheas

71

Obwohl noch nicht alle Daten ausgewertet sind, steht das wichtigste Ergebnis inzwischen fest: Es gibt tatsächlich Wasser auf dem Mond. Es ist eingeschlossen in kaltes Gestein. Sollte also in naher Zukunft tatsächlich einmal eine Mondstation errichtet werden, müssten die Bewohner nicht ihr gesamtes Wasser von der Erde mitnehmen: Sie könnten es aus dem Mondboden gewinnen.

Da man mithilfe von Elektrizität Wasser auch in Sauerstoff und Wasserstoff aufspalten kann, ließen sich aus dem Wasser sogar Atemluft und darüberhinaus Raketentreibstoff gewinnen. Der geplante Absturz der Sonde auf den Mond war also ein voller Erfolg.

Roboter auf dem Mars

Ohne in die Umlaufbahn einzuschwenken, rasten 2004 zwei NASA-Sonden auf den Mars zu und tauchten in die dünne Atmosphäre ein. Am 4. Januar 2004 landete der Roboter „Spirit“, am 25. Januar 2004 folgte „Opportunity“. Beide Roboter haben sechs Räder, die an beweglichen Beinen sitzen, Sonnenkollektoren für die Energieversorgung und verschiedene Messgeräte. Auch ein Greifarm und eine Bohrmaschine gehören zu ihrer Ausrüstung.

Wie wird der Mars noch genannt?

- A Wüstenplanet
- B Blauer Planet
- C Roter Planet
- D Eisplanet

72

Eigentlich sollten die Roboter nur 90 Tage auf dem Mars herumfahren. Doch zur Überraschung der Forscher erwies sich die Technik als so gut und so

Roboter auf dem Mars

Mars Sonde „Phoenix"

zuverlässig, dass die beiden Roboter 2010 immer noch aktiv waren. „Spirit" hat sich allerdings in einer Sanddüne festgefahren und kann seitdem nur noch von dort aus Fotos machen und Experimente durchführen. „Opportunity" ist bis Mai 2010 rund 17 Kilometer auf dem Mars gefahren und hat sich auf den Weg zum Endeavour-Krater gemacht. Falls möglich, soll auch dieser Krater noch untersucht werden.

Welcher Mars-Roboter steckt seit 2009 im Sand fest?

- A Orbit
- B Spirit
- C Magnetit
- D Ingrid

73

Die bisherigen Ergebnisse beider Roboter sind jedenfalls sensationell: Dank ihrer Hilfe konnte nun bewiesen werden, dass es vor langer Zeit große Seen, vielleicht sogar Ozeane auf dem Mars gegeben hat. Auch im Boden konnte Wasser nachgewiesen werden. Das ist ein großes Plus für eine bemannte Mission, wie sie sich Präsident Barak Obama für das Jahr 2035 wünscht.

„Ich werde bei der Landung zusehen", erklärte er im April 2010 und bewilligte der NASA neue finanzielle Mittel.

Mond Europa

Am 21. September 2003 waren die Energiereserven der Jupitersonde Galileo verbraucht. Die NASA beschloss daher, sie auf den Jupiter stürzen zu lassen. Auf keinen Fall sollte die nur noch schwer zu steuernde Sonde auf den Jupitermond Europa fallen – denn man vermutete, dass es dort Wasser gab.

Wie heißt der größte Mond Jupiters?

- A Neptun
- B Uranus
- C Ganymed
- D Leda

74

Und tatsächlich: Als Galileo an Europa vorbeiflog, machte die Sonde eine erstaunliche Entdeckung: Der Mond ist von einem dicken Eispanzer mit zahllosen Furchen und Rissen umgeben. Diese Risse lassen nur einen Schluss zu: Der Eispanzer bricht ab und zu auf. Daher – so hat man berechnet – kann er nicht dicker als etwa 15 Kilometer sein.

Unter dem Eis liegt ein etwa 100 Kilometer tiefer Ozean aus flüssigem Wasser. Das enorme Schwerefeld des Jupiters sorgt dafür, dass dieses Wasser immer in Bewegung ist, ähnlich wie bei den Gezeiten auf der Erde. Diese Bewegung führt zu einer Erwärmung und verhindert, dass der Ozean einfriert. Und genau deshalb hat die NASA die Sonde auf den Jupiter und nicht auf Europa stürzen lassen: Im Ozean von Europa könnte es nämlich Leben geben – die Sonde aber hätte irdische Bakterien an Bord haben und den Ozean verseuchen können.

Jupiter mit einigen Monden

Derzeit planen die NASA und die europäische Raumfahrtorganisation ESA den Start zweier neuer Sonden für das Jahr 2020. Sie sollen den Ozean mit neuartigen Messgeräten genauer untersuchen. Später könnte dann noch eine Sonde folgen, die einen Roboter auf Europa absetzt, der sich erwärmt und langsam durch den Eispanzer schmilzt. Unter dem Eis könnte er dann den geheimnisvollsten Ozean des Sonnensystems erforschen.

Hast du das gewusst?

Der Planet Jupiter hat mindestens 63 Monde – so viele sind jedenfalls bisher bekannt. Es kann aber sein, dass Sonden noch weitere Monde entdecken, wie es früher schon geschehen ist.

Pluto ist kein Planet

Für den Pluto kam das Aus am 24. August 2006. An diesem Tag entschied die Internationale Astronomische Union, ein weltweiter Zusammenschluss von Astronomen, dass der 1930 entdeckte Pluto kein Planet mehr ist. Er soll nur noch als Zwergplanet gelten. Mit seinen 2300 Kilometern Durchmesser ist er nämlich kleiner als unser Mond.

Welche Monde des Pluto wurden erst 2005 entdeckt?

A Castor und Pollux
B Tom und Jerry
C Castrop und Rauxel
D Nix und Hydra

75

Außerdem hat man festgestellt, dass er die gleichen Eigenschaften hat wie andere Zwergplaneten aus dem Kuipergürtel, einem kreis- und scheibenförmigen Gebiet am Rande des Sonnensystems.

Im Gegensatz zu großen Planeten sind Zwergplaneten zu klein und besitzen darum nicht genügend Schwerkraft, um die in ihrer Umlaufbahn umherfliegenden Brocken auf ihre Oberfläche hinunterzuziehen.

Erst seit 2005 weiß man, dass Pluto von drei Monden umkreist wird: Außer dem damals bekannten Charon sind das noch Nix und Hydra. Um mehr über den kaum erforschten Zwergplaneten Pluto zu erfahren, hat die NASA 2006 die Sonde New Horizons gestartet. Sie wird den Pluto nach mehr als neun Jahren Flugzeit im Juli 2015 erreichen. Die Sonde soll unter anderem klären, warum Pluto in den letzten Jahren seine Farbe geändert hat und rötlicher geworden ist.

Kuipergürtel

Neue Zwergplaneten

Am 29. Juli 2005 machten amerikanische Astronomen eine sensationelle Entdeckung: Am Rande des Sonnensystems im Kuipergürtel, einer Wolke aus Kometen und Asteroiden, entdeckten sie einen Zwergplaneten, der größer als Pluto ist. Er bekam den Namen „Eris", misst 2500 Kilometer im Durchmesser und hat sogar einen Mond: Dysnomia.

Kurz zuvor waren schon einige kleinere Zwergplaneten entdeckt worden: Sedna, Haumea, Varuna und Quaoar. Sie sind jedoch wesentlich kleiner als Eris und Pluto. Seitdem suchen Astronomen verschiedener Observatorien nach weiteren Zwergplaneten am Rande des Sonnensystems.

Vor gut zehn Jahren war das kaum vorstellbar, aber heute kann man damit rechnen, dass man mit verbesserten Teleskopen noch weitere Zwergplaneten finden wird.

Wie heißt der größte Zwergplanet des Kuipergürtels?

A Iris
B Floris
C Eris
D Griseldis

76

Unser Sonnensystem hat also noch viele Überraschungen zu bieten – es ist noch lange nicht vollständig erkundet.

Neue Exoplaneten

Bis vor wenigen Jahren konnten sich nur wenige Menschen vorstellen, dass man von der Erde aus einen Planeten außerhalb unseres Sonnensystems entdecken könnte. Die Entfernungen zu anderen Sonnensystemen sind einfach zu groß. Doch dem polnischen Astronomen Aleksander Wolszczan gelang 1992 das Kunststück, als er sich die Daten einer fernen Sonne genau ansah. Dabei entdeckte er eine Unregelmäßigkeit und schloss daraus, dass die nur von einem Planeten hervorgerufen werden konnte, der diese Sonne umkreiste. Der von ihm entdeckte Exoplanet mit der Nummer „PSR 1257+12 c“ ist etwa viermal so groß wie die Erde und umkreist einen Stern, der 980 Lichtjahre entfernt ist.

Zu welchen Planeten zählen die meisten Exoplaneten?

- **A** Gasriesen
- **B** Zwergplaneten
- **C** Eisplaneten
- **D** Sumpfplaneten

77

Inzwischen hat sich die Aufregung über den Fund des ersten Exoplaneten gelegt, denn bis zum Mai 2010 wurden weitere 452 Exoplaneten in 386 Sonnensystemen aufgespürt. Und eines wissen die Astronomen jetzt dank neuester Mess- und Beobachtungsmethoden genau: Planeten, die Sonnen umkreisen, sind im Weltall keine Ausnahme, sondern wahrscheinlich die Regel. Die Technik erlaubt zurzeit aber nur, große Gasplaneten aufzuspüren oder auch kleinere Planeten, die sehr nah um ihre Sonne kreisen.

Als bislang leichtester Exoplanet wurde im April 2009 „Gliese 581 e“ entdeckt, der knapp zweimal so groß wie die Erde ist. Um erdähnliche Planeten aufzuspüren, auf denen Leben möglich wäre, müssen die Geräte und Verfahren aber erst noch deutlich verbessert werden. Dann, so hoffen viele Astronomen, könnte man mit etwas Glück sogar eine zweite Erde finden.

Dunkle Materie

Als Astronomen vor rund 50 Jahren die Galaxien genauer untersuchten, machten sie eine merkwürdige Entdeckung: Galaxien drehen sich um ein Zentrum, in dem sich ein Schwarzes Loch befindet. Und dank der sichtbaren Sterne und ihrer Masse können Astronomen genau berechnen, wie schnell sich zum Beispiel die Sterne an den Enden der typischen Spiralarme bewegen müssten. Die Beobach-

Spiralgalaxie mit „Schwarzem Loch“

tungen zeigten aber, dass die Sterne viel schneller um das Zentrum kreisen, als man berechnet hatte! Das ist nur möglich, wenn sich in den Spiralarmen einer Galaxie weitaus mehr Materie befindet als die, die man mit Teleskopen sehen kann.

Wie heißt die Nachbargalaxie, die viel Dunkle Materie besitzt?

- **A** Andromedagalaxie
- **B** Berlingalaxie
- **C** Chromgalaxie
- **D** Diamantgalaxie

78

Auch bei anderen Beobachtungen, bei denen es zum Beispiel um die Bewegung der Galaxien untereinander ging, stießen die Astronomen auf dasselbe Problem. Und so entstand die Theorie von der unsichtbaren Dunklen Materie. Nach den Berechnungen müsste eine Galaxie sogar zu 23 % aus dieser Art Materie bestehen. Sie nachzuweisen, ist jedoch sehr schwer – sie ist schließlich, wie der Name schon sagt, dunkel ... Und mit Teleskopen kann man

Andromedagalaxie

nur sichtbare Objekte im All erkennen. Noch dazu gibt Dunkle Materie keine andere Strahlung ab, die zum Beispiel von Radioteleskopen aufgefangen werden kann.

Darum weiß man bis heute nicht, woraus diese Dunkle Materie besteht und wo sie genau in einer Galaxie, also auch in unserer Milchstraße, zu finden ist. Sie ist eines der größten Rätsel der Astronomie.

Schwarze Löcher

Dass es Schwarze Löcher gibt, wurde schon 1916 berechnet. Aber erst 1967 bekam das Schwarze Loch seinen Namen von dem amerikanischen Physiker John Archibald Wheeler. Dieses Objekt besitzt eine so unvorstellbare Gravitation (Anziehungskraft), dass nicht einmal ein Lichtstrahl von ihm entkommen kann. Darum erscheint ein Schwarzes Loch auch absolut schwarz.

Wo es sich befindet, hinterlässt es tatsächlich eine Art Loch im Universum. Denn seine enorme Gravitation verändert Raum und Zeit so umfassend, dass die uns bekannten Naturgesetze nicht mehr gelten. Einen solchen Ort nennen Physiker „Singularität". Die genauen Zustände, die in einer Singularität herrschen, können wir jedoch weder beschreiben noch erkennen. Das liegt außerhalb unserer Vorstellungskraft und unserer Möglichkeiten, das All zu beobachten.

„Schwarzes Loch" saugt Stern auf

Schwarze Löcher können sich auf verschiedene Weise bilden. Jene Schwarzen Löcher, die sich im Zentrum fast jeder Galaxie befinden, sind unmittelbar nach dem Urknall entstanden. Sterne umkreisen sie, wie Planeten ihre Sonne umkreisen.

Schwarze Löcher haben eine Masse von 4 bis 10 Milliarden Sonnen, aber nur eine geringe Ausdehnung. Denn in einem Schwarzen Loch ist die Masse in sich zusammengefallen und befindet sich nun auf dem engsten überhaupt möglichen Raum. Zum Vergleich: Wäre die Erde ein Schwarzes Loch, dann wäre sie – bei gleicher Masse und Anziehungskraft wie jetzt – nur 9 Millimeter groß! Und eine Sonne wie die unsere hätte als Schwarzes Loch einen Durchmesser von nicht einmal 3 Kilometern.

„Schwarzes Loch"

Unsere Sonne ist jedoch zu klein, um am Ende ihres Lebens zu einem Schwarzen Loch zu werden. Das können nur sehr große Sonnen.

Wenn sie ihren Wasserstoff verbraucht haben und aufhören zu leuchten, bricht ihr Eisenkern unter dem eigenen Druck in sich zusammen und bildet ein Schwarzes Loch.

Wie werden Schwarze Löcher noch genannt?

A Pluralität
B Objektivität
C Primitivität
D Singularität

79

Schwarze Löcher kann man nicht sehen, aber sie lassen sich indirekt nachweisen. Sie verändern die Bewegungen und das Licht der umliegenden Sterne.

Viele Eigenschaften der Schwarzen Löcher sind aber noch unbekannt. Und die Forscher gehen davon aus, dass noch viele Jahre vergehen werden, bevor wir ganz genaue Erkenntnisse über sie haben.

Aktuelles Weltgeschehen

Was gestern noch allgemein gültig war, ist heute schon überholt. Das gilt in besonderem Maße für die Politik: Dort häufen sich Macht- und Amtswechsel nicht nur, weil Wahlen für immer neue Gesichter sorgen. Oftmals bleiben gewählte Politiker auch nicht bis zum Ende ihrer Amtszeit, sondern treten aus verschiedenen Gründen zurück – erstmals entschied sich 2010 auch ein deutscher Bundespräsident zu diesem Schritt.

Bei Wahlen können auch Dinge geschehen, die vor Kurzem unmöglich schienen – so wie die Wahl eines Afro-Amerikaners zum US-Präsidenten. Die Probleme, die Barack Obama zu lösen hat, sind indes gigantisch: der Truppenrückzug aus dem Irak, der Krieg in Afghanistan, der Klimawandel, die Katastrophe der „Deepwater Horizon" im Golf von Mexiko ...

Bürger verschiedener Länder warten derzeit auf einen Wandel, zum Beispiel im Iran oder in Somalia. Sie sehnen sich nach Bürgerrechten und Rechtsstaatlichkeit. Andere wollen endlich Frieden, wie viele Palästinenser und Israelis. Doch immer wieder rückt er in weite Ferne, weil Hardliner lieber zu den Waffen greifen. Die Hoffnung aber bleibt.

Bundesregierung

Bundesregierung

Am 27. September 2009 wurde wieder einmal ein neuer Bundestag gewählt. Es war die 17. Bundestagswahl in der Bundesrepublik Deutschland – und diejenige mit der niedrigsten Wahlbeteiligung: Nur 70,78 Prozent der Wahlberechtigten gaben diesmal einen Stimmzettel ab.

Spitzenkandidatin der CDU war Bundeskanzlerin Angela Merkel, bei der SPD trat Frank Walter Steinmeier an. Nach der großen Koalition hatte sich die CDU für ein Zusammengehen mit der FDP ausgesprochen. Die SPD hatte eine Koalition mit der Linken abgelehnt, die Grünen eine Verbindung mit der FDP.

Die Wahlforscher hatten eine Mehrheit für eine schwarz-gelbe Koalition vorhergesagt – und sie behielten recht: Die CDU/CSU wurde mit 33,8 % (239 Sitze) stärkste Kraft, die SPD erhielt 23 % (146 Sitze), die FDP 14,6 % (93 Sitze), die Linke 11,9 % (76 Sitze) und die Grünen 10,7 % (68 Sitze).

Hast du das gewusst?

Von 1961 bis 1983 waren nur drei Parteien im Bundestag vertreten, nämlich CDU/CSU, SPD und FDP. Seit 1983 ist die Partei „Bündnis 90/Die Grünen" dabei, seit 1990 die Linke.

Wie hieß bis 2010 der Parteivorsitzende der Linken?

A Oskar Matzerath
B Oskar Schindler
C Oskar Lafontaine
D Oskar Werner

80

Angela Merkel konnte sich von den Abgeordneten der CDU/CSU und FDP zur Kanzlerin wählen lassen. Außenminister und Vizekanzler wurde der FDP-Vorsitzende Guido Westerwelle, der im Koalitionsvertrag viele Forderungen seiner Partei unterbringen konnte, zum Beispiel eine geplante Steuersenkung.

Die neue Regierung hatte allerdings einen schlechten Start. So musste schon nach einem Monat Verteidigungsminister Franz Josef

Jung (CSU) durch Karl-Theodor zu Guttenberg (CSU) ersetzt, der wegen einer Plagiatsaffäre zurücktreten musste. Schon nach kurzer Zeit war außerdem zu erkennen, dass die Gemeinsamkeiten von CDU/CSU und FDP geringer waren als gedacht. Nach mehreren Meinungsverschiedenheiten innerhalb der Koalition schnitten die Regierungsparteien in Umfragen von Mal zu Mal schlechter ab. Das führte dazu, dass in der Presse sogar über eine Auflösung der Koalition und Neuwahlen diskutiert wurde.

Bundespräsident

Am 31. Mai 2010 lud Bundespräsident Horst Köhler zu einer Pressekonferenz, um seinen überraschenden Rücktritt bekanntzugeben. Der Hintergrund: Während eines Aufenthalts in Afghanistan hatte er davon gesprochen, dass Einsätze der Bundeswehr auch dazu dienen könnten, unsere Handelswege zu sichern. Diese Äußerung war von Journalisten und Politikern kritisiert worden. Deshalb entschied sich Horst Köhler, das Amt aufzugeben, auch wenn niemand diesen Schritt gefordert hatte. Damit wurde umgehend die Wahl eines neuen Bundespräsidenten nötig. Kanzlerin Angela Merkel schlug den niedersächsischen Ministerpräsidenten Christian Wulff vor, während SPD und Bündnis 90/Die Grünen den ehemaligen Bundesbeauftragten für die Unterlagen des Staatssicherheitsdienstes (Stasi), Joachim Gauck, ins Rennen schickten. Die Linke stellte eine eigene Kandidatin auf, die Bundestagsabgeordnete Luc Jochimsen.

Bundespräsident Wulff

Wer war erster Bundespräsident der Bundesrepublik?

- A Theodor Heuss
- B Heinrich Lübke
- C Gustav Heinemann
- D Walter Scheel

81

Für die Wahl des Bundespräsidenten ist die Bundesversammlung zuständig. Sie besteht aus den Bundestagsabgeordneten und einer gleich großen Zahl von Vertretern der Landesparlamente. Das sind 1224 Stimmen. Umfragen vor der Wahl zeigten, dass die Bürger den Parteilosen Joachim Gauck wählen würden.

Die Bundesversammlung tagte am 30. Juni 2010 im Reichstag in Berlin. Obwohl die Stimmen der Koalition für eine absolute Mehrheit ausgereicht hätten, benötigte Wulff drei Wahlgänge, denn einige Abgeordnete von CDU/CSU und FDP stimmten nicht für ihn. Im dritten Wahlgang reichte dann die einfache Mehrheit für seine Wahl aus.

Diese Wahl hat erneut eine Diskussion darüber ausgelöst, ob es nicht demokratischer wäre, wenn der Bundespräsident direkt vom Volk gewählt würde. Hierzu müsste jedoch das Grundgesetz geändert werden.

Juden in Deutschland

Die Zahl der Juden in Deutschland steigt. Seit dem Zusammenbruch des Ostblocks und der Wiedervereinigung, also seit 1989, sind etwa 50 000 Juden aus Osteuropa zugewandert. Damit leben heute wieder ungefähr 130 000 Juden in Deutschland.

Nach dem Holocaust und dem Ende der Nazi-Diktatur sah es so aus, als würde die jüdische Kultur erst einmal aus Deutschland verschwinden. Das ist aber zum Glück nicht geschehen. Es werden sogar immer neue jüdische Gemeinden gegründet und auch neue Synagogen gebaut, zum Beispiel die 2006 geweihte Münchner Hauptsynagoge „Ohel Jakob", die Teil des „Jüdischen Zentrums Jakobsplatz" ist.

Hast du das gewusst?

Als die Nationalsozialisten 1933 die Macht übernahmen, lebten in Deutschland etwa 570 000 Juden. Bis 1939 wanderten ungefähr 300 000 von ihnen aus. Fast alle, die blieben, wurden in Konzentrationslagern ermordet.

Wie heißt der siebenarmige jüdische Leuchter?

A Menora
B Amphora
C Minerva
D Chanukka

82

Der größte Verband ist noch immer der Zentralrat der Juden in Deutschland, der 1950 gegründet wurde. Präsidentin ist seit 2006 die Münchnerin Charlotte Knobloch. Sie erklärte jedoch im Februar 2010, dass sie bei der nächsten Wahl nicht mehr für das bedeutende Amt kandidieren wollte. So kamen nur Kandidaten infrage, die den Holocaust

Synagoge in München

lediglich aus dem Geschichtsbuch kennen. Ein Generationswechsel bahnte sich an und war auch gewollt. Im November 2010 wurde Dieter Graumann, Sohn polnischer Holocaust-Überlebender, zum neuen Präsidenten gewählt.

Eine Hauptaufgabe des Zentralrates bleibt, die Gesellschaft immer wieder auf einen aufkeimenden Antisemitismus hinzuweisen. Ihn selbstbewusst zu bekämpfen, das ist die Aufgabe aller demokratischen Bürger.

Muslime in Deutschland

Im Juni 2009 veröffentlichte das Bundesinnenministerium eine neue Studie über Muslime in Deutschland. Das Ergebnis war eine Überraschung: Es leben mehr Muslime bei uns als bislang angenommen, nämlich rund 4,3 Millionen. Die meisten von ihnen, nämlich 2,5 Millionen, stammen aus der Türkei oder haben türkische Eltern.

Und noch etwas zeigte die Studie: Die Integration ist ebenfalls weiter fortgeschritten als angenommen. So sind beispielsweise über die Hälfte der Muslime Mitglied in einem deutschen Verein. Ob Faschingsverein oder Gartenbauverein: Muslime gehören längst überall dazu. Auch in der Politik übernehmen sie immer mehr Verantwortung, etwa in

Aygül Özkan

Niedersachsen, wo die türkischstämmige Juristin Aygül Özkan (CDU) seit 2010 Ministerin für Soziales, Frauen, Familie, Gesundheit und Integration ist. Cem Özdemir ist seit 2008 einer der Bundesvorsitzenden der Partei Bündnis 90/Die Grünen.

Wie heißt der Turm einer Moschee?

A Menuett
B Kabinett
C Minarett
D Sextett

83

Allerdings gibt es auch noch Probleme, und die liegen vor allem im Bereich der Bildung. Noch immer haben viele Zuwanderer Sprachprobleme, die eine umfassende Integration verhindern. Denn wer die deutsche Sprache nicht beherrscht, ist schlecht in der Schule und hat kaum Chancen, einen guten Job zu bekommen.

Um die Integration voranzubringen, wurde 2006 vom damaligen Bundesinnenminister Wolfgang Schäuble die Islamkonferenz gegründet. In dieser Einrichtung treffen sich regelmäßig Vertreter der Politik und islamischer Verbände. Schäubles Nachfolger, Thomas de Maizière, setzt diese Treffen fort.

Cem Özdemir

Gelingt die Integration nicht, droht die Entwicklung sogenannter Parallelgesellschaften. Das sind größere Gruppen, die ein eigenständiges, isoliertes Leben innerhalb einer Gesellschaft führen. Allgemeingültige und im Grundgesetz fest verankerte Werte bleiben dort unbeachtet.

Besonders schlimme Folgen einer solchen Isolation sind die immer wieder verübten Ehrenmorde. Ihnen fallen meist junge Frauen zum Opfer, die ihr Leben selbst bestimmen und ihren Partner selbst wählen wollen. Diese Freiheit gilt in einigen Familien, die sehr traditionsverhaftet sind, als Sünde und Ehrlosigkeit. Lieber ermorden Väter ihre Töchter oder Brüder ihre Schwestern, als ihnen diese Freiheiten, die ein Land wie Deutschland prägen, zu gewähren. Integration kann so etwas verhindern.

Alte und Junge

„Im Jahr 2025 wird es kaum noch Arbeitslose geben.“ Diese erstaunliche Prognose verkündete im Juni 2010 das Institut für Arbeitsmarkt- und Berufsforschung (IAB) in Nürnberg. Wie ist diese Vorhersage zu erklären? Etwa mit einem neuen Wirtschaftswunder?

Nein, die Forscher des Instituts haben ihren Blick lediglich auf die demografische Entwicklung in Deutschland gerichtet, also auf die zukünftige Altersstruktur der Bevölkerung. Und die wird in den nächsten Jahrzehnten vor allem von zwei Faktoren geprägt, die zusammenhängen: vom Zusammenspiel von Sterbe- und Geburtenrate und von einer höheren Lebenserwartung.

Aktive Senioren

Essensausgabe im Tafelladen

Schon lange ist die Sterberate in Deutschland höher als die Geburtenrate. Darum leben immer weniger Menschen in Deutschland. Daran werden auch die Zuwanderer (Migranten) kaum etwas ändern. Gleichzeitig steigt die Lebenserwartung: Die Menschen werden immer älter. Die Zahl der Menschen im arbeitsfähigen Alter sinkt. Bis 2025 wird es rund 3,6 Millionen weniger arbeitsfähige Menschen geben – und damit auch weniger Arbeitslose. Das klingt gut, aber damit sind einige Probleme verbunden.

Was droht in Zukunft vielen Senioren?

- **A** Jugendwahn
- **B** Altersarmut
- **C** Kinderreichtum
- **D** Jahresringe

84

Das größte davon ist die Altersversorgung: In Zukunft müssen immer weniger Arbeitnehmer immer mehr Rentner finanzieren. Da man aber den Beitragszahlern nicht ständig höhere Abgaben zumuten kann, drohen niedrigere Renten und damit für viele Bürger eine Altersarmut. Private Vorsorge kann nur einen Teil dieses Problems lösen. Außerdem droht ein Pflegenotstand, denn zahlreiche Senioren leben in Heimen, die eine Menge Geld kosten und viel Personal erfordern.

Andererseits gibt es eine Vielzahl von „jungen Alten“, also Senioren, die auch mit sechzig oder siebzig Jahren noch fit und aktiv sind. Sind sie wohlhabend, einflussreich, politisch engagiert und können wichtige Entscheidungen in der Politik beeinflussen. Zum Beispiel können sie Gesetze unterstützen, die älteren Bürgern zugute kommen, denn auch die Mehrheit der Abgeordneten wird aus Senioren bestehen. Die Jungen könnten auf diese Weise benachteiligt werden. Ob alt oder jung: Es ist im Interesse aller und gehört damit zu den wichtigsten Aufgaben der Politik – und der gesamten Gesellschaft –, die Probleme zu lösen, die die demografische Entwicklung verursacht.

Armut in Deutschland

Das Jahr 2010 wurde von der Europäischen Union zum „Europäischen Jahr gegen Armut und soziale Ausgrenzung" ernannt. Der Grund ist ebenso einleuchtend wie traurig: Seit vielen Jahren schon steigt die Zahl der Armen – auch in Deutschland. Gleichzeitig wächst die Zahl der Millionäre. Die Kluft zwischen Arm und Reich wird also immer größer.

Besonders betroffen sind Kinder: Rund drei Millionen wachsen in Deutschland in Armut auf. Ihre Eltern leben von Hartz IV oder haben nur ein sehr geringes Einkommen. Vor allem Kinder von alleinerziehenden Müttern oder aus kinderreichen Familien gelten heute als arm.

Wie nennen Experten die von Armut bedrohte Unterschicht?

A Sekretariat
B Zölibat
C Internat
D Prekariat

85

Untersuchungen, zum Beispiel vom „Deutschen Institut für Wirtschaftsforschung" (DIW) in Berlin, haben 2010 ergeben, dass 14 Prozent der deutschen Bevölkerung von Armut bedroht sind. Das sind 11,4 Millionen Menschen! Als arm werden diejenigen bezeichnet, die weniger als 60 Prozent des mittleren Einkommens (ca. 1500 Euro im Monat) zur Verfügung haben.

Es gibt viele Gründe für Armut. Dazu gehören nicht nur Arbeitslosigkeit und geringe Bildung, sondern auch ein später Einstieg ins Berufsleben, steigende Nebenkosten (Krankenkasse, Miete, Strom, Heizung, Benzin) und viele Kinder. Denn Erziehung und Ausbildung von Kindern sind in Deutschland sehr kostspielig.

Armut in Deutschland

Wie soll man die Armut beheben? Dazu haben Wissenschaftler und Politiker viele Vorschläge. Am sinnvollsten sind jene, die die Ursachen von Armut bekämpfen – zum Beispiel bessere Bildung und eine finanzielle Entlastung für kinderreiche Familien. Wichtig sind auch Kindertagesstätten und Kindergärten, damit die Eltern Möglichkeiten haben, einer Arbeit nachzugehen.

Aber nicht nur bei den Armen, auch bei den Reichen hat sich etwas geändert: Sie haben unter der Wirtschaftskrise am wenigsten gelitten und sind in den letzten Jahren noch reicher geworden. Insgesamt gibt es rund 800 000 Millionäre in Deutschland. Fast 10 000 von ihnen verdienen rund 2,7 Millionen Euro im Jahr.

Datenschutz

Nacktscanner an Flughäfen, Pässe mit biometrischen Daten, Konzerne spähen Mitarbeiter und Kunden aus: Fast jeden Tag tauchen solche Meldungen in den Nachrichten auf. Die öffentliche Sicherheit und der damit verbundene Datenschutz sind zu einem wichtigen Thema des 21. Jahrhunderts geworden.

Nacktscanner

Eine Ursache dafür waren die Anschläge vom 11. September 2001 in den USA und die darauf folgenden Terrorakte. Danach wurden die Sicherheitsmaßnahmen weltweit verschärft. Die Kontrollen an den Flughäfen sind inzwischen so streng wie nie zuvor, und vor einem Flug werden heute viele persönliche Angaben überprüft.

Die Behörden der USA können inzwischen sogar Einblick in alle Banküberweisungen europäischer Bürger nehmen. Sie hoffen, dadurch Terrorverdächtige aufzuspüren, die Geld von verbotenen Organisationen erhalten. Allerdings hat das Europäische Parlament 2010 beschlossen, diese Erlaubnis – das SWIFT-Abkommen – neu zu regeln: Bislang konnten die amerikanischen Behörden über fast alle Menschen Daten erheben. In dem neuen, geänderten Abkommen soll geregelt werden, dass sie nur noch die Daten tatsächlich verdächtiger Personen erhalten.

Wie nennt man Gesellschaften mit ständiger Kontrolle?

- **A** Troposphäre
- **B** Exosphäre
- **C** Observosphäre
- **D** Stratosphäre

86

Einige Sicherheitsexperten fordern inzwischen den Einsatz von Nacktscannern an Flughäfen, mit denen am Körper versteckte Waffen und Bomben entdeckt werden können. Die Datenschützer allerdings kritisieren diese und ähnliche Maßnahmen. Sie sehen die Privatsphäre der Bürger in Gefahr – und die ist ein wichtiger

Grundpfeiler unserer Demokratie: In der Privatsphäre drückt sich die Freiheit des Bürgers gegenüber dem Staat aus, in dem er lebt.

Die technische Entwicklung macht eine Überwachung immer einfacher: Mithilfe von neuen Computern, neuen Chips und Minikameras kann nicht nur der Staat leicht Daten über seine Bürger sammeln, sondern auch die Wirtschaftskonzerne. Ob Lidl, Google, Apple oder die Deutsche Bahn: In den letzten Jahren wurden Firmen immer wieder dabei erwischt, wie sie Daten über Mitarbeiter und Kunden sammelten. Sie wollen ihre Mitarbeiter dadurch besser kontrollieren – und die Interessen ihrer Kunden genauer kennenlernen.

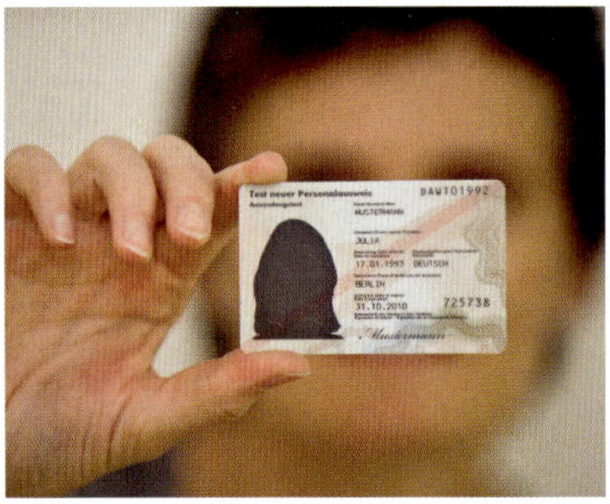

Biometrischer Ausweis

Solche Ausspähungen sind verboten, aber die von der Regierung beauftragten Datenschützer können vermutlich nur einen Teil davon aufdecken. Sie gehen davon aus, dass inzwischen über jeden Menschen bei verschiedenen Gelegenheiten Daten erhoben und gesammelt werden. Einige befürchten sogar, dass die Privatsphäre einer „Observosphäre" weichen könnte: einem gesellschaftlichen Zustand, in dem kein Bürger mehr unbeobachtet und unkontrolliert ist.

Welches System erlaubt den USA Kontodaten einzusehen?

A TWIST
B SWIFT
C FIFA
D LIFT

87

Datenschützer, engagierte Bürger und Politiker versuchen, diese Entwicklung aufzuhalten. Von ihrem Erfolg hängt auch der Bestand unserer demokratischen Gesellschaft ab.

Illegale Einwanderung

Im Januar 2009 stürmten über 1000 Flüchtlinge aus dem Auffanglager auf der kleinen italienischen Insel Lampedusa, um gegen ihre Unterbringung zu protestieren. Das Lager war vor Jahren für gut 300 Flüchtlinge errichtet worden, doch 2009 lebten hier schon etwa 1800 Menschen auf engstem Raum!

Die wenigen Polizisten auf der Insel unternahmen nichts gegen die Proteste der Flüchtlinge. Die Lösung des Flüchtlingsproblems ist nicht ihre Aufgabe – aber sie spüren es am deutlichsten. Denn Lampedusa liegt nur 100 Kilometer von der tunesischen Küste entfernt. Viele Afrikaner, die in Europa leben und arbeiten wollen, nehmen mit ihren Booten Kurs auf diese kleine Insel. Im Jahr 2009 waren es mehr als 30 000 Menschen.

Ein bis zwei Tage nach ihrer Landung werden alle Flüchtlinge in Lager auf Sizilien oder auf dem italienischen Festland gebracht. Dort können sie Asylanträge stellen. Die meisten werden jedoch nach kurzer Zeit in ihre Heimatländer zurückgeschickt bzw. abgeschoben.

Flüchtlingslager auf Lampedusa

Nicht nur Lampedusa ist das Ziel der afrikanischen Flüchtlinge, auch Korsika und Sardinien werden angesteuert. Dabei kommen jedes Jahr Hunderte von Menschen ums Leben. Sie sind oft in Booten unterwegs, die nicht seetüchtig oder überladen sind. Seit 1988 wurden schon mehr als 6500 Opfer allein im Mittelmeer gezählt.

Flüchtlinge

Doch warum nehmen Menschen eine so gefährliche Reise auf sich? Weil sie in ihrer Heimat keine Zukunft für sich und ihre Familien sehen. In Europa hoffen sie auf ein neues Leben ohne Hunger oder politische Verfolgung.

Wie werden Billiglöhne noch genannt?

A Gotteslohn
B Mindestlöhne
C Dumpinglöhne
D Extralohn

88

Die meisten von ihnen können jedoch nicht legal einreisen, um EU-Bürger zu werden – die Gesetze sind da eindeutig: Akzeptiert werden nur politisch verfolgte Menschen, die sich auf das Asylrecht berufen. Sie erhalten eine Aufenthaltsgenehmigung und können bleiben – zumindest zeitweise. Wenn ihnen auch nach längerer Zeit eine Rückreise in ihr Heimatland nicht möglich ist, können sie EU-Bürger werden. Flüchtlinge jedoch, die aus rein wirtschaftlichen Gründen in die

EU einreisen, werden nicht als Asylanten anerkannt.

Nach Schätzungen leben heute mehr als 6 Millionen Flüchtlinge ohne Aufenthaltsgenehmigung in der EU, etwa eine Million davon in Deutschland. Oft werden sie von Unternehmen illegal und zu Dumpinglöhnen beschäftigt.

Wie man mit diesem Problem umgehen soll, darüber gehen die Meinungen auseinander. Einige Politiker befürchten bei einer Öffnung der Grenzen eine regelrechte Invasion von Flüchtlingen und damit auch von billigen Arbeitskräften. Andere setzen sich dafür ein, dass die bereits bei uns lebenden illegalen Flüchtlinge eine Aufenthaltsgenehmigung bekommen und ihre Menschenrechte stärker berücksichtigt werden. Auch die Bedingungen in den Lagern sollen ihrer Ansicht nach verbessert werden.

Mehrere Abkommen sorgen dafür, dass Flüchtlinge leichter als bisher in ihre Herkunftsländer zurückgeschickt werden können. Dort sieht die Mehrheit der Politiker auch das Hauptproblem: Gäbe es keine Kriege wie im Sudan, und wären die Lebensbedingungen in vielen afrikanischen Ländern besser, gäbe es wohl kein Flüchtlingsproblem.

Hast du das gewusst?

Menschenhändler und Schleuserbanden haben sich in den letzten Jahren darauf spezialisiert, Flüchtlinge für viel Geld in Lastwagen und Containern nach Europa zu bringen. Diese Art von Verbrechen bringt fast so viel ein wie der Drogenhandel.
Die Flüchtlinge aber werden dadurch bettelarm und reisen zudem sehr gefährlich: In den Containern sind Menschen schon erstickt.

Vertrag von Lissabon

Es war ein langer Weg: Nach vielen Verhandlungen, Widerständen und gescheiterten Volksabstimmungen trat am 1. Dezember 2009 endlich der Vertrag von Lissabon in Kraft. Die 27 Mitgliedsländer der Europäischen Union (EU) haben ihn unterschrieben. Er ergänzt alle bisherigen Verträge und passt die Gesetze den geänderten Rahmenbedingungen an.

Unterzeichnung in Lissabon

Zum Beispiel bekommt das Europäische Parlament mehr Rechte und wird dem Ministerrat (dem Rat der Europäischen Union) gleichgestellt. Das bedeutet mehr Demokratie, denn nun wird über mehr Vorhaben und Gesetze abgestimmt als vorher.

In vielen Bereichen, vor allem in der Sicherheits- und Verteidigungspolitik, wird die Zusammenarbeit weiter verstärkt. Und ein neues Amt wurde geschaffen: Die Engländerin Catherine Ashton ist nun „Hoher Vertreter der EU für Außen- und Sicherheitspolitik“ und soll die EU nach außen hin besser und effektiver vertreten, als das bisher möglich war.

Wie heißt die neue „EU-Außenministerin“?

A Angela Merkel
B Catherine Ashton
C Carla Bruni
D Heidi Klum

89

Besonders wichtig ist für Europa die „Charta der Grundrechte der Europäischen Union“. Sie bindet die Länder der EU an die Europäische Menschenrechtskonvention, die in Zukunft bei der Verabschiedung neuer Gesetze genau beachtet werden muss. In den Vertrag wurde auch die Verpflichtung aufgenommen, dass der Klimawandel stärker zu bekämpfen ist.

Eine weitere Neuregelung: Mithilfe einer EU-Bürgerinitiative kann man dem EU-Parlament nun direkt ein Gesetz vorschlagen – sofern die Mitglieder der Bürgerinitiative es schaffen, eine Million Unterschriften zu sammeln.

In dem Vertrag von Lissabon wurden aber auch die Kriterien für einen Beitritt zur EU verschärft: Künftig müssen die Staaten, die Mitglied werden wollen, die Werte und Grundüberzeugungen der bisherigen Mitglieder umfassend anerkennen.

Die NATO feiert

2009 feierte die NATO ihren 60. Geburtstag. Das westliche Verteidigungsbündnis wurde 1949 gegründet, um einen möglichen Angriff der Sowjetunion abzuwehren. Nach dem Zusammenbruch des Ostblocks 1989 war das allerdings nicht mehr erforderlich: Russland hat sich längst zu einem befreundeten Land entwickelt, von dem keine Gefahr mehr ausgeht. Und viele der ehemaligen Staaten des Warschauer Paktes – darunter Polen, Ungarn und Bulgarien – wurden im Rahmen der NATO-Osterweiterung Mitglieder der NATO. Zuletzt kamen 2009 Albanien und Kroatien hinzu.

Deutsche NATO-Soldaten

Seitdem der Ostblock nicht mehr existiert, versucht die NATO, ihre Aufgaben neu zu bestimmen und ihre politische und militärische Ausrichtung der geänderten Situation in der Welt anzupassen. In regelmäßigen Abständen finden Gipfeltreffen und Sicherheitskonferenzen statt, bei denen der Kurs diskutiert und neu festgelegt wird.

Welches europäische Land ist nicht Mitglied der NATO?

A Österreich
B Frankreich
C Island
D Norwegen

90

Welche Herausforderungen die NATO im 21. Jahrhundert erwarten, wurde durch die Anschläge vom 11. September 2001 in den USA deutlich. Da die USA die Anschläge als „Kriegserklärung" werteten, trat zum ersten Mal der Bündnisfall in Kraft. Bündnisfall bedeutet: Wenn ein Mitgliedsland von einem äußeren Feind angegriffen wird, dann müssen ihm die anderen Mitgliedsländer beistehen.

Seit dem 11. September 2001 wurde klar, dass anstatt großer Armeen von Weltmächten nun Terrororganisationen wie Al-Qaida zu den Gegnern zählen.

Dabei war die NATO gegründet worden, um sich gegen angreifende Staaten zu verbünden – Ter-

NATO Response Force

rororganisationen waren in den Statuten gar nicht vorgesehen.

Die Armeen der Mitgliedsländer waren nur unzureichend auf einen solchen Gegner vorbereitet. Statt Flugzeugträgern, Interkontinentalraketen und Panzerarmeen braucht man in Afghanistan für die Suche nach den Terroristen kleine bewegliche Einheiten. Sie müssen sich auch im Gebirge gut bewegen können und schnell vor Ort sein. Als erste Antwort auf die neue Situation wurde die „NATO Response Force" (NRF) gegründet, die seit 2006 mit 25 000 Mann einsatzbereit ist.

Welcher Politiker ist Generalsekretär der NATO?

A Thomas Anders
B Anders Anders
C Christian Anders
D Anders Rasmussen

91

Als schnelle Eingreiftruppe soll sie innerhalb kürzester Zeit weltweit in Kämpfe eingreifen können. Gleichzeitig schützen modernste Abwehrraketen die

Mitgliedsstaaten vor Raketenangriffen aus schwer einzuschätzenden Ländern wie Nordkorea oder dem Iran.

Klimagipfel

Die Zahlen und Prognosen der Klimaforscher sprechen schon seit Jahren eine klare Sprache: Es gibt einen weltweiten Klimawandel, der durch den Ausstoß von Treibhausgasen, vor allem von Kohlendioxid, verursacht wird.

In welchem Gebäude fand der Klimagipfel 2009 statt?

- A Bella Block
- B Bella Martha
- C Bella Center
- D Bella Napoli

92

Das Kohlendioxid kommt aus Fabriken, Kraftwerken, Heizungen und Autos – also aus Anlagen, die Kohle oder Erdöl verbrennen. Noch drohen keine großen Katastrophen, aber wenn sich die Durchschnittstemperatur weltweit um mehr als 2 Grad Celsius erhöht, steigt auch der Meeresspiegel – und zwar spürbar. Wenn das Grönland-Eis schmilzt, erhöht sich der Meeresspiegel um 7 Meter. Viele Küstenregionen würden dann überflutet, darunter auch die Nordseeküste.

Durch eine Erwärmung würden sich die Wüsten ausbreiten – auch in Europa. Und die Ernährung von Millionen von Menschen wäre gefährdet.

Um diese Entwicklung zu verhindern und den Temperaturanstieg zu begrenzen, hielt die UN im Dezember 2009 in Kopenhagen einen internationalen Klimagipfel ab. Es war die 15. Konferenz dieser Art. Alle wichtigen Präsidenten und Regierungschefs waren angereist, darunter Kanzlerin Angela Merkel, der chinesische Premierminister Wen Jiabao und US-Präsident Barack Obama. Die Hoffnungen waren groß, dass sich die Industriestaaten und die Schwellenländer endlich auf ein gemeinsames Handeln verständigen würden. Heftige Debatten

Klimagipfel in Kopenhagen

wurden am Tagungsort, im Bella Center, geführt. Immer wieder verhandelten die Delegationen der teilnehmenden Staaten und ihre Präsidenten getrennt voneinander.

US-Außenministerin Clinton

Doch vor allem die USA, der größte Luftverschmutzer, und China konnten sich nicht darauf einigen, den CO_2 -Ausstoß ihrer Länder deutlich zu senken. Die Interessen ihrer Industrie waren wichtiger.

Darum konnte am Ende kein verbindlicher Vertrag unterzeichnet werden, sondern nur eine Abschlusserklärung, der „Copenhagen Accord". Er beschreibt lediglich das Ziel, den CO_2-Ausstoß so zu verringern, dass die Temperatur nicht über 2 Grad ansteigt. Verpflichtend ist die Erklärung jedoch nicht. Experten betrachten die Konferenz als gescheitert – und hoffen auf den nächsten Klimagipfel.

Doch viel Zeit bleibt uns nicht. Wenn nicht innerhalb der nächsten fünf Jahre gehandelt wird, ist das Ziel kaum noch zu erreichen.

Deepwater Horizon

Unsere Erdölvorräte sind begrenzt, viele Ölfelder bereits erschöpft. Deshalb suchen die Ölfirmen verstärkt in Regionen, die man bislang ausgelassen hatte, weil die Ölförderung dort schwierig und zu kostenintensiv ist – zum Beispiel in der Tiefsee.

Besonders weit hinaus wagte sich BP mit der Ölbohrplattform „Deepwater Horzion", die im 1500 Meter tiefen Golf von Mexiko nach Öl bohrte.

Welche Küste ist von der Ölpest besonders betroffen?

- **A** Texas
- **B** Alabama
- **C** Kalifornien
- **D** Louisiana

93

Am 20. April 2010 stieß das Bohrgestänge auch tatsächlich auf ein großes Ölvorkommen in 5500 Metern Tiefe. Aber die Sicherungsventile waren zu schwach, um dem enormen Druck des Öls standzuhalten. Außerdem strömten große Mengen Erdgas aus. Und so kam es zu einem „Blowout", einen Ausbruch des Öls: Wie ein Geysir schoss es unter der Plattform in die Höhe und beschädigte sie schwer. Das aufsteigende Erdgas explodierte, die Plattform brannte aus. Elf Arbeiter der 126 Mann starken Besatzung starben.

Am 22. April 2010 versank die Plattform im Meer – aber aus dem Bohrloch strömte weiterhin Erdöl. Der für die Bohrung verantwortliche Ölkonzern BP gab zunächst an, die Menge sei gering. Experten der amerikanischen Regierung kamen jedoch im Juni zu dem Ergebnis, dass täglich rund 10 Millionen Liter in den Golf von Mexiko flossen!

Ölpest an Lousianas Küste

Der BP-Konzern versuchte, das Bohrloch zu verschließen. In 1500 Metern Meerestiefe ist das jedoch eine extrem schwierige Aufgabe, weil man dort keine Taucher einsetzen kann, sondern nur Roboter. Auch hatten die Techniker keine Erfahrungen mit derartigen Notfällen.

Monatelang scheiterten alle Bemühungen, das Bohrloch zu verschließen. Weder besondere Stahlglocken, die es abdichten sollten, noch zusätzliche Ventile führten zum Erfolg. Nur einige kleinere Lecks konnten von den Robotern verschlossen werden. Immerhin gelang es, einen kleinen Teil des Öls abzupumpen und einen anderen Teil auf See abzufackeln. Der weitaus größte Teil aber floss ins Meer und führte zur größten Ölpest der Geschichte. Das Verschließen des Bohrlochs gelang erst Mitte September 2010. Seitdem wird es als „tot“ bezeichnet.

Vier Wochen nach der Explosion der Bohrinsel war fast die gesamte Südküste der USA von einer Umweltkatastrophe betroffen, vor allem der Bundesstaat Louisiana: Das ökologisch wertvolle Mississippi-Delta mit seinen reichen Fischbeständen und Austernbänken erlitt großen Schaden.

Ein explosionsartiger Austritt von Erdöl heißt ...?

A Blow-out
B Outsourcing
C Outtake
D Coming-out

94

Die amerikanische Regierung stoppte vorübergehend alle Tiefseebohrungen und richtete einen Untersuchungsausschuss ein, um die Verantwortlichen für die Katastrophe zu ermitteln. Dabei stand der Konzern BP im Zentrum der Ermittlungen: Die Verantwortlichen hatten wichtige Sicherheitsvorkehrungen außer Acht gelassen, um Geld zu sparen. Eine Milchmädchenrechnung, denn jetzt wurde es erst recht teuer: Neben den Kosten für die Schließung des Bohrlochs kam noch ein Hilfsfond in Höhe von 20 Milliarden Dollar für die Opfer und Geschädigten auf BP zu. Doch damit sind längst nicht alle Schäden beseitigt. Bis sich die Umwelt von dieser Ölpest erholt, werden noch viele Jahre vergehen.

Gipfelpolitik

Vor 30 Jahren waren Gipfeltreffen noch die große Ausnahme auf der politischen Weltbühne – heute sind sie die Regel: Kein Jahr vergeht, ohne dass sich die Präsidenten und Regierungschefs der führenden Staaten nicht mindestens einmal treffen und aktuelle Probleme beraten. 2010 fand der G8-Gipfel in Huntsville in Kanada statt.

Wo fand der G8-Gipfel 2010 statt?

- **A** Baskerville
- **B** Huntsville
- **C** Nashville
- **D** Pleasantville

95

Zur Gruppe der Acht (G8) gehören seit 1998 die USA, Großbritannien, Frankreich, Deutschland, Italien, Japan, Kanada und Russland. Ursprünglich wurde die Gruppe gegründet, um wirtschaftliche Fragen zu klären. Inzwischen stehen aber alle aktuellen Themen auf der Agenda: Währungs- und Sicherheitsfragen, Umweltprobleme und Gesundheits- und Bildungspolitik.

Im Jahr 2010 fand gleich im Anschluss an den G8-Gipfel in Toronto in Kanada der G20-Gipfel statt. Es war das vierte Treffen der führenden 20 Industrie- und Schwellenländer, zu denen auch Indien, China, Brasilien, die Türkei, Südafrika und Saudi-Arabien gehören.

G20-Gipfel in Toronto

Im Mittelpunkt der Tagung standen – als Folge der Finanzkrise – mögliche Abgaben der Banken, die die schwere Finanzkrise mit verursacht hatten, außerdem Steuern für Finanztransaktionen, das heißt: für verschiedene Börsen- und Bankgeschäfte. Die führenden Politiker konnten sich jedoch nicht auf ein gemeinsames Vorgehen einigen. Während Barack Obama (USA), Angela Merkel (Deutschland) und Nicolas Sarkozy (Frankreich) für Bankensteuern stimmten, lehnten andere Länder wie Kanada und Australien sie strikt ab.

Für Spitzenpolitiker lohnen sich die Gipfeltreffen, auch wenn sie sich nicht immer einigen können. Denn hier können sie persönlich miteinander reden.

Wer führte die italienische Delegation an?

A Federico Fellini
B Ennio Morricone
C Al Capone
D Silvio Berlusconi

96

Allerdings sind die Kosten eines Gipfels sehr hoch. Flugreisen, Unterbringung und vor allem die Sicherheitsmaßnahmen verschlingen sehr viel Geld – ungefähr 800 Millionen Euro –, schätzen Experten. Diese enormen Kosten, aber auch die große Macht der G20-Staaten in der Welt, waren der Grund für mehrere Tausend Gegner des Gipfels, in Toronto zu demonstrieren.

Frankreichs Präsident

Im Gegensatz zum deutschen Bundespräsidenten besitzt der Staatspräsident Frankreichs viel mehr Macht: Er bestimmt den Kurs der Politik und ernennt den Premierminister und die Minister.

Frankreich ist Deutschlands wichtigster Partner in der EU. Darum wurde die Wahl des fran-

Staatspräsident Nicolas Sarkozy

zösischen Staatspräsidenten 2007 in Deutschland mit Spannung erwartet. Im ersten Wahlgang konnte sich kein Kandidat durchsetzen – im zweiten Wahlgang gewann der Konservative Nicolas Sarkozy mit 53 % gegen die Sozialistin Ségolène Royal.

Wer war Sarkozys Vorgänger im Amt des Staatspräsidenten?

A Jacques Chirac
B François Mitterand
C Giscard d'Estaing
D Charles de Gaulle

97

Sarkozy ist Anwalt und Mitglied der gaullistischen Partei. Mit 21 Jahren wurde er in den Gemeinderat des Städtchens Neuilly-sur-Seine gewählt, eines Vororts von Paris, wo er dann von 1983 bis 2002 Bürgermeister war. Von 2002 bis 2004 arbeitete er als französischer Innenminister. Die Heirat mit seiner dritten Frau – der italienisch-französischen Carla Bruni (Model, Sängerin, Schauspielerin) – erregte 2008 großes Medieninteresse.

Das Verhältnis zwischen Angela Merkel und Nicolas Sarkozy gilt als schwierig, denn sie haben häufig unterschiedliche Vorstellungen von der Politik der EU. So war Sarkozy während der Finanzkrise gegen Sparmaßnahmen, Merkel dafür.

Amerikas Präsident

Am 15. Dezember 2009 traten die von den Bürgern der USA gewählten 538 Wahlmänner in den Hauptstädten der Bundesstaaten und in Washington zusammen, um den 44. Präsidenten der USA zu wählen. Das Ergebnis war eindeutig und eine Sensation: Für Obama stimmten 365 Wahlmänner, für seinen Gegenkandidaten John McCain nur 173. So wurde zum ersten Mal in der Geschichte ein Afro-Amerikaner zum US-Präsidenten gewählt.

Aus welchem Land stammt Barack Obamas Vater?

A Australien
B Kanada
C Kenia
D England

98

Noch vor wenigen Jahren schien so etwas ausgeschlossen. Regisseure, die in Science-Fiction-Filmen wie „Das fünfte Element" farbige Präsidenten zeigten, wurden sogar dafür kritisiert. Davon

US-Präsident Barack Obama

ließen sich die Wähler der USA jedoch nicht beeindrucken. Nach der konservativen Regierung von George W. Bush wollten sie einen fortschrittlichen, jungen Demokraten. Einen Hoffnungsträger, der die Wirtschaftskrise meistert und den schlechten Ruf der USA in der Welt wieder ins Gegenteil verkehrt.

All das verkörperte der 49 Jahre alte Barack Obama, der Politologie und Jura studiert hat, mit der Juristin Michelle Robinson verheiratet ist und mit ihr zwei Töchter hat, Malia Ann und Natasha. Von Anfang an setzte Obama sich für eine ganze Reihe von Reformen ein. Er konnte – mit großer Mühe allerdings – eine verbindliche Krankenversicherung für alle Amerikaner durchsetzen. Ein Meilenstein, denn was bei uns selbstverständlich ist – kostenlose Versorgung im Krankheitsfall –, war in den USA bis dahin nicht mehr als ein Wunschtraum für die weniger gut Verdienenden: Eine Krankheit konnte für sie jederzeit zum finanziellen Ruin führen.

Welcher Partei gehört Barack Obama an?

A Republikaner
B Grüne
C Libertäre
D Demokraten

99

Auch mit den Bankern, die die Finanzkrise mit verschuldet hatten, ging Obama hart ins Gericht und schuf neue Gesetze für den Finanzmarkt. Außenpolitisch kündigte er an, sich für eine atomwaffenfreie Welt einzusetzen. Für diese Ankündigung wurde er 2009 mit dem Friedensnobelpreis ausgezeichnet. Trotz vereinzelter Rückschläge hoffen nicht nur seine Wähler, dass Obama weiterhin möglichst viele seiner Versprechen einlösen wird.

Kuba und Guantanamo

Kuba ist eines der widersprüchlichsten Länder der Welt. Einerseits gehört es zu den wenigen sozialistischen Staaten, die nach dem Zusammenbruch des Ostblocks übrig geblieben sind. Der Lebensstandard der Bevölkerung ist niedrig. Die Meinungsfreiheit ist stark eingeschränkt und die Industrieproduktion ist international nicht wettbewerbsfähig.

Andererseits besitzt Kuba das beste Bildungssystem Lateinamerikas. Im Gegensatz zu Ländern wie Brasilien oder Kolumbien gehen hier alle Kinder zur Schule. Analphabetismus – in den Nachbarländern weit verbreitet – ist auf Kuba unbekannt.

Die medizinische Versorgung der kubanischen Bevölkerung ist vorbildlich. Außerdem hilft Kuba Ländern mit Ärztemangel: Nach dem Erdbeben auf Haiti 2010 waren es kubanische Ärzte, die am schnellsten vor Ort waren. Sie genießen weltweit höchste Anerkennung.

Fidel Castro

Auch in der medizinischen Forschung gehört Kuba zu den führenden Nationen. Hier werden neue Medikamente entwickelt, die erfolgreich ins Ausland exportiert werden. Vor allem die kubanischen Impfstoffe sind heiß begehrt.

Sogar auf dem Gebiet der Ökologie ist Kuba vorbildlich. 2006 bestätigte der Word Wildlife Fund (WWF) dem Land die beste nachhaltige Entwicklung aller untersuchten Länder. Die Landwirtschaft Kubas stellt fast nur Bioprodukte her, immer mehr Energie wird von Solarkraftwerken erzeugt, das Wasser der Küsten und Flüsse ist sauber.

Freie Wahlen gibt es dort jedoch nicht, obwohl Fidel Castro aus Gesundheitsgründen inzwischen nicht mehr regiert. Seit 2008 ist sein Bruder Raúl neuer Staats- und Regierungschef.

US-Präsident Barack Obama will das Verhältnis der USA zu Kuba verbessern. Sein Versprechen, das Gefangenenlager in der Guantanamo Bay Naval Base aufzulösen, hat er allerdings noch nicht eingelöst.

Wie heißt der berühmteste Revolutionär Kubas?

A Rudi Dutschke
B Lenin
C Che Guevara
D Ho Chi Minh

100

Dieses nur 117 Quadratkilometer große Gelände haben die USA 1903 von der kubanischen Regierung gepachtet. Das Gefangenenlager dort hat es nach dem Afghanistan-Krieg zu traurigem Ruhm gebracht, als dort mutmaßliche Terroristen untergebracht wurden: Wegen schwerer Menschenrechtsverletzungen war das Lager während der Bush-Regierung in Verruf geraten.

Afghanistan

Nach den Attentaten vom 11. September 2001 eroberten und besetzten die USA mithilfe ihrer Verbündeten Afghanistan. Dort herrschten die radikalislamischen Taliban, die der Terrororganisation Al-Qaida Schutz gewährten. Auch deren Führer Osama bin Laden hielt sich in Afghanistan auf, konnte jedoch nicht gefasst werden.

US-Soldat in Afghanistan

Nach dem Sieg der westlichen Allianz tagte Ende 2001 die Petersberger Konferenz in Bonn. Dort beschloss man – mit Vertretern Afghanistans –, das Land zu demokratisieren und neu aufzubauen. Nie wieder sollte der Terror dort eine Chance erhalten. Hamid Karzei wurde zum Präsidenten der Übergangsregierung ernannt und später vom Volk zum Präsidenten gewählt.

Deutschland schickte Soldaten – insgesamt 4365 –, die den Norden des Landes sichern sollen. Ihr Hauptquartier liegt bei Kun-

Bundeswehr in Afghanistan

duz. Auch Frankreich, England, Kanada und andere Staaten beteiligen sich mit Soldaten.

Zu Beginn des sogenannten „Kriegs gegen den Terror" sah es so aus, als könne man die Lage im Land schnell kontrollieren und ändern. Ein Irrtum: Auch die mehr als 71 000 Soldaten konnten die Taliban nicht endgültig besiegen.

Seit 2006 haben sich die Angriffe der Aufständischen, die sich in die Berge und Teile des Nachbarlands Pakistan zurückziehen können, sogar verstärkt. Dabei kamen bis zum Sommer 2010 nicht nur zahlreiche Zivilisten ums Leben, sondern auch 36 deutsche Soldaten.

Deutscher Soldat

Besonders tragisch war der Luftangriff der Bundeswehr vom 2. September 2009 auf zwei Tanklastzüge, die die Taliban gestohlen hatten: Dabei kamen 142 Menschen ums Leben, die meisten davon Zivilisten. Der Angriff zeigte, wie angespannt die Lage ist und wie schwer einzuschätzen.

Wo liegt das Hauptquartier der Bundeswehr in Afghanistan?

- A Kerberus
- B Kunduz
- C Karibus
- D Kibbuz

101

Wegen der vielen Einsätze und der Toten wird in Deutschland seitdem diskutiert, ob die Mission in Afghanistan nicht als Krieg zu bezeichnen ist. Rein völkerrechtlich kann es einen Krieg nur zwischen zwei oder mehreren Staaten geben. Die NATO führt jedoch keinen Krieg gegen Afghanistan, sondern gegen Terroristen und Aufständische. Darum wird der Begriff „Krieg" vermieden. Man spricht stattdessen von einem „nicht-internationalen bewaffneten Konflikt", an dem die Bundeswehr in Afghanistan beteiligt ist. Viele Soldaten und Bürger sehen darin aber nur ein Jonglieren mit Worten. In der Bevölkerung und in der Presse wird vom „Krieg in Afghanistan" gesprochen.

Trotz aller Rückschläge hoffen die USA und ihre Verbündeten, sich in einigen Jahren aus dem Land am Hindukusch zurückziehen zu können.

Iran

Seit 2005 ist Mahmud Ahmadinedschad Präsident der Islamischen Republik Iran. Er gilt als sehr konservativ und als Gegner von Reformen. Außerdem sieht er den Westen, vor allem Israel und die USA, als Feinde seines Landes an.

Den Holocaust, die Ermordung von mehr als 6 Millionen Juden durch die Nationalsozialisten, hält er für ein „Märchen". Er zählt zu den Holocaust-Leugnern, die sich von geschichtlichen Tatsachen nicht beeindrucken lassen. Darum ist Ahmadinedschad international weitgehend isoliert.

Auch sein umstrittenes Atomprogramm trägt zu dieser Isolierung bei. Angeblich dient es nur dazu, Brennstäbe für Atomkraftwerke herzustellen. Experten befürchten jedoch, dass in den Atomanlagen auch atomwaffenfähiges Material hergestellt werden könnte. Damit würde der Iran zu einer Gefahr für den Frieden in der Region. Vor allem Israel fühlt sich bedroht.

Welche Sprache wird im Iran gesprochen?

A Türkisch
B Arabisch
C Griechisch
D Persisch

102

Schon mehrfach wurde der Iran vom UN-Sicherheitsrat aufgefordert, internationale Kontrollen zuzulassen. Vertreter der Internationalen Atomenergieorganisation (IAEO) nehmen regelmäßig Inspektionen bekannter Anlagen im Iran vor. Doch es wird vermutet, dass es geheime Anlagen gibt, die den Inspektoren unbekannt sind. Regelmäßig wurde das Land mit Sanktionen belegt, damit es alle atomaren Programme offenlegt.

Präsident Mahmud Ahmadinedschad

Seit 2010 ist dem Iran der Kauf moderner Waffen verboten. Auch Vermögen des Iran, das sich auf den Konten ausländischer Banken befindet, wurde eingefroren. So soll der Staat zum Einlenken gezwungen werden.

Demonstration des iranischen Volkes

Aus den Präsidentschaftswahlen 2009 ging Ahmadinedschad erneut als Sieger hervor. Die Wahl wurde jedoch von der gemäßigten Opposition unter dem Gegenkandidaten Mir Hussein Mussawi wegen Unregelmäßigkeiten nicht anerkannt. Daraufhin kam es zu heftigen Protesten und Massendemonstrationen. Sie wurden von der Polizei gewaltsam beendet. Dabei gab es viele Tote. Demonstranten wurden verhaftet und zum Tode verurteilt.

Abzug aus dem Irak

Der Krieg der USA und ihrer Verbündeten gegen den Irak fand im Jahr 2003 statt – aber noch sind ausländische Truppen im Land, um für Sicherheit zu sorgen. Denn bislang ist es den USA nicht gelungen, die verschiedenen aufständischen Gruppen im Irak zu besiegen.

2009 verübten islamische Organisationen jeden Tag etwa 80 Überfälle, Anschläge und Selbstmordattentate. Seit 2003 kamen insgesamt rund 60 000 Menschen ums Leben, fast 3000 davon US-Soldaten.

Ein wesentliches Problem ist dabei, dass sich im Irak zwei islamische Gruppen gegenüberstehen, die den Koran unterschiedlich auslegen: die Schiiten, die in der Mehrheit sind, und die Sunniten. Beide Gruppen ringen um Machtpositionen in der Regierung und bekämpfen sich zum Teil heftig.

Welcher Diktator herrschte bis 2005 im Irak?

A Osama bin Laden
B Reza Pahlavi
C Saddam Hussein
D Idi Amin

103

Im Juni 2009 verließen die amerikanischen Truppen die großen Städte. Seitdem sorgen dort irakische Polizisten und Soldaten für eine – trügerische – Sicherheit. Dennoch waren bis zum August 2010 noch 130 000 amerikanische Soldaten im Land, die aber bald in die USA zurückkehren sollen. Dann wird sich zeigen, ob das Land ohne Schutztruppen zu politischer Stabilität finden kann.

Nahostkonflikt

Seit der verstärkten Einwanderung europäischer Juden in die Region Palästina und der Gründung des Staates Israel im Jahr 1948 kommt es immer wieder zu Konflikten und Kriegen mit der arabischen Bevölkerung. Und auch nach über 60 Jahren kommt die Region nicht zur Ruhe.

Anschlag im Nahen Osten

Nach wiederholtem Raketenbeschuss vom palästinensischen Gazastreifen aus entschied sich Israel 2008 zu einem Gegenschlag. Vom 27. Dezember 2008 bis zum 18. Januar 2009 wurde die Operation „Gegossenes Blei" durchgeführt: Kampfflugzeuge bombardierten Stellungen der radikalislamischen Hamas und die Tunnel, in denen Waffen von Ägypten in den Gazastreifen geschmuggelt wurden. Einige Tage später drangen Panzer und Soldaten in den Gazastreifen ein, um Führer der Hamas ausfindig zu machen und ihre Häuser zu zerstören. Über 1300 Menschen wurden dabei getötet, die meisten davon Zivilisten.

Nach dem Rückzug Israels aus dem Palästinensergebiet schlugen erneut Raketen auf israelischem Gebiet ein, wenn auch deutlich weniger als zuvor. Die zerstörten Tunnel wurden ebenfalls wieder freigelegt, sodass weiterhin Waffen in den Gazastreifen gelangen.

Welcher Autor war an Bord eines gekaperten Hilfsschiffes?

A Edgar Wallace
B Arthur Conan Doyle
C Friedrich Glauser
D Henning Mankell

104

Aber auch Waren des täglichen Bedarfs werden geschmuggelt. Denn seit 2007 wird der Gazastreifen von Israel komplett von der restlichen Welt abgeschottet – und darunter leidet vor allem die Zivilbevölkerung. Nicht nur Nahrungsmittel wurden knapp, es fehlte auch Zement, um die zerstörten Häuser wieder aufzubauen. Darum gab es zahlreiche

Palästinenser mit Kalb im Tunnel

Henning Mankell

internationale Proteste, aber Israel hob den Boykott nicht auf.

Im Mai 2010 startete von der Türkei und Griechenland aus ein Hilfskonvoi aus sechs Schiffen mit dem Ziel, Hilfsgüter in den Gazastreifen zu bringen. An Bord waren neben zahlreichen Helfern aus 37 Ländern auch mehrere Prominente wie der Krimiautor Henning Mankell und die irische Friedensnobelpreisträgerin Mairead Corrigan. Die israelische Marine enterte die Schiffe etwa 100 Kilometer vor der Küste und tötete dabei neun der Helfer. Die Schiffe wurden zur Hafenstadt Haifa gebracht. Dieser Angriff führte zu heftigen internationalen Protesten, da sich keine Waffen an Bord befunden hatten. Sogar UN-Generalsekretär Ban Ki Moon forderte ein Ende der Blockade des Gazastreifens. Schließlich reagierte Israel auf den Druck und öffnete einige Grenzübergänge für Hilfsgüter.

Frieden ist damit noch lange nicht in Sicht – aber es war wieder einmal ein erster Schritt.

Russland

Wachablösung im Kreml: Am 2. März 2008 wurde Dimitri Medwedew zum neuen Präsidenten Russlands gewählt. Zwei Monate später übernahm er das Amt von seinem Vorgänger Wladimir Putin, der Ministerpräsident des Landes wurde.

Wie heißt die Hauptstadt von Georgien?

A Teheran
B Tobruk
C Trinidad
D Tiflis

105

Beide haben mit vielen Problemen zu kämpfen: Zum Beispiel mit dem Kaukasuskrieg, in dem sich Russland 2008 auf die Seite der abtrünnigen Republiken Südossetien und Abchasien stellte. Als Georgien versuchte, die beiden Republiken, die sich abspalten wollten, zurückzuerobern,

Präsident Dimitri Medwedew

griff Russland militärisch ein und drang auch auf das Gebiet Georgiens vor.

Erst auf Drängen der EU und der NATO zog Medwedew seine Truppen wieder zurück. Internationale Beobachter kontrollieren seitdem die Grenzen.

Hast du das gewusst?

Mit gut 17 Millionen km² ist Russland das größte Land der Welt. Allerdings leben dort nur 142 Millionen Menschen. Zum Vergleich: In den USA sind es 308 Millionen, obwohl die USA nur 9,6 Millionen km² groß sind. Und in der Europäischen Union teilen sich 500 Millionen Menschen 3,4 Millionen km².

Wegen seines Eingreifens musste sich Russland umfassende internationale Kritik gefallen lassen. Eine Untersuchung der EU stellte im September 2009 fest, dass beide Seiten für den Konflikt Verantwortung tragen. In Russland jedoch wurde kaum über den Konflikt berichtet. Dort gibt es nämlich keine Pressefreiheit wie in westlichen Ländern: Fast alle Zeitungen und Medien sind staatlich kontrolliert, und die wenigen unabhängigen Zeitungen werden immer wieder behindert. Zwischen 1993 und 2009 wurden in Russland sogar rund 230 Journalisten ermordet. Die bekannteste von ihnen war Anna Politkowskaja. Sie wurde 2006 von Unbekannten erschossen.

Medwedew und Obama

Anna Politkowskaja

Lange hat die Armee Russlands unter den Folgen der Auflösung der Sowjetunion gelitten. Seit einigen Jahren jedoch wird sie neu organisiert und modernisiert. Bis zum Jahr 2015 hat Medwedew rund 140 Milliarden Euro bereitgestellt, um die Streitkräfte mit neuen Waffensystemen auszurüsten. Damit steigt Russland wieder zur Weltmacht auf.

Andererseits haben Medwedew und Barack Obama am 6. Juli 2009 auch das START-Nachfolgeabkommen unterzeichnet, das die Zahl der Atomwaffen beider Länder verringert.

Shanghai

Wirtschaftsmacht China

Ist China noch auf dem Weg eine Industrie-Nation zu werden oder ist China bereits ein voll industrialisiertes Land? Diese Frage wurde in den vergangenen Jahren häufig gestellt, denn China ist wirtschaftlich mittlerweile sehr erfolgreich: 2010 hat es sogar Deutschland als Exportweltmeister überholt.

Wo gibt es in China Kapitalismus?

A King Kong
B Mekon
C Hongkong
D Balkon

106

Die großen Städte Chinas, allen voran Peking und Shanghai, gleichen mit ihren Skylines immer mehr amerikanischen Städten. Auf den Straßen fahren unzählige Autos – auch deutsche Fabrikate von VW, BMW oder Daimler, denn die wohlhabende Mittelschicht kann sich teure Wagen leisten. Damit ist China zu einem wichtigen Exportland für die deutschen Autohersteller geworden, die auch in China produzieren. Denn trotz des eigentlich kommunistischen Systems lässt die chinesische Führung neben staatlichen Firmen in begrenztem Umfang auch Privatbetriebe zu.

Gemeinsam sorgen alle Unternehmen für ein großes Wirtschaftswachstum und für enorme Einnahmen des Staates. Experten glauben daher, dass China in zehn bis fünfzehn Jahren zur führenden Wirtschaftsmacht werden könnte.

Allerdings hat das schnelle Wirtschaftswachstum auch Nachteile: Die Luft ist verschmutzt,

Hongkong

und die Wüsten breiten sich aus. China hat das Problem inzwischen erkannt – aber bis zum ökologischen Umbau der Wirtschaft ist der Weg noch sehr weit. Bis zum Jahr 2050 soll beispielsweise der Aufbau einer „Grünen Mauer“ aus Millionen von Bäumen die Wüstenbildung stoppen und sogar umkehren – die größte Aufforstungsaktion der Menschheitsgeschichte.

Wie heißt die Aufforstungsaktion Chinas?

- **A** Blaue Blume
- **B** Grüne Mauer
- **C** Gelber Drache
- **D** Roter Mohn

107

Gleichzeitig soll der Ausstoß an Kohlendioxid verringert werden. Keine leichte Aufgabe in einem Land, das den Großteil seiner Energie aus Kohle und Erdöl bezieht. Seit März 2008 hat China darum ein Umweltministerium, das die Folgen des Wirtschaftswachstums mildern soll.

Nordkorea

Der politische Wandel der letzten 20 Jahre und die Globalisierung sind an Nordkorea mehr oder weniger spurlos vorübergegangen. Es ist das letzte stalinistische Land der Welt und politisch in den 50er-Jahren stehengeblieben.

Diktator Kim Jong-il

Generalsekretär der Partei der Arbeit Koreas und damit Staatschef ist Kim Jong-il. Er übernahm den Posten von seinem 1994 verstorbenen Vater Kim Il-sung. Kim Jong-il lässt sich „Großer Führer“ nennen und regiert das Land wie ein Diktator. Der Staat bestimmt alle Bereiche des Lebens. Pressefreiheit und Meinungsfreiheit sind unbekannt. Die Menschenrechte werden mit Füßen getreten. Es gibt keine unabhängige Justiz, Inhaftierungen und Todesurteile sind an der Tagesordnung. Selbstverständlich ist allen Bürgern die Ausreise ins Ausland verboten, von sehr wenigen Ausnahmen einmal abgesehen.

Das Land ist international weitgehend isoliert und wird nur von China politisch und wirtschaftlich unterstützt. Die wirtschaftliche Situation ist so schlecht, dass es immer wieder zu Engpässen bei der Versorgung der Bevölkerung und sogar zu Hungersnöten kommt. Nur dank umfangreicher Reislieferungen aus Südkorea und einigen anderen Ländern konnte bislang das Schlimmste verhindert werden.

Große Sorgen bereitet der internationalen Gemeinschaft seit Jahren auch das Atomwaffenprogramm des ansonsten sehr rückständigen Landes. 2009 wurde ein erfolgreicher Atomwaffentest durchgeführt. Außerdem verfügt Nordkorea über moderne Mittelstreckenraketen.

Wie heißt die Hauptstadt von Nordkorea?

A Saigon
B Seoul
C Pjöngjang
D Bangkok

108

Die UN verhängte darum 2010 umfassende Sanktionen, die das Land weiter wirtschaftlich isolieren. US-Präsident Barack Obama kündigte 2010 an, keine Waren mehr nach Nordkorea zu liefern. Kim Jong-il beantwortete diese Entscheidung mit der Ankündigung weiterer Atomtests.

Afrika

Jahrzehntelang galt Afrika, wo etwa eine Milliarde Menschen in 53 Staaten leben, als ärmster, ja als hoffnungsloser Erdteil. Bürgerkriege, Hungerkatastrophen und kor-

Kupfermine in Sambia

rupte Regierungen bestimmten die Meldungen. Im Sommer 2010 jedoch kam das angesehene Hamburger Weltwirtschaftsinstitut (HWWI) in der aktuellen Studie „Strategie 2030 – Afrika“ zu einem ganz anderen Ergebnis: Von der Weltöffentlichkeit kaum beachtet, hat sich Afrika zum „zweitdynamischsten Wirtschaftsraum“ der Welt entwickelt. Nur in China und anderen asiatischen Ländern wächst die Wirtschaft schneller als in Afrika!

Welches Land ist der größte Blumenexporteur der Welt?

A Kenia
B Holland
C Somalia
D Syrien

109

Für diesen Wandel gibt es vor allem zwei Gründe. Afrika ist sehr reich an Rohstoffen – zum Beispiel Kobalt, Platin, Uran, Kupfer und Gold –, die für viele moderne Industrieprodukte gebraucht werden. Die Preise für diese Rohstoffe sind in den letzten

Jahren stark gestiegen, was die Kassen vieler afrikanischer Länder füllt. Von den Einnahmen werden neue Straßen, Bahnlinien und Fabriken gebaut.

Wie heißt die Hauptstadt von Ghana?

A Nairobi
B Accra
C Kairo
D Kapstadt

110

Außerdem gibt es inzwischen einige afrikanische Länder – darunter Südafrika, Nigeria, Ghana und Sambia –, die stabile Regierungen und eine blühende Wirtschaft haben. Eine wohlhabende Mittelschicht ist dort entstanden, die wiederum den Konsum steigert. Afrika produziert nicht nur mehr – Afrikaner kaufen auch mehr als früher.

Für die Hamburger Wirtschaftsexperten ist Afrika daher der „Markt der Zukunft“. Internationale Anleger investieren bereits in vielen afrikanischen Staaten und beschleunigen dadurch ebenfalls das Wirtschaftswachstum. Der damit verbundene Rückgang der Arbeitslosigkeit und der steigende Wohlstand werden wiederum für mehr politische Stabilität sorgen. Schon in 30 Jahren, so prophezeien die Experten, könnten viele afrikanische Staaten wirtschaftlich dort sein, wo China heute schon steht.

Piraten vor Somalia

Seit dem Bürgerkrieg in den 90er-Jahren ist Somalia ein instabiles Land ohne funktionierende Regierung. Viele staatliche Aufgaben wurden nicht erfüllt – und dazu gehört die Überwachung der Küsten und Gewässer. Diesen Missstand nutzten viele Fangschiffe anderer Länder: Sie fischten die Gewässer vor Somalia leer. Die Fischer des Landes bangten um ihre Existenz und verbündeten sich daher mit Soldaten aus dem Bürgerkrieg. Die überfielen die Fischtrawler, um Schutzgeld zu erpressen.

Pirat

Ein lohnendes Geschäft, aus dem sich in den vergangenen zehn Jahren eine gut organisierte Piraterie am Horn von Afrika und im Golf von Aden entwickelt hat. Pro Jahr werden etwa 40 bis 50 Schiffe gekapert und anschließend in somalische Häfen gelotst. Die Piraten operieren inzwischen mit modernen Booten von Mutterschiffen aus. Sie besitzen moderne

Jagd auf Piraten

Waffen, mit denen sie sogar große Tanker stoppen können. Für die gekaperten Schiffe und deren Besatzungen fordern sie von den Reedern Lösegeld. Etwa 50 Millionen Euro nehmen sie auf diese Weise im Jahr ein.

An welcher Küste liegt das Land Somalia?

- **A** am Kap Hoorn
- **B** am Horn von Afrika
- **C** am Martinshorn
- **D** am Roten Horn

111

Die Piraterie hat mittlerweile Folgen für den Welthandel: Reeder haben ihre Routen verlegt und lassen die gefährdeten Seegebiete von ihren Schiffen umfahren. Auch die Trawler meiden die somalischen Gewässer – mit dem Effekt, dass sich der Fischbestand wieder erholt hat.

Darüber hinaus haben mehrere Staaten – darunter die USA, Russland, Indien und Deutschland – Kriegsschiffe in die unruhige Region entsandt, die Jagd auf die Piraten machen. Seit August 2009 läuft zudem die Operation „Ocean Shield" der NATO: Zahlreiche Schiffe suchen vor der Küste Somalias nach Piraten, und gleichzeitig erhalten Nachbarländer wie Kenia finanzielle Unterstützung, damit sie ebenfalls gegen die Piraten vorgehen.

Außerdem versucht das Ausland, die schwache Regierung in Somalia zu stärken, damit sie die Piraterie aus eigener Kraft beenden kann. Die Regierung erhält nicht nur finanzielle Unterstützung, um Beamte und Soldaten zu bezahlen, sondern auch Waffen und Ausbilder. Seit Mai 2010 beteiligen sich daran auch Militärberater der EU-Länder.

Gefangennahme eines Piraten

Da die Bedingungen in Somalia jedoch sehr schwierig sind, weiß niemand, wann es so weit sein wird. Bis dahin muss immer wieder mit neuen Piratenangriffen gerechnet werden, die Menschenleben fordern.

Wirtschaft

Mehr denn je bestimmt die Wirtschaft unser Leben und unseren Alltag. Wer genau hinsieht, stellt schnell fest, dass so unterschiedliche Themen wie „Rente", „Steuern", „Klimawandel", „Energie- und Rohstoffverbrauch" eng miteinander verknüpft sind: Sie alle sind von der wirtschaftlichen Entwicklung abhängig oder beeinflussen sich gegenseitig. Es ist jedoch nicht leicht, die Zusammenhänge zu verstehen. Wenn man die Regeln und Gesetze des Marktes und der nationalen wie globalen Wirtschaft erklären will, ist es am einfachsten, sich einzelne Bereiche anzusehen und deren Entwicklung zu verfolgen. Und das ist umso leichter, wenn man die Bedeutung von Schlagworten wie „Derivat" oder „Keynesianismus" kennt, die häufig in den Nachrichten auftauchen.

Das zentrale Thema der letzten Jahre war die weltweite Finanz- und Bankenkrise, die das Vertrauen der Menschen in das Bankensystem schwer erschüttert hat. Gelitten hat auch die sogenannte Realwirtschaft, also Industrie, Handel und Dienstleistung. Nach mehreren Finanzspritzen der Regierungen scheint seit 2010 das Gröbste überwunden zu sein – wenn auch die Sorge bleibt, dass sich eine solche Krise wiederholen könnte.

Wirtschaftskrise

Noch immer leidet die Weltwirtschaft unter den Folgen der Finanzkrise von 2007. Im August 2010 schätzte der Internationale Währungsfond (IWF), der den globalen Finanzmarkt überwacht, die weltweiten Verluste auf insgesamt 9401 Milliarden Euro. Doch wie konnte es zu dieser Krise kommen?

Wie nennen Banker Häuser und Grundstücke?

A Cerealien
B Viktualien
C Immobilien
D Reptilien

112

Die Hauptursache liegt bei den günstigen Krediten in den USA, die es sogar Bürgern mit niedrigem Einkommen erlaubten, ein Haus zu bauen oder zu kaufen. Auf diese Weise sollte die Wirtschaft angekurbelt werden. Das gelang auch und der Wohnungsbau boomte über viele Jahre. Der Preis für Immobilien stieg, da immer mehr Bürger die Angebote der Banken nutzten, um Häuser zu kaufen.

Um an mehr Geld für die Kredite zu kommen, verkauften die Banken die Schulden ihrer Kunden in Form von Anlagepapieren an andere Banken – schließlich versprachen diese Papiere sichere Gewinne. Falls ein Kreditnehmer nicht mehr zahlen konnte, wurde sein Haus teuer verkauft – und so wurden alle Schulden abgedeckt.

Doch 2005 war der Wirtschaftsboom vorbei. Viele Menschen verdienten weniger oder wurden arbeitslos. Außerdem stiegen die Zinsen und damit die Kreditkosten wieder an. Die Folge: Immer mehr Hausbesitzer mussten ihre Häuser verkaufen. Das große Angebot an Häusern führte wiederum dazu, dass die Immobilienpreise schnell sanken, und im Frühjahr 2007 standen so viele Häuser auf dem US-Markt zum Verkauf, dass es nahezu unmöglich war, ein Haus zu einem angemessenen Preis zu verkaufen.

Hausverkauf in den USA

Die Hausbesitzer waren pleite, und darum bekamen die Banken das verliehene Geld nicht zurück. Damit waren auch die Anlagepapiere fast wertlos, die mittlerweile in die ganze Welt verkauft worden waren. Mehrere Banken, darunter die bekannte Lehman Brothers Inc., mussten Insolvenz anmelden,

Bank „Lehman Brothers"

denn ihre Geldreserven reichten nicht aus, um die Ausfälle zu decken.

Die betroffenen Anlagepapiere waren auch nach Europa verkauft worden, und deshalb drohte nun auch hier Banken die Pleite, denn die Papiere stellten sich als weitgehend wertlos heraus. Viele kleine Anleger verloren ihr Geld. Das Bankensystem konnte nur durch staatliche Maßnahmen wie Bürgschaften oder Kredite gerettet werden. Die Münchner Hypo Real Estate Holding – eine Bank, die vor allem den Kauf von Immobilien finanziert – war jedoch nur noch durch eine Verstaatlichung zu retten. Die Staaten, darunter auch Deutschland, mussten zusätzliche Kredite von der Europäischen Zentralbank aufnehmen, um den anderen Banken zu helfen.

Durch die hohen Geldverluste litt auch die Realwirtschaft: Unternehmen und Betriebe bekamen von den Banken kaum noch Kredite, weil die nun sehr viel vorsichtiger mit dem Geld umgingen. Eine weltweite Wirtschaftskrise war die Folge, die nach Ansicht der Experten noch mindestens bis ins Jahr 2013 ein neues Wirtschaftswachstum behindern wird.

Welche berühmte Bank ging durch die Krise pleite?

A Blues Brothers
B Lehman Brothers
C Big Brothers
D Marx Brothers

113

Viele Staaten, auch die USA und Deutschland, erließen nach dem Beginn der Krise Gesetze, die die Banken verpflichten, höhere Rücklagen zu bilden, damit sie in Zukunft größere Verluste ausgleichen können. Außerdem wurde in Deutschland 2010 der Handel mit bestimmten sehr risikoreichen Anlagepapieren verboten. So soll einer weiteren Finanzkrise vorgebeugt werden. Ob dies tatsächlich gelingt, ist jedoch offen. Wirtschaftsexperten sind der Überzeugung, dass sich eine derartige Krise durchaus wiederholen kann.

Derivate und Optionen

→ Die weltweite Finanzkrise hat Anlagepapiere wie „Derivate" und „Optionen" überall ins Gespräch gebracht.

Frankfurter Börse

Aber was steckt hinter diesen Begriffen? Beide Anlagepapiere sind eine Art Vertrag zwischen zwei Partnern. Bei einem Derivat wird vereinbart, dass ein Partner vom anderen eine bestimmte Ware zu einem festgelegten Preis an einem vorgegebenen Termin kauft. Die Ware, um die es sich handelt, wird „Basiswert" genannt. Das kann zum Beispiel Erdöl sein, für das ein Preis von 80 Dollar pro Barrel (Fass) ausgehandelt wird.

Wer handelt an der Börse mit Derivaten?

A Broker
B Zocker
C Hexer
D Zinker

114

Durch den Vertrag weiß der Anbieter, dass er das Öl einige Monate später mit Sicherheit verkaufen wird. Steigt in der Zwischenzeit der Preis, hat der Käufer Glück, denn dann kann er das Öl für mehr Geld weiterverkaufen, als er bezahlt hat.

Sinkt der Preis, freut sich der Verkäufer, weil er nun mehr für das Öl bekommt als zurzeit üblich. Man kann Derivate also auch als Wetten bezeichnen, bei denen man Geld gewinnen, aber auch verlieren kann.

Optionen sind ähnliche Anlagepapiere, bei denen der Anleger ebenfalls das Recht erwirbt, einen bestimmten Basiswert zu einem bestimmten Zeitpunkt oder innerhalb eines Zeitraumes zu kaufen. Im Gegensatz zum Derivat kann er zwar kaufen, muss es aber nicht tun.

Mit beiden Papieren wird an der Börse und in Banken gehandelt. Der Basiswert kann dabei alles Mögliche sein – nicht nur Erdöl,

Börsenmakler

Getreide, Fleisch oder Eisenerz, auch das Wetter. Bei einem Wetterderivat vereinbaren die beiden Partner – meist ein Unternehmen und eine Bank – eine bestimmte Temperatur oder eine Niederschlagsmenge für einen wichtigen Zeitraum, zum Beispiel für die Blütezeit der Obstbäume. Ist das Wetter schlecht und fällt die Ernte niedrig aus, zahlt die Bank den Ausgleich. Ist das Wetter gut und die Ernte ertragreich, ist die Bank am Gewinn beteiligt.

Derivate und Optionen werden gerne von spekulativen Anlegern erworben, also von Investoren, die für die Aussicht, viel Geld auf einmal zu verdienen, ein hohes Risiko eingehen.

Bonuszahlungen

Mit den enormen Bonuszahlungen an Manager ist nun Schluss: Am 17. Juni 2010 hat der Deutsche Bundestag beschlossen, dass die Bundesanstalt für Finanzdienstleistungsaufsicht (BaFin), die oberste Finanzaufsichtsbehörde, Bonuszahlungen in Zukunft begrenzen oder ganz untersagen kann.

Ein Bonus wird im Vertrag eines Wirtschafts- oder Bankmanagers als zusätzliche Zahlung zum Gehalt vereinbart, und zwar als Belohnung für eine gute Leistung. Die Verträge sind jedoch oft so gestaltet, dass die Boni auch dann fällig werden, wenn ein Unternehmen nur kurzfristig Gewinne erzielt, es ihm langfristig aber schlecht geht. Manche Manager haben 10 Millionen Euro oder mehr für einen kurzen Zeitraum kassiert!

Was bedeutet das lateinische Wort „bonus"?

A gut
B viel
C mehr
D teuer

115

Das neue Gesetz soll dafür sorgen, dass Boni nur dann gezahlt werden, wenn ein Unternehmen auch langfristig Erfolg hat. Auch sollen die Boni deutlich niedriger ausfallen als bisher. Und wenn eine Bank in finanzielle Schwierigkeiten gerät, soll die BaFin Bonuszahlungen an die Bankmanager sogar ganz verbieten können. Während der Finanzkrise 2007/2008 hatten viele Manager hohe Boni erhalten – obwohl ihre Banken Insolvenz anmelden mussten – das heißt: pleitegingen.

Ehemalige Bankmanager

Steuer-Paradiese

Im Frühjahr 2010 meldete sich ein Unbekannter bei den deutschen Finanzbehörden und bot eine CD zum Kauf an: Namen und Kontodaten von rund 20 000 Deutschen waren darauf gespeichert. Sie hatten unversteuerte Gelder auf Schweizer Banken angelegt. Das Land Niedersachsen kaufte die CD, um gegen die Steuersünder vorzugehen.

Woher der Verkäufer die brisanten Daten hatte, blieb unbekannt. Es war aber nicht die erste CD dieser Art, die deutsche Behörden für viel Geld gekauft haben, und es wird vermutlich auch nicht die letzte sein. Denn durch Steuerhinterziehung gehen dem Staat jährlich mehrere Milliarden Euro verloren.

Was hat bislang viele Steuersünder geschützt?

A Beichtgeheimnis
B Arztgeheimnis
C Blütengeheimnis
D Bankgeheimnis

116

Steuerhinterziehung im großen Maßstab funktioniert so: Erfolgreiche Unternehmer oder Manager bringen einen Teil ihrer Einkünfte heimlich in bestimmte Länder, die Steuer-Paradiese oder Steuer-Oasen genannt werden, weil man dort deutlich weniger Steuern zahlt als in Deutschland. Einige Firmen verlegen sogar ihren Firmensitz in diese Länder, um Steuern zu sparen.

Zu den Steuer-Paradiesen in Europa gehörten bislang die Schweiz, Liechtenstein und Andorra. Außerhalb Europas waren vor allem die Bahamas und die Kaiman-Inseln beliebt. Steuer-Paradiese sind meist kleine Länder ohne Industrie, die von den ausländischen Geldern profitieren. Auch dort müssen – wenn auch in geringer Höhe – Steuern gezahlt werden. Mit den dort angelegten Geldern können die Banken gute Kreditgeschäfte machen.

Burg Gutenberg in Liechtenstein

Schon seit vielen Jahren versuchen die großen Industrieländer, diese Steuerschlupflöcher zu schließen: Sie üben politischen Druck auf die Regierungen aus und verstärken ihre Fahndung nach Steuerhinterziehern. Länder wie die Schweiz haben inzwischen ihr Bankgeheimnis gelockert, sodass Steuersünder leichter zu finden sind.

Staatsverschuldung

Nicht nur Bürger machen Schulden, sondern auch Staaten. Bis 1960 hatte die Bundesrepublik faktisch keine Schulden – von da an sind sie jedoch in jedem Jahr gestiegen. Im Sommer 2010 waren es rund 1,7 Billionen Euro, das sind 1700 Milliarden! Eine unvorstellbar hohe Summe.

Schuldenuhr

Aber woher kommen diese Schulden? Jede Bundesregierung und jede Landesregierung beschließen für jedes Jahr einen Haushalt. Darin sind alle Posten enthalten, für die Geld ausgegeben werden muss: Verteidigung, Straßenbau, Bildung, soziale Leistungen wie Hartz IV und vieles mehr.

Bei dem, was die Regierungen ausgeben wollen, beschränken sie sich aber nicht auf die Summe, die sie durch Steuerzahlungen einnehmen. Vielmehr richten sie sich nach dem Bedarf, einer Ausgabenschätzungen und nach Wahlversprechen.

Das bedeutet, dass die Haushalte oft deutlich mehr Geld für Ausgaben vorsehen, als durch Steuereinnahmen hereinkommt. Das fehlende Geld leihen sich Staat und Länder dann von in- und ausländischen Banken und Geldgebern. Da ein immer größerer Teil des Haushalts für die Rückzahlung der Kredite und Zinsen verwendet werden muss, wird der Schuldenberg immer größer. Die Neuverschuldung – das sind die Schulden, die jedes Jahr neu hinzukommen – betrug für den Bund 2010 rund 65 Milliarden Euro.

Wie wird der Haushalt noch genannt?

A Eklat
B Inventar
C Etat
D Avatar

117

Bund und Länder dürfen nicht beliebig hohe Schulden machen – sonst gefährden sie den Wert der Währung. Verträge wie der Maastricht-Vertrag von 1992 und die ins Grundgesetz aufgenommene Schuldenbremse begrenzen die Verschuldung. Denn eines Tages müssen die Gelder ja zurückgezahlt werden, und zwar von zukünftigen Steuerzahlern. Darum gehören die Staatsverschuldung und die verschiedenen Möglichkeiten, Geld zu sparen, zu den wichtigsten politischen Themen. Jede Partei und auch Wirtschaftsfachleute machen immer neue Vorschläge. Aber die Schulden wachsen nun schon seit fünfzig Jahren – deshalb sehen die Experten nur geringe Chancen, dass man sie in Zukunft in den Griff bekommen kann.

Hast du das gewusst?
Würde man die 1,7 Billionen Euro Staatsschulden auf die Bundesbürger verteilen, hätte jeder Schulden in Höhe von rund 21 000 Euro – auch alle Babys.

Keynesianismus

Wer Nachrichten über die Lage der Wirtschaft hört oder den Wirtschaftsteil einer Zeitung liest, stößt immer wieder auf den Begriff Keynesianismus. Er bezieht sich auf den berühmten englischen Wirtschaftswissenschaftler und Philosophen John Maynard Keynes (1883–1946).

John Maynard Keynes

Keynes war Professor an der Universität Cambridge und befasste sich intensiv mit den Wirtschaftskrisen seiner Zeit, vor allem mit der schweren Wirtschaftskrise des Jahres 1929. Dabei kam er zu dem Ergebnis, dass man die Entwicklung der Wirtschaft nicht allein dem Markt überlassen sollte, weil die Regeln des Marktes nicht ausreichen würden, um für Vollbeschäftigung und allgemeinen Wohlstand zu sorgen. Vielmehr müsse der Staat vor allem in Krisenzeiten eingreifen, um die wirtschaftliche Entwicklung des Landes im Interesse der Bürger durch gezielte Maßnahmen zu beeinflussen oder sogar zu steuern.

An welcher Universität lehrte John Maynard Keynes?

- **A** Oxford
- **B** Princeton
- **C** Hogwarts
- **D** Cambridge

118

Keynes wurde zu einem der bedeutendsten Wirtschaftsexperten des 20. und nun auch des 21. Jahrhunderts. Und viele Politiker, die zum Beispiel während der Krise 2007/2008 dafür waren, die Banken durch staatliche Unterstützung zu retten, beriefen sich auf Keynes.

Im Jahr 1942 wurde Keynes geadelt und erhielt einen Sitz im „House of Lords".

Unternehmensberatung

Auch die oberste Führungsebene einer Firma braucht hin und wieder Unterstützung und Rat. Beides bietet ihnen eine Unternehmensberatung.

Wie nennt man Unternehmensberatung auch?

- A Consulting
- B Selling
- C Bullying
- D Rating

119

Eine solche Firma beschäftigt verschiedene Experten, die meistens Betriebswirtschaft, Business-Consulting oder ein anderes wirtschaftsbezogenes Fach studiert und einige Zeit in einem Unternehmen gearbeitet haben. Wenn ein oder mehrere Berater von einem Unternehmen engagiert werden, analysieren sie in einem ersten Schritt den Betrieb, um die Stärken und Schwächen festzustellen. Dazu befragen sie die Mitarbeiter und sehen sich die Produktionsvorgänge genau an. Sie prüfen die Kosten für die Herstellung der Produkte und die Verkaufszahlen. Anschließend besprechen sie zusammen mit dem Auftraggeber die Veränderungen, die notwendig sind, um die Lage des Unternehmens zu verbessern.

In einem dritten Schritt erstellen die Berater ein Konzept, in dem ausgeführt wird, wie die festgelegten Ziele erreicht werden können. Dazu gehören Vorschläge, wie man die Produktion anders und besser organisiert, wo man Geld einsparen kann oder wie man mehr Waren verkauft.

Protest gegen Entlassungen

Hast du das gewusst?

Bis 1964 war die Unternehmensberatung in Deutschland unbekannt. In anderen Ländern, etwa in den USA, gibt es sie dagegen schon seit rund 120 Jahren.

Manchmal empfehlen Unternehmensberater auch die Entlassung von Mitarbeitern. Gerade in wirtschaftlich schwierigen Zeiten geschieht das sehr oft – und führt in den Betrieben regelmäßig zu Kritik und zu heftigen Protesten der Belegschaft.

Für ihre Analyse und ihre Konzepte erhalten die Unternehmensberater oft ein hohes Honorar. Eine Erfolgsgarantie geben sie jedoch nicht.

Insolvenz

Als Folge der Finanz- und Wirtschaftskrise 2007/2008 mussten mehrere große Unternehmen – darunter Quelle, Karstadt, Rosenthal, Schiesser und Opel – Insolvenz anmelden. Das heißt: Sie hatten Probleme, ihre Rechnungen und die Gehälter ihrer Mitarbeiter zu bezahlen, weil sie nicht mehr genügend Waren und Produkte verkaufen konnten.

Proteste gegen Insolvenz bei Quelle

Wenn einem Unternehmen die Zahlungsunfähigkeit droht, kann eine andere, erfolgreiche Firma dem angeschlagenen Unternehmen ein Kauf- oder Übernahmeangebot machen. Wenn das Unternehmen, das Probleme hat, besonders wichtig für eine Region ist – wie Opel für Bochum und Umgebung –, dann gewährt der Staat manchmal auch Kredite oder finanzielle Unterstützung, bis es dem Unternehmen wieder besser geht. Ziel ist hier, die Arbeitsplätze zu sichern.

In anderen Fällen, wie beim Versandhaus Quelle, ist die Insolvenz jedoch nicht mehr zu vermeiden. Dann muss die ganze Firma geschlossen und aufgelöst werden. Für den ordnungsgemäßen Ablauf sorgt dabei ein Insolvenzverwalter. Das ist meist ein Rechtsanwalt, der von einem Gericht eingesetzt wird. Er kann noch ein letztes Mal versuchen, einen Käufer für das Unternehmen zu finden. Wenn das nicht gelingt, löst er den Betrieb auf und verkauft die noch vorhandenen Waren, die Grundstücke und Gebäude. Der Erlös kommt den Gläubigern zugute, also den Firmen, die noch Geld von dem insolventen Unternehmen bekommen.

Wer setzt einen Insolvenzverwalter ein?

A Polizei
B Gericht
C Bürgermeister
D Minister

120

Für die Mitarbeiter sucht der Insolvenzverwalter eine Lösung. Es kann eine Auffanggesellschaft gegründet werden, die für die Weiterbildung der Mitarbeiter sorgt und sie an andere Firmen weitervermittelt. So war es im Fall Quelle. Die Insolvenz eines großen Betriebs ist für eine Region immer eine Katastrophe: Es gibt viele neue Arbeitslose, da auch Zulieferbetriebe betroffen sind.

Schwarzarbeit

Wer in Deutschland arbeitet – egal ob als Selbstständiger oder Angestellter – muss Steuern zahlen und krankenversichert sein. Als Arbeiter oder Angestellter muss er außerdem in die Arbeitslosenversicherung einzahlen, als Unternehmer ein Gewerbe angemeldet haben. Die Mehrheit der Bevölkerung hält diese gesetzlichen Bestimmungen ein – aber einige versuchen, diese Regeln zu umgehen. Das wird Schwarzarbeit genannt.

Wie wird Schwarzarbeit noch genannt?

- **A** Misswirtschaft
- **B** Planwirtschaft
- **C** Schattenwirtschaft
- **D** Gastwirtschaft

121

Für den Auftraggeber, der sich ebenso strafbar macht wie der Arbeiter, ist die Schwarzarbeit billiger als ein regulärer Auftrag, denn er zahlt keine Sozialabgaben für seine Arbeiter. Dem Schwarzarbeiter wiederum bietet die Schwarzarbeit einen guten Gewinn, weil er auch keine Steuern oder andere Abgaben zahlt. Der Gesellschaft aber geht durch Schwarzarbeit viel Geld verloren, das sie dringend braucht. Schließlich werden unsere Schulen und Universitäten, unsere Straßen und Verwaltungsbehörden von Steuergeldern bezahlt. Auch den Krankenkassen, der Arbeitslosenversicherung und der Rentenkasse fehlen die Beiträge, die sie brauchen, um ihre Leistungen zu erbringen.

Razzia auf einer Baustelle

Der Schaden durch Schwarzarbeit wird in Deutschland auf etwa 30 bis 70 Milliarden Euro im Jahr geschätzt. Damit ist der Anteil der Schwarzarbeit an der Gesamtwirtschaft so groß, dass Experten von einer „Schattenwirtschaft" sprechen: Das ist ein Bereich der Wirtschaft, der sich der Kontrolle des Staates entzieht, der aber trotzdem Gewinne erwirtschaftet.

Die besonders ausgebildeten Ermittlungsbeamten der „Finanzkontrolle Schwarzarbeit" in Köln

Hast du das gewusst?

Nachbarschaftshilfe oder die gelegentliche Hilfe von Verwandten oder Freunden ist natürlich keine Schwarzarbeit – solange es nicht darum geht, Geld zu verdienen. Wer also einem Freund beim Umzug oder im Garten helfen möchte, kann guten Gewissens mitanpacken.

versuchen, vor allem schwarz arbeitende Handwerker ausfindig zu machen: Sie kontrollieren Baustellen und lassen sich Ausweise und Arbeitsverträge zeigen.

Wer der Schwarzarbeit überführt wird, dem drohen sogar Gefängnisstrafen. Trotzdem hat nach Ansicht von Experten die Schwarzarbeit in den letzten Jahren zugenommen – vor allem weil die Steuern und Krankenversicherungsbeiträge gestiegen sind.

Krisenmanagement

Die Finanz- und Wirtschaftskrise brachte 2007 die Politik in Zugzwang: Menschen drohten arbeitslos zu werden, und Unternehmen standen vor der Insolvenz. Daher entschloss sich die Bundesregierung, die wirtschaftliche Situation mit verschiedenen Maßnahmen zu verbessern. Eine davon war die Verlängerung der Kurzarbeit.

Kurzarbeit bedeutet, dass die Arbeitszeit der Mitarbeiter deutlich reduziert wird und dass der Staat einen Teil der Lohnzahlungen übernimmt. Auf diese Weise brauchen die Mitarbeiter nicht entlassen zu werden.

Normalerweise darf es in Firmen mit schlechter Auftragslage aber nur ein halbes Jahr Kurzarbeit geben. Nach der Finanzkrise 2007 wurde dieser Zeitraum auf zwei Jahre verlängert. Viele Betriebe nutzten diese Möglichkeit – und die Kurzarbeit zeigte Wirkung: Einige Entlassungen und hohe Arbeitslosenzahlen konnten vermieden werden.

Abgewrackte Autos

Wie wurde die Umweltprämie auch genannt?

A Autozuschuss
B Abwrackprämie
C Schrottbonus
D Ökosteuer

122

Eine weitere Maßnahme in der Krise war die Umweltprämie, oft auch Abwrackprämie genannt. Sie wurde im Januar 2009 beschlossen und bis Ende des Jahres 2009 gewährt. Jeder, der ein mindestens neun Jahre altes Auto besaß, das verschrottet werden musste, konnte sie beantragen. Wenn er dann ein neues Auto mit niedrigen Abgaswerten kaufte, erhielt er vom Staat 2500 Euro Zuschuss. Dadurch wollte man den Verkauf von Neuwagen fördern und die Autoindustrie unterstützen, aber zugleich auch für eine Verbesserung der Luft sorgen.

Durch diese Maßnahmen, zusammengefasst in zwei Konjunkturpaketen, konnten die Folgen der Krise tatsächlich gemildert werden. Und die Schritte, die sich bewährt haben, sollen auch in Zukunft eingesetzt werden.

Griechenland pleite?

Im November 2009 erschütterte eine Nachricht aus Griechenland die EU: Der griechische Ministerpräsident Giorgos Papandreou musste eingestehen, dass sein Land so hohe Schulden hatte, dass es bald nicht mehr in der Lage sein würde, fällige Kredite zurückzuzahlen. Dem Land drohte der Staatsbankrott.

Eine gefährliche Situation – nicht nur für Griechenland, sondern auch für die EU. Griechenland gehört ja zur Euro-Zone, und durch die Probleme des Landes war der Wert der Gemeinschaftswährung gefährdet.

Als erste Maßnahme untersuchte man die Ursachen des Problems: Im Gegensatz zu anderen Ländern der EU hatte Griechenland wegen eines niedrigen Steuersatzes geringe Steuereinnahmen. Es gab viele Steuerschlupflöcher, und Steuerhinterziehung war weit verbreitet. Gleichzeitig beschäftigte Griechenland die meisten Beamten Europas, die schon mit fünfzig Jahren in Pension gehen durften.

Wie hieß die griechische Währung vor dem Euro?

A Lire
B Öre
C Drachme
D Peso

123

Aus all diesen Gründen gab der griechische Staat Jahr für Jahr mehr Geld aus, als er einnahm. Die Staatsverschuldung wuchs, aber die griechische Regierung informierte die EU nicht ordnungsgemäß. Im April 2010 stand Griechenland dann tatsächlich kurz vor der Pleite.

Die EU musste schnell handeln, nicht zuletzt um den Euro zu retten. Zunächst verordnete sie

Demonstration gegen die staatlichen Sparmaßnahmen in Griechenland

dem Land ein Sparpaket, zu dem auch eine Erhöhung der Steuern und eine Kürzung der Beamtengehälter gehörten. Im Mai 2010 beschloss die EU darüber hinaus ein Rettungspaket in Höhe von 22,4 Milliarden Euro, von denen Deutschland 80 Millionen übernahm. Außerdem erhielt Griechenland von der EU neue Kredite in Höhe von 500 Milliarden Euro. Dank dieser und weiterer Maßnahmen konnte das Land vor der Pleite gerettet werden. In Griechenland gab es zwar Proteste und Demonstrationen gegen das Sparpaket – aber die Griechen mussten es akzeptieren.

Im November 2010 stand auch Irland kurz vor der Pleite und musste den „EU-Rettungsschirm" annehmen. Die gesamte EU hofft, dass sich das nicht wiederholt – denn auch Portugal und Spanien sind gefährdet.

Gesundheitssystem

Die Menschen werden immer älter und brauchen in ihren letzten Lebensjahren oft intensive medizinische Hilfe. Außerdem steigen die Kosten für ärztliche Behandlung und Medikamente. Die Entwicklung eines neuen Wirkstoffs kostet heute rund 800 Millionen Euro. Das ist ein Vielfaches von dem, was vor einigen Jahrzehnten dafür ausgegeben wurde.

Diese Entwicklungen haben seit 1977 zu immer neuen Gesundheitsreformen geführt. Sie sollen die Krankenkassenbeiträge von Arbeitnehmern und Arbeitgebern bezahlbar halten und jedem Bürger eine gesetzliche Krankenversicherung garantieren.

Wie werden Medikamente noch genannt?

- A Pharmazeutika
- B Antibiotika
- C Philharmoniker
- D Ithaka

124

Trotz aller Reformen, der Einführung der Praxisgebühr, der Medikamentenzuzahlung und der Begrenzung von Ärztehonoraren sind die Kosten weiter gestiegen. Anfang 2010 hat man berechnet, dass den gesetzlichen Krankenkassen, in denen 50 Millionen Menschen versichert sind, im Jahr 2011 rund 11 Milliarden Euro fehlen würden. Darum beschloss die Bundesregierung im Juli 2010, bei den Ausgaben für Medikamente zu sparen und zugleich die

Bezahlung beim Arzt mit EC-Karte

Beiträge für die Krankenversicherungen zu erhöhen: Statt 14,9 % des Bruttoeinkommens werden nun 15,5 % fällig. Außerdem dürfen die Kassen Zusatzbeiträge erheben.

Alle Gesundheitsexperten sind sich jedoch einig, dass diese Reform mit Sicherheit nicht die letzte war – denn die Kosten steigen weiter.

Ist die Rente sicher?

Diese Frage stellen sich Bürger und Politiker seit vielen Jahren. Denn drei Entwicklungen gefährden die Rente: Die Menschen werden immer älter und brauchen für eine längere Zeit Rente als frühere Generationen. Die Rente wird von den gerade arbeitenden Menschen bezahlt. Da immer weniger Menschen geboren werden, müssen in Zukunft die wenigen Jungen die Rente der vielen Alten verdienen.

Was müssen auch Rentner zahlen?

- A Kindergeld
- B Steuern
- C Elterngeld
- D Arbeitslosenversicherung

125

Hinzu kommt, dass manche Menschen einer Arbeit nachgehen, bei der überhaupt keine Rentenbeiträge fällig werden – die Zahl der Freiberufler und Selbstständigen, die nicht in die Rentenkasse einzahlen, steigt.

Das früher funktionierende System – die Jungen zahlen für die Alten – wird also auf lange Sicht nicht mehr aufgehen. Deshalb suchen Politiker und Experten nach einer neuen Lösung. Ein wichtiger Schritt war 2001 die Einführung der Riester-Rente durch den damaligen Arbeitsminister Walter Riester. Sie ist eine Zusatzrente, die privat bezahlt, aber vom Staat gefördert wird.

Rentner

Doch das ist nur der Anfang: In Zukunft sollen und müssen immer größere Teile der Altersvorsorge von den Bürgern selbst angespart werden – über Sparprogramme oder Lebensversicherungen. Im Gespräch ist auch, ob man die Rente teilweise durch Steuern finanzieren sollte. Dann wäre man unabhängig von der demografischen Entwicklung und der Zahl der Beitragszahler.

Welche Lösung auch kommt: In den nächsten Jahren müssen die Weichen dafür gestellt werden.

Soziale Kompetenz

Wer einen guten Job finden will, braucht eine gute Ausbildung und gute Noten? Ja, aber das ist nur die halbe Wahrheit. Arbeitgeber und Wirtschaftsexperten haben inzwischen erkannt, dass soziale Kompetenz ebenso wichtig ist – auf Englisch die „soft skills".

Wie wird soziale Kompetenz noch genannt?

- A Softeis
- B Software
- C Soft Machine
- D Soft Skills

126

Dabei handelt es sich um die Fähigkeit, gut und erfolgreich mit Kollegen und Kunden zusammenzuarbeiten. Um das zu können, braucht man Menschenkenntnis, Respekt und Toleranz. Man muss teamfähig sein und die Ideen und Vorschläge von Kollegen anerkennen. Gleichzeitig sollte man in der Lage sein, schnell Lösungen für Konflikte zu finden.

Als Vorgesetzter muss man in der Lage sein, seine Mitarbeiter zu führen und zu motivieren. Man muss sie von der Wichtigkeit ihrer Aufgaben überzeugen, sodass sie sich gerne an die Arbeit machen. Selbstverständlich muss man auch Verantwortung übernehmen und ein Vorbild für seine Kollegen sein.

Neuere Untersuchungen zeigen: Nur wer ein hohes Maß an sozialer Kompetenz mitbringt, kann auch ein erfolgreicher Mitarbeiter einer Firma sein. Darum gilt soziale Kompetenz inzwischen als Schlüsselqualifikation. Erlernt wird sie normalerweise im Elternhaus. Wer dort aber Defizite hat, kann sie in der Schule oder auch als Erwachsener in besonderen Seminaren nachholen.

Wissensgesellschaft

Hinter dem Begriff „Wissensgesellschaft" verbirgt sich eine wirtschaftliche und gesellschaftliche Entwicklung in den Industrieländern, die von zwei wichtigen Bedingungen geprägt ist: Zum einen sorgen Computer und Roboter dafür, dass immer weniger Menschen für die Herstellung von Industrieprodukten benötigt werden.

1982 wurden in den USA 75 Millionen Tonnen Stahl von fast 300 000 Arbeitern produziert. 2002 waren es 102 Millionen

Herstellung von Laptops in China

Tonnen, die von 75 000 Arbeitern hergestellt wurden.

Zum anderen wird menschliche Arbeit in den Industrieländern immer teurer, sodass viele Firmen die Produktion in Länder mit niedrigen Lohnkosten verlagern. Selbst im Bereich Dienstleistung werden Stellen abgebaut, weil Berater in einem Callcenter beispielsweise durch sprachgesteuerte Computersysteme ersetzt werden.

Wer übernimmt immer mehr Arbeit in den Fabriken?

A Rentner
B Roboter
C Beamte
D Pensionäre

127

Wie soll dann aber in Zukunft in den alten Industrieländern Geld verdient werden? Mit Wissen und der Erzeugung von Wissen – das sagen jedenfalls viele bedeutende Soziologen und Wirtschaftsexperten wie der Amerikaner Jeremy Rifkin und der Franzose Jean-François Lyotard.

Jeremy Rifkin

In der Wissensgesellschaft, die derzeit entsteht, wird der Einsatz von Wissen, mit dem man neue Produkte entwickelt, zu einem wichtigen Wirtschaftsfaktor. Unter „Wissen" versteht man dabei nicht nur Fachwissen, sondern auch soziale Kompetenz und Kreativität: Ideen und Lösungen für Probleme sind gefragt.

Die Entwicklung hin zur Wissensgesellschaft hat zur Folge, dass Ausbildung und Bildung immer wichtiger werden. Für Menschen ohne Schulabschluss wird es in Zukunft kaum noch Jobs geben.

Autos und Flugzeuge

Bis zum Ausbruch des Zweiten Weltkriegs gab es mehrere Tausend Autohersteller und einige Hundert Flugzeugfirmen. Heute sind nur fünfzig größere Autoproduzenten übriggeblieben, von denen 17 mehr als eine Million Autos pro Jahr herstellen. Viele dieser Firmen arbeiten zusammen, entwickeln zum Beispiel ihre Motoren gemeinsam. Firmen, die früher selbstständig waren, gehören heute zu großen Konzernen. Audi, Seat, Lamborghini, Skoda und Bugatti sind Teile der Volkswagen AG. Volkswagen besitzt auch große Aktienanteile an Porsche und Suzuki.

Im Airbus A380, dem größten Passagierflugzeug der Welt

Wirtschaftskrisen und hohe Entwicklungskosten für neue Modelle fördern diese Entwicklung. Darum glauben Experten, dass die Zahl der Autohersteller weiter sinken wird und sich am Ende etwa sechs Produzenten das globale Geschäft teilen werden. Auch eine Zusammenarbeit aller Hersteller ist denkbar, wobei zwar die Marken bestehen bleiben, aber alle zu einem einzigen gigantischen Konzern gehören.

Wer ist der größte Autoproduzent der Welt?

A Toyota
B BMW
C Opel
D Ford

128

Bei den Flugzeugherstellern ist diese Entwicklung noch ausgeprägter. Von den vielen Hundert Firmen sind nur einige kleine und zwei sehr große übriggeblieben: Den Weltmarkt der großen Passagiermaschinen teilen sich die amerikanische Firma Boeing und der europäische Anbieter Airbus. Nur sie können sich die milliardenteure Entwicklung von Maschinen wie dem A380 überhaupt noch leisten. Experten vermuten, dass auch Boeing und Airbus eines Tages zusammenarbeiten werden. Dann gäbe es nur noch einen einzigen Anbieter auf dem Markt.

In welcher Stadt befindet sich der Firmensitz von Airbus?

A Toulouse
B Berlin
C London
D Rom

129

Kritiker verfolgen diese Entwicklung zur Konzentration mit Misstrauen, denn Konkurrenz und Wettbewerb wären ihnen lieber. Aufzuhalten ist dieser Trend derzeit jedoch wohl kaum.

Tourismus-Trends

Mit einem weltweiten Umsatz von rund 500 Milliarden Euro ist der Tourismus eine der wichtigsten Branchen der

Wirtschaft. Um in den Urlaub zu fahren, braucht man das nötige Kleingeld. Das hatten bislang vor allem die Bürger der Industriestaaten. In den letzten zehn Jahren haben jedoch die Bewohner der Schwellenländer aufgeholt, allen voran China. Inzwischen besuchen mehr als eine Million Chinesen pro Jahr Deutschland – Tendenz steigend. Schon stellen die Hotels in Berlin und anderswo ihre Speisekarten auf chinesische Gäste um.

Chinesischer Tourist in Berlin

Wegen der steigenden Preise für Fernreisen werden in Zukunft immer mehr Deutsche ihren Urlaub im eigenen Land verbringen. Beliebt sind zurzeit Kurzurlaube in Ressorts, Parks und künstlichen Landschaften. Zum Beispiel im „Tropical Island", der größten freitragenden Halle der Welt, rund 40 Kilometer südlich von Berlin. Die 360 Meter lange Halle entführt die Besucher in eine tropische Landschaft mit Badestrand, Wasserrutschen, Dschungel und Lokalen.

Neben Tropenhallen werden auch Skihallen beliebter. Zu den modernsten Anlagen gehört der 2006 eröffnete SnowDome bei Bispingen in Niedersachsen. Bis zu 3000 Skifans können hier pro Stunde zu Tal fahren. Nicht weniger modern ist seit 2008 die Skisporthalle Oberhof in Thüringen. Weitere Hallen mit unterschiedlichen Landschaften und Freizeit- und Sportmöglichkeiten sind geplant.

Wie heißt das Lieblingsziel chinesischer Touristen?

- **A** Gelsenkirchen
- **B** Regensburg
- **C** Flensburg
- **D** Berlin

130

Auch im Tourismus spielen ökologische Fragen eine immer wichtigere Rolle. Die weltweit zunehmende Umweltverschmutzung könnte dazu führen, dass zukünftig viele bekannte Urlaubsziele wegfallen müssen: Die Strände versinken unter angeschwemmtem Plastikmüll. In den Skigebieten herrscht wegen der Klimaerwärmung Schneemangel. Durch den steigenden Meeresspiegel sind Reiseziele wie die Malediven vom Untergang bedroht.

Die Tourismusbranche bemüht sich deshalb, neue Ziele zu finden und attraktive Angebote zu machen. Europa wird dabei sicher stärker ins Blickfeld geraten.

Online-Handel

Die Angebote im virtuellen Warenhaus werden immer umfangreicher: Der Online-Handel wächst in Deutschland pro Jahr um rund 12 %. Fast 60 % aller Deutschen kaufen inzwischen Produkte im Internet ein. Die am häufigsten bestellten Waren sind Bücher, Reisen, Tickets für Konzerte und Theateraufführungen und CDs und DVDs. Die Anbieter sind entweder reine Internethändler, Internetauktionshäuser oder Firmen, die neben ihren „realen" Läden und Kaufhäusern auch Internetshops unterhalten.

Einkaufen im Internet

Befragungen in den Jahren 2008 und 2009 haben ergeben, dass über 90 % der mittelständischen Unternehmen selbst das Internet nutzen, um sich Produkte und Dienstleistungen zu beschaffen. Damit ist das Internet ein fester Markt für Waren aller Art geworden. Einige Handelsgüter gehen jedoch weniger gut. Immobilien, Autos und Lebensmittel wollen die meisten Kunden nach wie vor persönlich in Augenschein nehmen und prüfen, bevor sie sie kaufen.

Wie wird ein Anbieter-Portal im Internet noch genannt?

A virtueller Marktplatz
B elektronischer Handel
C digitaler Hinterhof
D Online-Schlussverkauf

131

Der Erfolg des Online-Handels hat in den letzten zehn Jahren den Einzelhandel und das traditionelle Geschäft der Versandhäuser stark beeinflusst. Kaufhausketten wie Karstadt bekamen wirtschaftliche Probleme – das lag zwar nicht allein am Online-Handel, aber er war ein wichtiger Faktor. Das Versandhaus Quelle musste sogar Insolvenz anmelden, da es ihm nicht gelungen war, im Internet ein erfolgreiches Angebot aufzubauen.

Auch Fachgeschäfte und der Buchhandel spüren die Auswirkungen des elektronischen Marktes. Verschwinden werden sie dennoch nicht, davon sind die Experten überzeugt. Eine Vielzahl von Käufern will die Waren ansehen, an- und ausprobieren, bevor sie sie kaufen. Und das kann das Internet eben nicht bieten. Darum werden wohl beide Märkte, der reale und der elektronische, weiter nebeneinander existieren.

Hyperreale Waren

Werbung und Verpackung versprechen bei vielen Waren Eigenschaften oder Zutaten, die im Produkt gar nicht enthalten sind. So kann ein Jogurtdeckel frische Erdbeeren zeigen, obwohl keine einzige Erdbeere im Joghurt ist. Das Erdbeeraroma und die Farbe wurden in einem Labor synthetisch hergestellt. Wenn der Hersteller solche künstliche Zutaten verwendet, spart er viel Geld, weil sie viel billiger sind als echte.

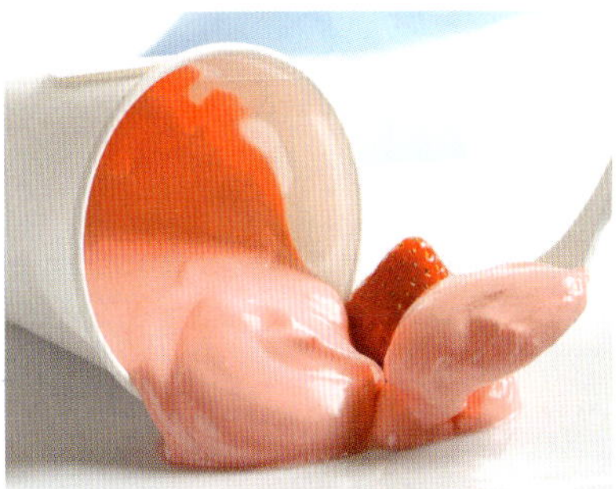

„Hyperrealer" Erdbeer-Joghurt

„Hyperrealität" nennt man das: Die Erdbeeren sind nicht real – der Joghurt täuscht nur vor, ein Erdbeerjoghurt zu sein. Er schmeckt sogar viel intensiver nach Erdbeeren als echte Erdbeeren! Dabei sind Geschmack und Farbe bloße Illusion.

Künstliche Aromen aller Art finden sich nicht nur im Joghurt, sondern auch in Kaugummi, Eis und Bonbons. Auch der Käse auf einer Tiefkühl-Pizza ist oft nicht echt: Wenn man Pech hat, isst man keinen geschmolzenen Mozzarella, sondern Analogkäse, der aus Pflanzenfett hergestellt wird. Wer große Shrimps kauft, muss ebenfalls aufpassen, dass er nicht Imitate aus Surimi erwischt. Solche Shrimps bestehen aus zerkleinerten Fischabfällen, Gewürzen und Farbstoffen.

Auf vergleichbare Weise wird Formfleisch hergestellt. Aus Fleischstücken, Stärke, Wasser, Salz und Gewürzen. Oft hat dieses Formfleisch, das als Schinken auf der Pizza oder als Schnitzel auf unserem Teller landet, einen Fleischanteil von nur 50 %!

Werbung mit hyperrealen Eigenschaften ist übrigens längst üblich. Das laute Zischen, das in Werbesendungen beim Öffnen von Bier- oder Limoflaschen zu hören ist, ist künstlich – aber es signalisiert Frische, und das ist für Kunden ein großer Kaufanreiz.

Wie heißt das aus Japan stammende Garnelenimitat?

A Sushi
B Nigiri
C Surimi
D Wasabi

132

Die Methoden der Werbung und der Labore werden immer raffinierter, sodass der Verbraucher in Zukunft noch mehr aufpassen und die Angaben auf der Packung noch genauer lesen muss. Wenn es um Lebensmittel geht, helfen ihm dabei Verbraucherschutzorganisationen wie Foodwatch. Sie fordern schon lange eine bessere Kennzeichnung der betroffenen Produkte.

Energiepreise

Die Industrie braucht nicht nur Rohstoffe wie Erdöl oder Eisenerz, um Computer und Autos herzustellen. Sie braucht auch Öl, Gas, Kohle und Strom, um Energie für die Produktion von Waren zu haben. Energiekosten sind deshalb ein wichtiger Wirtschaftsfaktor.

Erdölförderung im Meer

Da seit Jahren weltweit immer mehr produziert wird, steigen auch die Energiepreise. Vor allem Schwellenländer wie China, Brasilien, Mexiko und Indien brauchen eine größer werdende Menge an Energie. Und das hat Auswirkungen für alle: Seit dem Jahr 2000 ist der Strompreis um rund 30 % gestiegen – eine Entwicklung, die sich fortsetzen wird.

Welches Land ist der größte Erdöl-Exporteur der Welt?

- A Saudi-Arabien
- B Australien
- C Mexiko
- D USA

133

Eine noch größere Preissteigerung gab es beim Erdöl. Das Barrel Öl kostete 1998 noch rund 20 Dollar – 2008 waren es schon über 130 Dollar. Erst im Zuge der weltweiten Finanz- und Wirtschaftskrise gingen Nachfrage und Preis zurück. Doch 2010, nach einer langsamen Erholung der Wirtschaft, stieg der Preis erneut an.

Wie heißt der größte russische Gaslieferant?

- A Glasnost
- B Holzgas
- C Gasprom
- D Kremlgas

134

Mit dem Ölpreis steigt auch der Gaspreis. Zumindest in Deutschland, denn dort wurde in den 60er-Jahren zwischen ausländischen Öl- und Gasanbietern und den inländischen Händlern eine Preisbindung vereinbart. Seitdem ist der Gaspreis an den Ölpreis gekoppelt. Diese Bindung hat der Bundesgerichtshof 2010 teilweise aufgehoben: Der Gaspreis soll in Zukunft etwas freier gestaltet werden können.

Generell aber werden sich Industrie und Privathaushalte an steigende Energiepreise gewöhnen müssen. Der Vorteil: Hohe Energiepreise liefern einen Anreiz, Energie zu sparen und dadurch weniger CO_2 zu produzieren. Auf diese Weise tut man etwas gegen den Klimawandel.

Emissionshandel

Am 16. Februar 2005 trat das Kyoto-Protokoll in Kraft. Darin verpflichten sich die beteiligten Länder dazu, den Ausstoß von Treibhausgasen deutlich zu reduzieren. Um dieses Ziel zu erreichen, wurden verschiedene Maßnahmen vereinbart – unter anderem der Handel mit Emissionsrechten (d.h. Schadstoffausstoß).

Welche Anlagen erzeugen besonders viel CO_2?

A Kohlekraftwerke
B Spielzeugfabriken
C Windparks
D Fernsehsender

135

Der Handel mit Kohlendioxid funktioniert so: Wenn eine Fabrik mit ihrem Ausstoß unter den Vorgaben bleibt – wenn sie also weniger CO_2 ausstößt –, kann sie die ersparte Menge einer anderen Fabrik verkaufen, die die Vorgaben nicht erreicht hat. Eine Tonne CO_2 kostet dabei rund 13 Euro. Wer moderne Anlagen hat und Energie spart, wird also belohnt. Wer jedoch alte Anlagen hat und viel Energie verbraucht, muss zahlen und wird dadurch bestraft.

Kohlekraftwerk

Die EU startete bereits 2005 mit dem Emissionsrechtehandel und wurde damit zum weltweiten Vorreiter. Unter dem Namen „European Union Emission Trading System“ (ETS) wurden rund 12 000 Fabriken und Kraftwerke in eine Liste aufgenommen, die sich an dem Handel beteiligen müssen und dürfen. Für alle Anlagen wurden Vorgaben zum CO_2-Ausstoß berechnet.

Von 2005 bis 2007 lief die Testphase, bis 2012 dauert die zweite Phase mit neuen Vorgaben. Eine dritte Phase bis 2020 ist bereits vereinbart. Bis zu diesem Jahr will die EU den CO_2-Ausstoß um 20 % senken – und hofft, dass andere Staaten und Wirtschaftsräume folgen werden.

Graue Energie

Ein durchschnittlicher Haushalt mit vier Personen verbraucht am Tag rund 10 Kilowattstunden (kWh) Strom. Bei dieser Berechnung fehlt allerdings die graue Energie – das ist der Strom, den man braucht, um die Waren und Produkte herzustellen, die ein Haushalt benötigt. Rechnet man diese Energie dazu, ist der Verbrauch eines Haushalts sehr viel höher: Wenn vier Personen je eine Getränkedose leeren, kommen schon 20 kWh hinzu. Kauft sich die Familie einen neuen PC, werden gleich 3000 kWh fällig – bei einem neuen Auto sind es sogar 20 000 bis 30 000 kWh. Der gesamte Stromverbrauch eines Haushalts richtet sich also nach dem Konsumverhalten, und der liegt wesentlich höher, als man gemeinhin vermutet.

Sauberer Strom mit Solarenergie

Jede Energie muss von Kraftwerken erzeugt werden, und damit hat der Verbrauch an grauer Energie einen großen Einfluss darauf, wie viel CO_2 von Kraftwerken ausgestoßen wird. Umweltschutzorganisationen wie das „Wuppertal Institut für Klima, Umwelt, Energie" wünschen sich daher, dass auch der Verbrauch an grauer Energie auf Produkten angegeben wird. Dann könnten die Verbraucher neue Geräte nicht nur nach ihrem tatsächlichen Stromverbrauch, sondern auch nach der eingesetzten grauen Energie auswählen.

Windenergie

Wie wird graue Energie noch genannt?

- **A** indirekter Energieverbrauch
- **B** dunkle Seite der Macht
- **C** Notstrom
- **D** Solarenergie

136

Für die Industrie wiederum wäre das ein großer Anreiz, bei der Herstellung möglichst viel Energie zu sparen oder erneuerbare Energie zum Beispiel aus Windkraftwerken einzusetzen.

Biodiesel

Irgendwann im 21. Jahrhundert werden die Erdölvorräte erschöpft sein. Außerdem trägt die Verbrennung fossiler Energieträger (Kohle, Erdöl) zur Klimaerwärmung bei. Das sind die Hauptgründe, warum nach alternativen Treibstoffen geforscht wird.

Tankstelle mit Biodiesel

Neben Wasserstoff und regenerierbarer Energie – Sonnen-, Wind- und Wasserkraft – sind auch Biotreibstoffe im Gespräch, vor allem Biodiesel. Gewonnen wird dieser Treibstoff, den moderne Dieselautos ganz normal tanken können, aus Raps, Mais, Sojabohnen und anderen ölhaltigen Pflanzen. Der Vorteil: Er ist ungiftig und biologisch abbaubar, verursacht weniger Schadstoffe und weniger CO_2. Außerdem wächst der Rohstoff für Biodiesel nach.

Hast du das gewusst?

Rudolf Diesel, der Erfinder des Dieselmotors, hat schon 1900 mit Biodiesel experimentiert und sogar Motoren vorgestellt, die ausschließlich mit Pflanzenöl liefen. Weil Erdöl damals aber billiger war, setzte es sich als Treibstoff durch.

Das sieht nach einem idealen Treibstoff aus, und lange Zeit wurde auch für den intensiven Einsatz von Biodiesel geworben. Seit 2007 wird dem normalen Diesel schon 5 % Biodiesel beigemischt, um den CO_2-Ausstoß zu verringern. Bis 2020 soll der Anteil in der EU auf 10 % steigen.

Aus welchen Pflanzen wird Biodiesel gewonnen?

- **A** Weizen und Hafer
- **B** Weißkohl und Grünkohl
- **C** Gurken und Kürbis
- **D** Raps und Soja

137

Inzwischen kennt man jedoch auch die Nachteile des Biotreibstoffs. So braucht man für den Anbau von Raps und Soja sehr viel Platz. Auch wenn man die gesamte landwirtschaftliche Anbaufläche Deutschlands dafür nutzen würde, könnte man doch nur rund 10 % des Diesel- und Heizölbedarfs produzieren. Darum werden schon jetzt große Mengen Biodiesel aus dem Ausland importiert. Und da liegt der Haken: In südlichen Ländern wie Indonesien werden mittlerweile große Regenwaldgebiete abgeholzt, um dort Ölpalmen für die Biodieselgewinnung anzubauen.

Rechnet man den abgeholzten Regenwald jedoch zur Ökobilanz des Biodiesels aus dem Palmöl hinzu, entsteht am Ende deutlich mehr CO_2 als beim herkömmlichen Diesel! Sinnvoll ist Biodiesel also nur, wenn er auf bereits vorhandenen Feldern angebaut wird. Damit kann er nur einen kleinen Teil des herkömmlichen Treibstoffs ersetzen.

Mangel an Rohstoffen

Die Weltwirtschaft wächst und verbraucht Rohstoffe – die Vorräte aber sind begrenzt: Kohle und Eisen stehen noch für Jahrhunderte zur Verfügung, Erdöl reicht nur für einige Jahrzehnte. Metalle wie Blei und Kupfer wird es nicht ewig geben.

Weggeworfene Mobiltelefone

Am schlimmsten aber sieht es bei seltenen Schwermetallen wie Indium und Gallium aus: Etwa zehn Jahre sind sie noch verfügbar. Ausgerechnet sie werden aber dringend für die Herstellung von Flachbildschirmen, Displays, Leuchtdioden und Handys gebraucht. Zwar wird schon intensiv nach Ersatzstoffen geforscht, aber eine Lösung ist bis jetzt nicht in Sicht. Und so steigen erst einmal die Preise …

Gleichzeitig werden Recycling-Methoden getestet, um einen möglichst hohen Anteil der seltenen Metalle aus Altgeräten zurückzugewinnen. Aber nicht alle Metalle lassen sich recyclen. Wenn sie nämlich nur in winzigen Mengen eingesetzt und stark mit anderen Stoffen vermischt werden – Gewürzmetalle nennt man sie dann –, ist ein späteres Recycling fast unmöglich.

Welches Metall ist besonders selten?

A Unikum
B Brimborium
C Kleinbonum
D Indium

138

Dann muss man die seltenen Rohstoffe durch andere Stoffe ersetzen – oder, wie es Wissenschaftler bereits planen, seltene Metalle auf dem Mond oder auf Asteroiden abbauen. Untersuchungen von Mondsonden und Analysen von Mondgestein haben nämlich ergeben, dass die Mondoberfläche viele seltene Metalle enthält. Noch wäre ein Abbau viel zu teuer. Aber wenn die Raumfahrt sich weiterentwickelt und die Rohstoffe auf der Erde noch knapper werden, wäre der Bergbau im Weltall durchaus eine Lösung.

Darum analysiert die indische Sonde Chandrayaan-1 seit 2008 die Bodenschätze auf dem Mond. Auch die europäische Raumfahrtorganisation ESA plant, Sonden zu schicken, die Bodenschätze aufspüren. Experten rechnen im 21. Jahrhundert sogar mit einem neuen Wettlauf zum Mond.

Nur Erdöl wird man auf dem Mond und anderen Planeten wohl nicht finden. Das Öl ist ja aus dem Plankton längst vergangener Meere entstanden.

Ware Trinkwasser

Trinkwasser ist unser wichtigstes Lebensmittel – und zugleich ein bedeutender Wirtschaftsfaktor. In Deutschland verbraucht jeder Mensch rund 125 Liter Trinkwasser am Tag. Das ist nur das Wasser, das wir aus der Leitung holen. In Wahrheit verbrauchen wir viel mehr, weil man auch für die Herstellung jedes Produktes Wasser benötigt.

Für die Produktion eines Autos werden ungefähr 200 000 Liter verbraucht, für ein Blatt Papier 10 Liter, für ein T-Shirt 2000 Liter, für eine Jeans 5000 Liter. Dieses Wasser nennt man „virtuelles Wasser". Rechnet man es zum täglichen Verbrauch hinzu,

Kläranlage

kommt jeder Mensch in Deutschland auf rund 4000 Liter am Tag!

Diese Menge ist noch eindrucksvoller, wenn man bedenkt, dass etwa drei Milliarden Menschen laut Weltgesundheitsorganisation WHO keinen Zugang zu sauberem Trinkwasser haben. Trinkwasser wird immer knapper. Der Klimawandel treibt die Ausdehnung der Wüsten voran. Außerdem gelangen schädliche Stoffe und Gifte aus Industrieanlagen, Medikamenten und Müll ins Grundwasser. Und für die Wasseraufbereitungsanlagen wird es schwieriger, diese Stoffe aus dem Wasser zu filtern.

Experten gehen davon aus, dass Trinkwasser in Zukunft teurer wird. Längst sind darum Privatunternehmen ins Wassergeschäft eingestiegen. Sie versprechen sich gute Gewinne. Vielleicht werden wir in Zukunft den Wasserpreis so interessiert verfolgen – wie heute den Ölpreis.

Thunfische vor der Versteigerung auf dem Fischmarkt in Tokyo

Ende des Fischfangs?

Fisch gehört zu unserer Ernährung, und Fischfang ist ein wichtiger Wirtschaftszweig. Aber die Zukunft der Fischerei sieht düster aus: Im August 2009 gab die Umweltschutzorganisation Greenpeace bekannt, dass derzeit rund fünfmal so viele Fische gefangen werden wie 1950. Viele Fischbestände sind bereits so überfischt, dass bekannte Fischarten wie Kabeljau, Heilbutt und Thunfisch selten geworden sind. In einigen Meeresgebieten sind sie sogar vom Aussterben bedroht. Die Verschmutzung der Meere ist mit dafür verantwortlich.

Einige Staaten und Staatengemeinschaften wie die EU haben mittlerweile Fangquoten festgelegt, um die Bestände zu schützen – aber die Überwachung ist schwierig. Viele Kapitäne schrecken nicht davor zurück, in verbotenen Gewässern zu fischen. Wenn der internationale Fischfang aber wie bisher weiter betrieben wird, droht schon in 10 bis 20 Jahren ein Zusammenbruch der Fischwirtschaft. Fangquoten und Kontrollen sorgen dafür, dass sich die Bestände erholen.

Welcher Fisch wird vor der Küste Norwegens gezüchtet?

A Weißer Hai
B Bachforelle
C Lachs
D Thunfisch

139

Eine Alternative könnte die Fischzucht sein. Beim Lachs wird sie schon intensiv betrieben: In großen Meereskäfigen werden Tausende von Fischen gehalten. In Südostasien wird Pangasius, ein beliebter Süßwasserfisch, erfolgreich gezüchtet. Der Haken: Oft werden zu viele Fische in einem Becken gehalten. Dann muss man dem Futter Medikamente beimengen, damit die Fische nicht krank werden. Und das ist für Fisch, Mensch und Wasser nicht gesund. Wenn Fische aber artgerecht gehalten werden, ist Fischzucht eine sinnvolle Alternative.

Ernährungsprobleme

Im Juni 2009 gab die Weltgesundheitsorganisation WHO bekannt: Der Hunger in der Welt hat wieder zugenommen. Ein Siebtel der Menschheit hungert. Pro Jahr verhungern fast 9 Millionen Menschen. Die meisten Hungernden leben in Asien, Afrika und Lateinamerika.

Hast du das gewusst?

Um mehr Rinder halten zu können, wird in Brasilien und anderen Ländern der Regenwald gerodet. Auf den gerodeten Flächen wird auch Soja angebaut, das als Rinderfutter dient. In zehn Jahren, so befürchten Umweltschützer, könnte mehr als ein Drittel der Regenwälder verschwunden sein.

Noch vor zwanzig Jahren hatte man geglaubt, den Hunger in den Griff bekommen zu können. Jetzt musste die WHO jedoch eingestehen, dass dieses Ziel nicht erreicht worden ist. Die Hilfsorganisationen schaffen es nicht, alle mit Lebensmittellieferungen zu versorgen. Gleichzeitig wird in den Industrieländern mehr Fleisch, Fett und Zucker verbraucht.

Ein durchschnittlicher US-Bürger isst rund 42 Kilogramm Rindfleisch im Jahr, ein Deutscher rund 12 Kilogramm.

Auch der Zuckerverbrauch steigt. Süßigkeiten und zuckerreiche Limonaden sind in den westlichen Industrieländern auf dem Vormarsch. Die Zuckerindustrie hofft, die Weltjahresproduktion von 153,5 Millionen Tonnen steigern zu können.

Die Folgen der Überernährung und des gleichzeitigen Bewegungsmangels sind unübersehbar: Mehr als zwei Drittel der US-Amerikaner sind übergewichtig, in Deutschland ist es jeder zweite Bürger. Während sich die Lebensmittelindustrie über den steigenden Absatz freut, klagen die Mediziner und Krankenkassen, denn Übergewichtige sind häufiger krank, bekommen Diabetes und haben eine geringere Lebenserwartung.

Lebensmittelverteilung in Guatemala

Mit Aufklärungskampagnen und Aktionen wollen die Regierungen diese Entwicklung stoppen. In den USA wurde 2010 der Verkauf von zuckerhaltigen Limonaden an Schulen verboten. Ob die Gegenmaßnahmen Erfolg haben werden, ist jedoch fraglich. Kritiker befürchten, dass nun auch die Bürger der Schwellenländer an Gewicht zulegen werden.

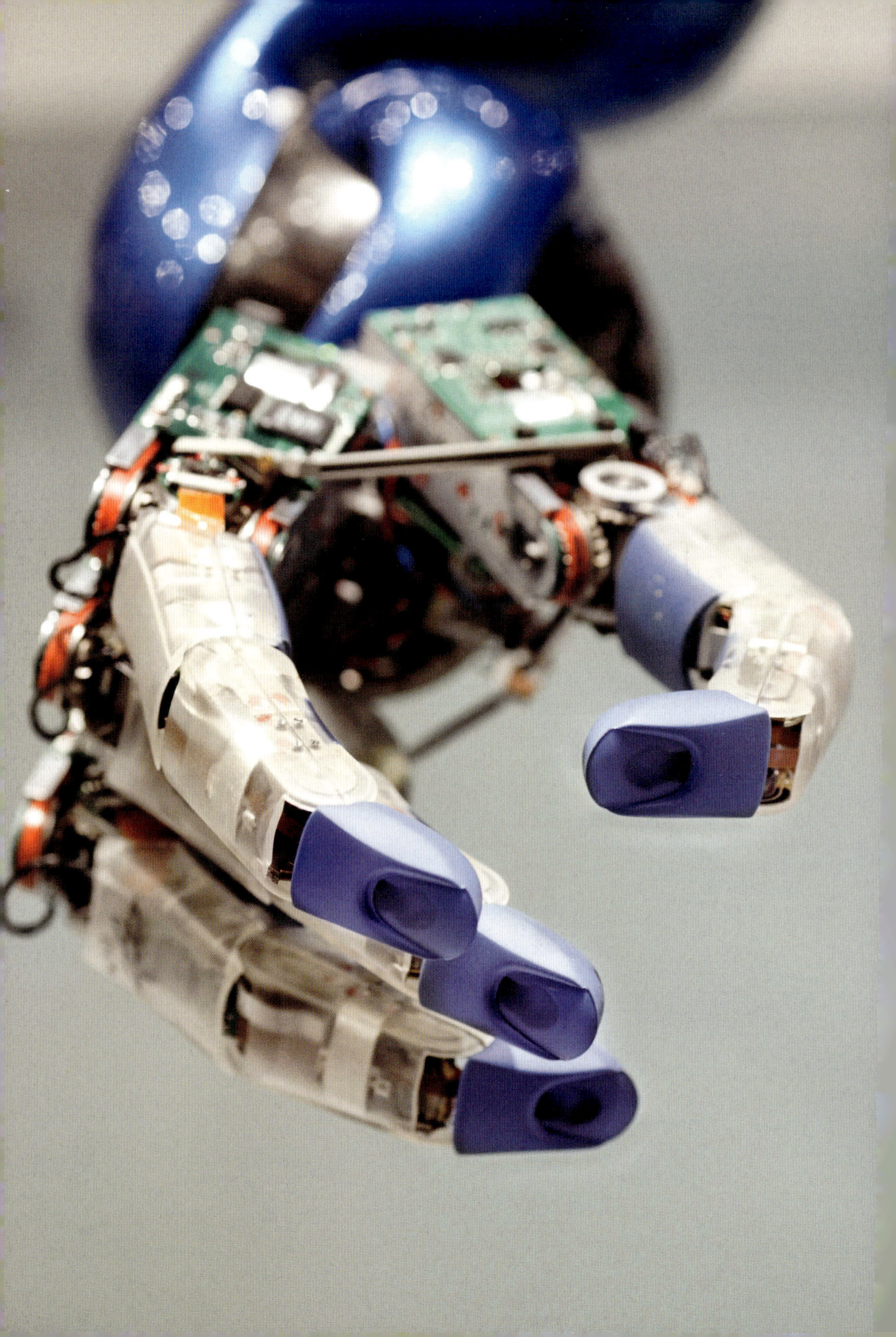

Technik

Besser leben, mehr produzieren, schneller und sicherer reisen: Es gibt viele Gründe, warum Menschen neue Techniken erfinden und alte ständig verbessern. Ein wichtiges Thema im Bereich Technik ist seit einigen Jahren saubere Energie. Solarkraftwerke und Windparks liefern sie heute schon in großem Maßstab. Alte Technologien wie der Verbrennungsmotor hingegen sind nicht mehr zeitgemäß, weil sie zu viel CO_2 produzieren. Darum wird nach neuen Lösungen gesucht. Auch die Entwicklung von anderen Verkehrssystemen bleibt nicht stehen: Der neue Airbus A380 und das erste private Raumschiff zeigen, wohin die Reise geht.

Ein weiterer Trend: Menschliche Roboter übernehmen Aufgaben in Krankenhäusern, Pflegeheimen und unseren Wohnungen. Außerdem wird die Unterhaltungselektronik immer besser, die Bilder auf den flachen Monitoren immer schärfer. Vielleicht können wir bald dreidimensionale Mails verschicken und Duft-Mails empfangen?

Kaum etwas scheint unmöglich. Das gilt auch für die Höhe unserer Gebäude: Im 21. Jahrhundert wird die Kilometermarke wohl erreicht werden. Viel fehlt nicht mehr. Der Burdsch Chalifa in Dubai ist bereits 828 Meter hoch.

Elektroautos

Fast alle Autos haben einen Verbrennungsmotor, der Benzin- oder Dieselöl benötigt. Als Abgas entsteht vor allem Kohlendioxid (CO_2), und das trägt zur Klimaerwärmung bei. Das ist aber nicht das einzige Problem des Autoverkehrs, denn die Vorräte an Erdöl sind sehr begrenzt. Deswegen suchen und testen Ingenieure seit Jahren neue Antriebsmöglichkeiten für unsere Autos. Die aussichtsreichste ist der Elektroantrieb.

Aufladen eines Elektroautos

Neu ist die Idee nicht: Die ersten Autos waren Elektroautomobile! Denn noch bevor Carl Benz 1885 Autos mit Benzinmotor erfand, konstruierte der Franzose Gustave Trouvé 1881 das erste Elektroauto. Bis 1899 erreichten Elektroautos unglaubliche Geschwindigkeiten von mehr als 100 km/h. Zehntausende Elektroautos wurden gebaut, bevor Benzinfahrzeuge schneller und billiger wurden und weiter fahren konnten.

Heute gilt der alte Antrieb als Technik der Zukunft. Weil kein CO_2 entsteht, wenn die Akkus mit erneuerbarer Energie aus Windkraft oder Solarzellen geladen werden. Schnell sind die modernen Elektroautos auch.

Was braucht ein Elektroauto nicht?

A Reserverad
B Heizung
C Rückspiegel
D Getriebe

140

Der Tesla Roadster zum Beispiel, ein amerikanischer Sportwagen, hat 252 PS und fährt über 200 km/h. Solche Autos brauchen zwar eine große und schwere Batterie – dafür aber kein Getriebe, keinen Tank, keinen Auspuff und keinen Anlasser. Sie fahren sehr leise, und ihre Reichweite wird immer größer. Für den Stadtverkehr sind sie heute schon ideal.

Wann wurde das Elektroauto erfunden?

A 1881
B 1920
C 1949
D 1981

141

In den nächsten Jahren wollen gleich mehrere Hersteller Elektroautos auf den Markt bringen. Darunter sind Opel mit ihrem Modell Ampera und Chevrolet mit ihrem Modell Volt.

Brennstoffzelle

Der Energielieferant der Zukunft, der für die Umwelt nicht schädlich ist, könnte die Brennstoffzelle werden. Darin wird chemische Energie in elektrische Energie umgewandelt. Oft werden dafür die Gase Wasserstoff (H) und Sauerstoff (O^2) eingesetzt. Normalerweise würden die Gase zu Wasser (H^2O) verbrennen – in einer Brennstoffzelle sind sie jedoch durch eine Membran getrennt.

Brennstoffzelle im Elektroauto

Diese Membran lässt immer nur einige Atome von einer zur anderen Seite wandern, sodass es nicht zur Verbrennung, sondern zu einer Verbindung von Sauerstoff und Wasserstoff ohne Wärmeentwicklung kommt. Dabei wird elektrische Energie frei, die direkt genutzt oder gespeichert werden kann. Als Abfallprodukt entsteht nur Wasser – kein Problem für die Umwelt!

Erfunden wurde dieser Energielieferant schon 1838 von dem Chemiker Christian Friedrich Schönbein. Ein praktischer Einsatz war aber erst nach viel Entwicklungsarbeit möglich. Während des Zweiten Weltkriegs wurden Brennstoffzellen in einigen U-Booten eingesetzt, um unter Wasser Elektromotoren anzutreiben. Auch Raumschiffe wie das amerikanische Space Shuttle nutzen Brennstoffzellen. Doch erst in den letzten Jahren hat man erkannt, dass Brennstoffzellen Elektromotoren in Autos, Flugzeugen und Schiffen mit Energie versorgen können. Auf schwere Batterien und Generatoren könnte man dann verzichten. Und mit einem entsprechenden Wasserstofftank wäre auch die Reichweite groß genug.

Welcher Chemiker hat die Brennstoffzelle erfunden?

A Eisbein
B Schönbein
C Standbein
D Hohlbein

142

2009 wurde in Hamburg ein Motorflugzeug vorgestellt, das seinen Strom aus einer Brennstoffzelle bezieht. Und 2008 testete man einen Airbus A380 mit einer Brennstoffzelle, die alle Bordsysteme mit Energie versorgt. Sie könnte die Batterien ersetzen und bei einem Triebwerksausfall genug Strom für alle Instrumente und Anlagen liefern. Noch ist die

Entscheidung über einen Einsatz aber nicht gefallen.

Inzwischen glauben viele Autohersteller, dass die Brennstoffzelle bei Elektroautos eine interessante Alternative zum Akku sein könnte. Ein Problem ist noch der Energieträger. Der benötigte Wasserstoff muss ja erst einmal gewonnen werden – zum Beispiel durch die Aufspaltung von Wasser. Aber wenn die Energie, die man dafür braucht, aus regenerierbaren Quellen stammt, ist der Betrieb einer Brennstoffzelle tatsächlich sinnvoll.

Laufmaschinen

Im ebenen Gelände reicht es völlig aus, wenn ein Bagger sich auf vier Rädern oder zwei Raupenketten bewegen kann. An einem Hang oder im hügeligen Wald sind die gängigen Bagger aber nicht zu gebrauchen. Die Lösung: Schreitbagger.

Schreitbagger

Sie haben auch vier Räder, aber jedes sitzt am Ende eines langen, beweglichen Beins. Durch geschicktes Manövrieren kann der Baggerführer sein Fahrzeug damit wie ein Tier auf vier Beinen bewegen. Wenn das Gelände besonders abschüssig ist, verzichtet er auf zwei der Räder und setzt stattdessen Abstützfüße ein, die sich am Untergrund festkrallen können.

Laufmaschine LAURON

Wie viele Beine hat LAURON?

A zwei
B vier
C sechs
D acht

143

Forscher und Ingenieure entwickeln zurzeit eine Vielzahl von Laufmaschinen, die Menschen und Material auch dort transportieren sollen, wo selbst Geländewagen nicht mehr vorankommen. Eine Maschine dieser Art ist LAURON, gebaut vom Forschungszentrum Informatik (FZI) in Karlsruhe. Wie die meisten neuartigen Laufmaschinen hat LAURON sechs Beine und bewegt sich wie ein Insekt. Noch läuft diese Maschine etwas unbeholfen, doch das soll sich in den nächsten Jahren ändern: Die Forscher arbeiten an Kameras und besonderen Sensoren, mit denen die Laufmaschine das Gelände und den Untergrund automatisch erkennen kann.

Hast du das gewusst?

In den *Star-Wars*-Filmen spielen mehrere Laufmaschinen mit. Sie haben meistens zwei Beine – oder vier, wie die riesengroßen AT-ATs (All Terrain Armored Transport, übersetzt: gepanzertes Geländefahrzeug), die wie Elefanten aussehen.

Eingesetzt werden könnte eine größere Ausgabe von LAURON in Katastrophengebieten, auf unzugänglichen Baustellen oder in unerforschten Regionen.

Die letzten Fußgänger

Der amerikanische Film *Der Kaufhaus Cop* war 2009 auch in Deutschland ein Kinoerfolg. Neben dem Hauptdarsteller Kevin James war der „Personal Transporter" der US-Firma Segway der Star des Films: Statt durch das riesige Kaufhaus zu laufen, lässt sich der Wachmann auf zwei Rädern fahren. Dabei steht er auf einer kleinen Plattform und lenkt das Gefährt mit einer Lenkstange. Er braucht zum Steuern aber keinen Knopf zu drücken und keinen Hebel zu

„Personal Transporter"

bewegen, denn der „Personal Transporter" wird ausschließlich durch Körperbewegungen gesteuert. Ein kleiner Computer sorgt dafür, dass das Gerät nicht umkippt und der Fahrer immer sein Gleichgewicht hält. Lehnt der Fahrer sich nach vorne, beschleunigt der Transporter – lehnt der Fahrer sich zur Seite, fährt das Gerät eine Kurve. Jeder kann es also ohne viel Übung fahren. Der Akku reicht für eine Strecke von etwa 35 Kilometern.

Wo darf man mit einem Transporter nicht fahren?

A auf der Straße
B auf dem Fahrradweg
C auf dem Fußweg
D auf dem Feldweg

144

Solche Transporter sind mittlerweile auch in unseren Städten zu sehen. Sogar die Polizei testet die neuartigen Laufwagen, weil sie Kriminelle damit schnell und

„Personal Transporter"

sicher verfolgen könnte. Und für viele kranke und behinderte Menschen sind diese Transporter eine gute Alternative zum Rollstuhl.

Womit werden die meisten Laufstühle gesteuert?

- **A** Lenkrad
- **B** Joystick
- **C** Pedal
- **D** Seilzug

145

Neben Steh-Rollern und Transportern aller Art werden derzeit auch Laufstühle entwickelt. Vom japanischen Roboterhersteller TMSUK stammt der WL-16, ein bequemer Sitz, der auf zwei Beinen läuft. Gesteuert wird er mit einem Joystick. Einem Rollstuhl ist er weit überlegen, weil er auch Treppen steigen kann. Vielleicht begegnen wir ihm schon bald in einer Fußgängerzone? In Zukunft können wir jedenfalls wohl mit einer Reihe neuer Fußgänger-Transportsysteme rechnen.

Lange Brücken

Seit 2008 überspannt die gewaltige Sutong-Brücke den Fluss Jangtsekiang bei der chinesischen Stadt Nantong. Die sechsspurige Straßenbrücke ist 8206 Meter lang. Die größte Entfernung zwischen zwei Stützen beträgt 1088 Meter – so viel wie bei keiner anderen Brücke.

Brücken dieser Länge waren vor einigen Jahrzehnten noch undenkbar. Dank neuer Baumaterialien und genauester Computerberechnungen können heute jedoch extrem lange Brücken gebaut werden. So wurde im Oktober 2009 die Incheon-Brücke bei Songdo New City in Südkorea eingeweiht. Sie ist 12,3 Kilometer lang und überspannt das Gelbe Meer. Die

Öresundbrücke

Qatar-Bahrain Friendship Bridge soll sogar 45 Kilometer lang werden und das Emirat Katar mit der Insel Bahrain verbinden. Über 500 Pfeiler müssen für diese gigantische Brücke im Golf von Bahrain versenkt werden, die 2013 fertig sein soll.

Wie nennt man die Route, der die Fehmarnbeltbrücke folgt?

A Wasserlinie
B Oder-Neiße-Linie
C Vogelfluglinie
D Mittellinie

146

Auch in Europa werden riesige Brücken geplant: Ab 2018 soll die 19 Kilometer lange Fehmarnbeltbrücke Deutschland mit Dänemark verbinden. Im Jahr 2000 wurde die 7,8 Kilometer lange Öresundbrücke zwischen Kopenhagen und Malmö eröffnet. Wenn beide Brücken fertig sind, kann man von Lübeck nach Schweden mit dem Auto fahren, ohne eine Fähre benutzen zu müssen.

Lange Tunnel

Derzeit werden die Alpen regelrecht durchlöchert: Fünf neue Tunnel verwandeln das europäische Mittelgebirge in einen Schweizer Käse. Und alle können sie mit Superlativen aufwarten: Schon der kürzeste, der Lainzer Tunnel bei Wien, der 2013 fertig sein soll, wird

Baustelle Gotthard-Tunnel

12,8 Kilometer lang. Der Wienerwaldtunnel soll ab 2012 mit 13,3 Kilometern den Wienerwald unterqueren. Die Eröffnung des Ceneri-Basistunnels für den Eisenbahnverkehr ist für 2019 geplant. Er führt 15,4 Kilometer in Nord-Süd-Richtung durch das Tessin. 32,9 Kilometer lang soll der Koralm-Tunnel werden, der zwischen Graz und Klagenfurt in Österreich gebohrt wird.

Übertroffen wird er nur vom Gotthard-Basistunnel, der voraussichtlich im Jahr 2017 mit 57 Kilometern der längste Tunnel der Welt sein wird.

Was sollen die Tunnel den Menschen ersparen?

A Geld
B Touristen
C Lärm
D Alpenmilch

147

Aber diese insgesamt 131,4 km langen Tunnel werden natürlich nicht gebaut, um Rekorde aufzustellen, sondern um den Nord-Süd-Verkehr zu entlasten. Statt auf Lkw sollen möglichst viele Güter die Alpen dann mit der Bahn und damit umweltfreundlich überqueren.

Bohren kann man solche Tunnel nur mit riesigen Tunnelbohrmaschinen. Sie haben einen Durchmesser von fast 9 Metern und sind 400 Meter lang. Das Gestein, das sie aus dem Berg brechen, wird in alte Stollen gefüllt oder auch bei der Betonherstellung verwendet.

Kreuzfahrtschiffe

Journalisten haben die „Oasis of the Seas“ als achtes Weltwunder bezeichnet. Das größte Kreuzfahrtschiff der Welt, das 2009 in Dienst gestellt wurde, ist 361 m lang. Auf 16 Decks befinden sich Kabinen für rund 6000 Passagiere, die von über 2000 Besatzungsmitgliedern versorgt werden. Gleich mehrere Theater, die bis zu 1400 Besuchern Platz bieten, sorgen für Unterhaltung. Zahlreiche Swimmingpools, Restaurants und Boutiquen sind ebenfalls an Bord. Und es gibt sogar einen „Central Park“ mit 7 Meter hohen Bäumen, der einem Dschungel gleicht.

„Oasis of the Seas“

Gebaut wurde das Riesenschiff im finnischen Turku für eine amerikanisch-norwegische Schifffahrtslinie. Die „Oasis of the Seas“ war nur für kurze Zeit das größte Kreuzfahrtschiff der Welt. Im August 2010 wurde nämlich die „Allure of the Seas“ in Dienst gestellt. Das Schwesterschiff ist ebenfalls 361 Meter lang und randvoll mit Luxus für zahlende Passagiere.

Wie nennt man die erste Fahrt eines Schiffes?

- **A** Schussfahrt
- **B** Jungfernfahrt
- **C** Vergnügungsfahrt
- **D** Butterfahrt

148

Lange können die beiden Schiffe den Rekord sicher nicht halten können, denn allein bis zum Jahr 2012 werden 31 weitere Kreuzfahrtschiffe gebaut, und noch mehr sind in Planung.

Urlaub auf einem Kreuzfahrtschiff ist seit einiger Zeit sehr beliebt. Daher wollen die Reeder und Schifffahrtslinien ihren Passagieren nicht nur schöne Ziele bieten, sondern auch immer mehr Luxus an Bord.

Neue Rettungskreuzer

Der Schiffsverkehr nimmt zu, die Zahl der Passagierschiffe, Fähren und Frachtschiffe steigt. Nicht nur für die Häfen ist das eine Herausforderung, sondern auch für die „Deutsche Gesellschaft zur Rettung Schiffbrüchiger“, die für die Seenotrettung in Nord- und Ostsee zuständig ist.

Was brauchen alle Seenotrettungskreuzer?

A Bordkino
B Tretboot
C Feuerlöschanlage
D Taucherglocke

149

2009 wurden zwei neue Rettungskreuzer in Dienst gestellt. Die „Eugen“ ist seit Februar auf der Ostseeinsel Greifswalder Oie stationiert, die „Eiswette“ seit März auf der Nordseeinsel Nordstrand.

Die rund 20 Meter langen Schiffe haben keine Wohnkabinen für die Besatzung mehr an Bord. Die schläft an Land in der Nähe ihres Schiffes. Dadurch gibt es an Bord mehr Platz für medizinische Geräte. Beide Boote haben einen sehr geringen Tiefgang, um auch im flachen Wasser gut manövrieren zu können.

Rettungskreuzer

Zwei weitere Schiffe befinden sich im Bau, darunter ein 36 Meter langer Kreuzer, der auf der Ostseeinsel Fehmarn stationiert werden soll.

Welcher Rettungskreuzer ist auf Nordstrand stationiert?

A Wetten, dass …?
B Eiswette
C Sportwette
D Elferwette

150

All diese Seenotrettungskreuzer sind moderner und geräumiger als ihre Vorgänger und verfügen über ein neuartiges Computersystem, mit dem sich die Motoren und die Ruderanlage einfacher und genauer bedienen lassen. Die drei Mann starke Besatzung kann so noch schneller zur Stelle sein, wenn Not am Mann ist.

Hast du das gewusst?

Der größte deutsche Seenotrettungskreuzer ist die „Hermann Marwede“. Das 46 Meter lange Schiff hat 15 Mann Besatzung und ist im Hafen von Helgoland stationiert.
Die Schiffsmotoren mit ihren 9245 PS beschleunigen den Kreuzer auf 25 Knoten (46,3 km/h).

JadeWeserPort

Deutschland besitzt bislang keinen Tiefseehafen, an dem Schiffe unabhängig von Ebbe und Flut anlegen können. Ein unhaltbarer Zustand für ein Land, das einen Großteil seiner Waren ins Ausland exportiert! Um in Zukunft auch die größten Containerschiffe abfertigen zu können – sie sind über 400 Meter lang und haben bis zu 12 000 Container an Bord –, wird seit 2008 in der Nähe von Wilhelmshaven gebaut.

Welcher Fluss führt von der Nordsee zum JadeWeserPort?

A Elbe
B Ems
C Rhein
D Außenjade

151

Dort entsteht tief im Watt der JadeWeserPort, ein gigantischer Tiefseehafen. Die Kaianlagen werden 1750 Meter lang sein und mehreren Containerschiffen Platz bieten. 18 Containerbrücken werden die Container von Bord hieven und auf Eisenbahnwaggons umladen, die auf 16 Gleisen warten. Für Lkw steht ebenfalls ein Terminal zur Verfügung.

Die Eröffnung des JadeWeser-Ports ist für 2012 geplant. Dann sollen dort pro Jahr 2,7 Millionen Container umgeladen werden. Auch die neue Generation

Geplanter „JadeWeserPort“

von Containerschiffen mit einem Tiefgang von 16 Metern kann im JadeWeserPort anlegen. Insgesamt wird der neue Nordseehafen rund 600 Millionen Euro kosten – und mehreren Tausend Menschen Arbeit geben.

Tauchroboter

Am 22. April 2010 versank die in Brand geratene Bohrinsel „Deepwater Horizon“ im Golf von Mexiko. Bei dieser Katastrophe flossen jeden Tag Millionen Liter Erdöl aus dem Bohrloch ins Meer.

Doch wie sollte man in einer Tiefe von 1500 Meten die Öffnung verschließen? Taucher in Panzertauchanzügen können nur bis maximal 700 Meter Tiefe eingesetzt werden. In Frage kamen daher nur Tauchroboter.

Von diesen modernen Unterwasserautomaten gibt es zwei Versionen. Das „Remotely Operated Vehicle“, kurz ROV, wird von einem Schiff aus über ein Kabel mit Energie versorgt. Das „Autonomous Underwater Vehicle", AUV, hat Batterien an Bord und kann darum ohne Kabelverbindung in die Tiefe tauchen.

Was hat jeder Tauchroboter an Bord?

A Tiefenmesser
B Höhenmesser
C Temperaturmesser
D Taschenmesser

152

Ein ROV ist etwa so groß wie ein Kleinwagen und kann jede Meerestiefe erreichen. Sogar den fast 11 Kilometer tiefen Marianengraben im Pazifik haben ROVs schon untersucht. Kameras, Scheinwerfer, Messapparaturen und Greifarme gehören zur Grundausrüstung jedes Tauchroboters, der von Bord eines Schiffes aus gesteuert wird. Sechs Propeller sorgen für eine gute Manövrierfähigkeit. Nur mithilfe mehrerer ROVs konnte im Sommer 2010 überhaupt am Bohrloch im Golf von Mexiko gearbeitet und gegen die Ölpest gekämpft werden.

Tauchroboter

Oft werden diese Roboter, die jedem Druck standhalten, von Forschern eingesetzt, die noch unbekannte Regionen des Meeresbodens erkunden wollen. AUVs können sogar unter dem Eis der Arktis arbeiten und dort Wasser- und Bodenproben nehmen. Der größte Vorteil der Tauchroboter aber ist, dass Menschen bei den Einsätzen nicht zu Schaden kommen können.

Neue Zeppeline

Der letzte alte Zeppelin, LZ 130, wurde 1939 außer Dienst gestellt und abgewrackt. Damit war die Ära der riesigen Luftschiffe zu Ende. Flugzeuge übernahmen fast all ihre Aufgaben. Zwar wurden danach immer mal wieder kleine Luftschiffe gebaut, doch das waren „Blimps": Diese Pralluftschiffe haben kein Gerüst, sondern bekommen ihre Form nur durch den Gasdruck in der Hülle.

Was hat früher für den Auftrieb der Zeppeline gesorgt?

A Sauerstoff
B Helium
C Methan
D Wasserstoff

153

Erst 1997 baute die Zeppelin GmbH in Friedrichshafen wieder einen richtigen Zeppelin mit einem Gerippe im Inneren, an

Zeppelin startet über dem Bodensee

dem die Gondel und die Motoren hängen. Da der erste Zeppelin NT („NT“ steht für „Neue Technologie“) erfolgreich war, folgten bald weitere Luftschiffe. Und 2009 kündigte der Konzern an, ein vergrößertes Luftschiff für 14 Passagiere zu bauen.

Eine neue Ära für Luftschiffe ist angebrochen. Heutige Zeppeline sind deutlich kleiner als ihre Vorgänger und werden von dem nicht brennbaren Edelgas Helium in der Luft gehalten – nicht von dem hochexplosiven Wasserstoff, der früher für viele Unglücke sorgte.

Wie werden Prallluftschiffe noch genannt?

A Blimps
B Chucks
C Mails
D Wheels

154

75 Meter lang sind die Zeppeline und sie erreichen eine Geschwindigkeit von 125 km/h. Mit ihren schwenkbaren Motoren können sie genauer als ihre Vorgänger manövrieren. Sie werden für Touristenflüge ebenso eingesetzt wie für die wissenschaftliche Beobachtung schwer zugänglicher Gebiete: Weil Luftschiffe fast lautlos in der Luft schweben können, sind sie eine ideale fliegende Aussichtsplattform. Für die Zukunft sind Zeppeline als fliegende Hotels geplant.

Airbus A380

Der Airbus A380 ist das größte Passagierflugzeug der Welt. Die erste Maschine hob bereits 2005 vom Boden ab. Die Deutsche Lufthansa erhielt ihren ersten Superjumbo im Mai 2010. Es war die 30. Maschine, die ausgeliefert wurde. Bis zum Sommer

Airbus A380

2010 wurden insgesamt 234 bestellt. Dabei sah es am Anfang gar nicht nach einer Erfolgsgeschichte aus: Der europäische Hersteller Airbus S.A.S., an dem auch deutsche Firmen beteiligt sind, konnte nur wenige Maschinen ausliefern. Der Grund war die Verkabelung. Sie machte beim Einbau große Probleme und verzögerte die Auslieferung. Pro Passagier musste immerhin rund ein Kilometer Kabel verlegt werden.

Wie wird der Airbus A380 noch genannt?

A Supermario
B Super Trouper
C Super RTL
D Superjumbo

155

Inzwischen ist die Produktion des 72,30 Meter langen Flugzeugs mit einer Spannweite von 79,80 Metern richtig angelaufen. Je nach Ausstattung, über die jede Fluglinie selbst bestimmen kann, ist auf zwei Decks Platz für bis zu 853 Passagiere.

Wegen ihrer Größe und ihres Startgewichts von bis zu 560 Tonnen kann die A380 nur auf großen Flughäfen mit einer langen Landebahn starten und landen. Größere Flugzeuge sind darum nicht geplant – sonst müssten die Flughäfen vergrößert werden.

Neue Überschallflugzeuge sind zurzeit in der Planung. Die Nachfolger der Concorde, zum Beispiel die englische A2, sollen 300 Passagiere transportieren und – mit Wasserstoff als Treibstoff – mit sechsfacher Schallgeschwindigkeit fliegen. In nur vier Stunden könnte man dann von Berlin nach Australien gelangen. Aber auf diese Superjets werden wir noch gut 15 Jahre warten müssen.

SpaceShipTwo

Am 23. März 2010 erhob sich zum ersten Mal ein neuartiges Raumschiff in die Luft. Das SpaceShipTwo mit dem Namen „VSS Enterprise" startete in Kalifornien und drehte einige Runden, während es unter dem Flügel eines Trägerflugzeugs hing. Bei einem der nächsten Testflüge wird sich die „Enterprise" in großer Höhe ausklinken, ihre Raketenmotoren starten und ins All fliegen.

„VSS Enterprise"

Genauso ist das Vorgängermodell, SpaceShipOne, 2003 als erstes privates Raumschiff ins All geflogen. Nicht die NASA hat

SpaceShipTwo mit Trägerflugzeug

diese Raumschiffe entwickelt, sondern die amerikanische Firma Scaled Composites. Und ihr Ziel ist nicht die Erforschung des Alls, sondern der Weltraum-Tourismus: Spätestens 2012 sollen die zwei SpaceShipTwo-Raumschiffe bis zu sieben Touristen auf einmal zu einem Flug in die Umlaufbahn mitnehmen. Trotz des horrenden Preises von 200 000 Dollar sind die ersten Flüge bereits ausgebucht. Drei weitere Raumschiffe, die wie ein Flugzeug auf einem Flugplatz starten und landen können, sollen später folgen und das Angebot erweitern.

Wie heißt das erste SpaceShipTwo-Raumschiff?

- **A** Voyager
- **B** Orion
- **C** Enterprise
- **D** Nostromo

156

Scaled Composites ist das erste Privatunternehmen, das erfolgreich Raumschiffe entwickelt hat. Weitere Firmen wollen nun ebenfalls in den Weltraumtourismus einsteigen. Eine japanische Firma plant sogar ein Hotel auf dem Mond. Bis zur Eröffnung werden die ersten Mondurlauber aber noch mindestens 20 Jahre warten müssen.

Weltraum-Schrott

Der Zusammenstoß am 10. Februar 2009 fand mit insgesamt rund 42 000 km/h statt – trotzdem war kein Laut zu hören. Denn der russische Militärsatellit und der amerikanische Kommunikationssatellit kollidierten in 790 Kilometern Höhe, im Vakuum des Alls. In wenigen Sekunden zerbarsten die beiden Satelliten in rund 700 Trümmerteile, die nun die Erde umkreisen.

Wie wird die Umlaufbahn eines Satelliten noch genannt?

- **A** Transit
- **B** Orbit
- **C** Dynamit
- **D** Selenit

157

Das sind aber nicht die einzigen Objekte, die den Orbit allmählich in einen Müllplatz verwandeln: Inzwischen fliegen mehr als 600 000 Trümmerteile um unsere Erde herum. Sie stammen von alten Satelliten, ausgebrannten Raketenstufen und anderen Teilen von Raumfahrzeugen. Da sie sich im Schnitt mit 20 000 km/h bewegen, stellen sie eine große

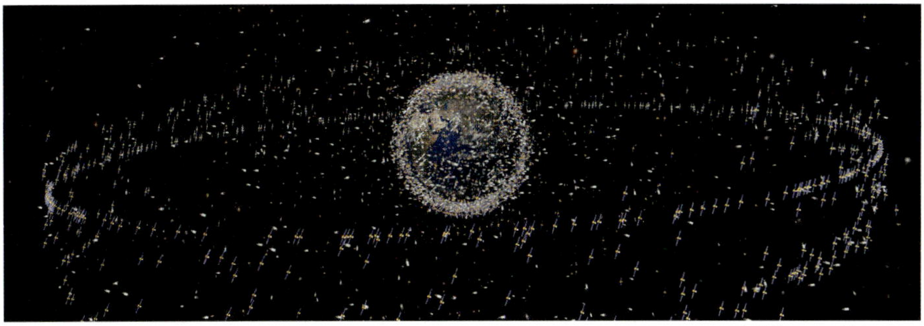
Weltraum-Schrott

Gefahr für die Raumfahrt dar. Für die Erde ist die Bedrohung gering, weil fast alle Trümmerteile, die irgendwann auf unseren Planeten stürzen, in der Atmosphäre verglühen. Nur sehr große Teile kommen auf der Erdoberfläche an. Ihre Flugbahnen werden beobachtet und berechnet, sodass in einem solchen Fall rechtzeitig gewarnt werden kann.

Womit will man in Zukunft Trümmer abschießen?

A Schrot
B Raketen
C Laser
D Harpunen

158

Die Internationale Raumstation ISS hat extra eine doppelte Außenhülle als Schutz vor Weltraumschrott und Meteoriten erhalten. Wenn große Trümmerstücke in der Nähe sind, muss sie sogar Ausweichmanöver fliegen. Und das kommt gar nicht so selten vor: Schon achtmal musste sie dem Schrott Platz machen.

Auch Space Shuttles und russische Raumschiffe müssen ab und zu Trümmern ausweichen. Um Zusammenstöße in der Umlaufbahn zu verhindern, haben die USA ein Beobachtungssystem aufgebaut, das „Space Surveillance System“. Mit acht Teleskopen und zahlreichen Radaranlagen werden die 8600 größten Trümmerteile genau beobachtet. Außerdem sucht man nach Wegen, um den Weltraummüll zu beseitigen. Die Forscher denken an Laserstrahlen, die die Trümmerteile zum Absturz und damit zum Verglühen bringen könnten – oder an große Fangnetze, mit denen man die Trümmer einsammeln könnte. Bei Raketenstarts will man in Zukunft Weltraummüll vermeiden. Sonst könnte die Raumfahrt bald völlig unmöglich werden.

Menschliche Roboter?

➔ Von November 2009 bis zum Frühjahr 2011 zeigte das Deutsche Museum in München, das größte technische Museum der Welt, die Sonderausstellung „Schaufenster Robotik“. Neben Industrierobotern, die Autos montieren, waren dort auch Service- und Pflegeroboter zu sehen. Die humanoiden Automaten, also Roboter in menschenähnlicher Gestalt, können inzwischen – nach vielen Jahren der Forschung und Entwicklung – gehen, Treppen steigen, servieren und sogar Fahrrad fahren.

Roboter „Asimo“

Besonders schnell und beweglich ist das japanische Modell Asimo, das von der Firma Honda gebaut wird. Aus Deutschland stammt Armar 3, ein Haushaltsroboter, entwickelt vom Karlsruher Institut für Technologie. Armar kann eine Spülmaschine ein- und ausräumen und verschiedene andere Aufgaben in der Küche übernehmen.

Der japanische Pflegeroboter RI MAN kann mit seinen starken Armen mühelos Patienten aus dem Bett heben. Da in vielen Industrieländern in Zukunft Pflegepersonal knapp wird, hat die EU beschlossen, die Entwicklung von Pflegerobotern zu fördern. Die Vorteile liegen auf der Hand: Roboter sind bei Tag und Nacht einsatzbereit. Patienten ist es vielleicht auch weniger peinlich, von einem Roboter gewaschen oder auf die Toilette gebracht zu werden. Andererseits sind Roboter eben nur Maschinen, die keine menschliche Zuwendung geben können. Die Entwickler wollen aber dafür sorgen, dass wenigstens einfache Gespräche mit den Robotern möglich sind. Erste Tests in Kliniken sollen in den nächsten Jahren zeigen, wie die Roboter angenommen werden.

Wie heißt der humanoide Roboter von Honda?

A Asimo
B Data
C Gort
D R2-D2

159

Der Gründer der Computerfirma Microsoft, Bill Gates, ist überzeugt, dass in einigen Jahren viele Haushalte über Roboter verfügen werden. Er sieht eine Entwicklung voraus, die mit der des PCs vor dreißig Jahren zu vergleichen ist. Wahrscheinlich müssen wir uns daran gewöhnen, dass uns schon bald Hände aus Kunststoff die Türen öffnen und die Getränke reichen.

Bionik

„Bionik" – dies ist eine Zusammensetzung aus den Wörtern „Biologie" und „Technik". In der Bionik geht es darum, technische Probleme zu bewältigen, indem man die Lösungen der Natur studiert und imitiert. In der Natur haben sich über Jahrmillionen unzählige Dinge entwickelt, die wir uns zunutze machen können.

„Lotuseffekt"

Besonders bekannt ist der sogenannte „Lotuseffekt": Die Blätter der Lotuspflanze werden nicht nass, weil Regentropfen an ihrer Oberfläche einfach abperlen. Das liegt an den winzigen Noppen auf der Blattoberseite, die die Oberflächenspannung eines Tropfens nicht zerstören. Die Oberflächenspannung hält den Tropfen zusammen.

Beim Lotosblatt ist der Abstand der Noppen so klein und ihre Spitzen sind so geformt, dass die Oberflächenspannung des Tropfens intakt bleibt. Damit wird verhindert, dass Wasser zwischen die Noppen gerät. Wissenschaftler haben diese Noppen „nachgebaut" und statten damit inzwischen Dachziegel, Autodächer und Fensterscheiben aus.

Eine der neuesten Anwendungen der Bionik sind die „Winglets", die nach oben gebogenen Enden von Flugzeugtragflächen. Auch der Airbus A380 ist damit ausgerüstet. Winglets sorgen dafür, dass sich die Luftwirbel, die jede Tragfläche an ihren Enden erzeugt, verteilen. Luftwirbel beeinträchtigen nämlich den Auftrieb enorm. Wenn sie aber verteilt werden, ist dieser Effekt deutlich geringer. Ein Flugzeug mit Winglets kommt darum mit weniger Energie aus als eins ohne Winglets. Abgeschaut haben sich die Ingenieure die Winglets von Adlern und anderen Vögeln.

Welcher Effekt lässt Wasser und Schmutz abperlen?

A Dopplereffekt
B Spezialeffekt
C Lotuseffekt
D Blankeffekt

160

Neue, besonders stabile Tragflächen für Flugzeuge sind hingegen von einem Tier inspiriert, das gar nicht fliegen kann: vom Pferd. Das Röhrbein eines Pferdes ist sehr leicht und dünn gebaut und bricht trotzdem auch bei hoher Belastung nicht. Der Grund sind besondere Knochenlamellen, die Stabilität geben. Deren Bauweise wollen amerikanische Forscher nun auf die Konstruktion von Tragflächen übertragen.

Termitenbau

Auch für die Bauten von Termiten interessieren sich Architekten brennend. Denn obwohl die Bauten in der glühend heißen Savanne Afrikas in die Höhe ragen, sind sie im Inneren kühl. Der Grund ist ein verblüffendes Lüftungssystem, das den Bau wie eine Klimaanlage kühlt. Architekten haben es analysiert und kopieren die Anlage der Lüftungsschächte und Röhren jetzt für moderne Hochhäuser. Der Clou: Das System kommt ohne elektrische Energie aus, spart damit Geld und belastet die Umwelt nicht.

Eine andere Idee liefern Muscheln, die einen ganz besonderen Klebstoff absondern, um ihre Schalen auf Felsen festzukleben. Dieser Kleber hält bombenfest, widersteht Wellen und Stürmen, kann vom Salzwasser nicht gelöst werden und ist trotzdem elastisch. Deutsche Wissenschaftler vom Fraunhofer Institut haben ihn 2009 nachgebaut und testen ihn. Der künstliche Muschelklebstoff soll vor allem der Medizin helfen: In Zukunft will man damit Zahnersatz am Kiefer befestigen und nach Operationen das Gewebe zusammenhalten.

Wie heißen nach oben gebogene Flügelenden?

A Koteletts
B Düsenjets
C Winglets
D Outlets

161

Wo auch immer sich die Forscher Erfindungen von der Natur abschauen, überall finden sie clevere, erprobte Lösungen – ob sie nun nach umweltfreundlichen Verpackungen, flexiblen Klebstoffen, materialsparenden Bautechniken oder nach etwas anderem suchen.

Neue Medizintechniken

Für blinde Menschen gibt es neue Hoffnung: Chirurgen der Universitätsklinik in Tübingen haben 2009 erstmals einem Patienten einen Mikrochip unter die Netzhaut eingepflanzt. Der Chip funktioniert im Prinzip wie der Chip einer digitalen

Kamera. Nur werden die Bilder nicht gespeichert, sondern ans Sehzentrum im Gehirn weitergeleitet. Die Operation war erfolgreich: Der 45-jährige Patient, der Finne Mika, konnte in groben Umrissen wieder Menschen erkennen und sogar lesen. Eine echte Sensation!

Was gehört zur Medizin der Zukunft?

A Spurenelemente
B Kuchenteilchen
C Nanopartikel
D Mikroobjekte

162

Bedeutende Fortschritte gibt es auch in anderen Bereichen der Medizin. So werden seit einigen Jahren erfolgreich Nanopartikel getestet, die Zellgifte in Krebszellen einschleusen. Dort töten sie die Krebszellen ab, lassen aber die umliegenden gesunden Zellen am Leben. Möglich wird diese neue Therapie dadurch, dass man die winzigen Nanopartikel, die kleiner als ein Blutkörperchen sind, mit einem Magnetfeld durch den Körper zur richtigen Stelle navigieren kann.

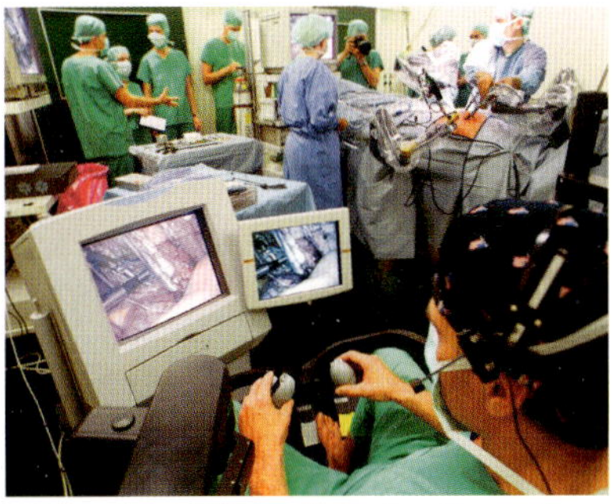

Minimalinvasive Operation

Wenn es um die Entfernung eines Tumors geht, greifen Mediziner hingegen immer öfter zur minimalinvasiven Chirurgie. Winzige Sonden, ausgerüstet mit Kameras, Greifern und Saugleitungen, werden in den Körper eingeführt und vom Monitor aus zur betroffenen Stelle gelenkt. Die Führung der Sonde übernimmt meistens ein Roboter. Hat die Sonde den Tumor erreicht, kann der Chirurg den Eingriff durchführen. Dem Patienten bleibt dadurch eine schwere Operation mit großen Narben erspart, und er erholt sich schneller wieder.

Wo pflanzt man Blinden Chips ein?

A in die Hornhaut
B in die Unterhaut
C in die Netzhaut
D in die Kopfhaut

163

In Zukunft soll es möglich sein, dass ein Patient, während er im Bett liegt, von automatischen Sonden überwacht wird, „Body Area Network“ genannt. Entwickelt wird dieses neue System derzeit am Fraunhofer Institut in Erlangen. Sobald die Sonden und Chips eine Veränderung erkennen, geben sie Alarm. Noch vor dem Eintreffen der Ärzte soll ein Pflegeroboter zur Stelle sein und helfen.

Duft-Mail

Wir können Texte, Fotos und Filme mailen – warum nicht auch Düfte? Mit dieser Frage beschäftigen sich mehrere Forscher, zum Beispiel Doron Lancet, Biochemiker am Weizman-Institut in Israel. Mithilfe einer „künstlichen Nase“, eines Duftscanners, hat er Tausende von Gerüchen analysiert. Sein Ergebnis: Die meisten uns vertrauten Düfte bestehen aus nicht mehr als 150 chemischen Bausteinen – ein einzelner Duft oft sogar nur aus 10 oder 15. Wenn der Duftscanner diese Bausteine ermittelt hat, kann man ihre Daten per E-Mail übermitteln.

Duft-Labor

Doch wie wird aus diesen Daten beim Empfänger wieder ein Duft? Durch den Smell-Synthesizer, das ist gewissermaßen ein „Duft-Drucker“. Auch er arbeitet mit Patronen, die jedoch keine Tinte, sondern 150 Geruchsbausteine in Form von Duftölen enthalten. Daraus wird der übermittelte Duft zusammengemixt. Mithilfe von verschiedenen Düsen und Verdampfern wird der Geruch dann im Raum verteilt.

Wie wird ein Duftscanner noch genannt?

A Datenrüssel
B künstliche Nase
C Stinksonde
D Digitalschnüffler

164

Aber der Smell-Synthesizer stellt nicht nur Düfte zusammen, die ein Duftscanner ermittelt hat – man kann damit auch gespeicherte Duftkompositionen über ein Menü abrufen. Der Absender der Duft-Mail klickt zum Beispiel „Blumen“ an und sucht sich aus dem Angebot dann „Rose“ oder „Veilchen“ aus. Öffnet der Empfänger die E-Mail, erzeugt sein Smell-Synthesizer umgehend den gewünschten Blumenduft.

Was enthalten die Patronen eines Smell-Synthesizers?

A Tinte
B Parfüm
C Duftöle
D Riechsalze

165

Ob die neue Technik erfolgreich sein wird, muss sich noch zeigen. Die meisten Testpersonen fanden sie jedenfalls dufte.

Smartphones & Co

Handy und PDA in einem: Mit einem Smartphone kann man sowohl telefonieren als auch Termine und Daten verwalten. Besonders bekannt sind das iPhone von Apple und der BlackBerry von RIM. Als aktuellstes Modell hat Google 2010 das „Nexus One" vorgestellt.

iPad und iPhone

Die Kombination von Computer und Handy kann man über ein großes Display, den Touchscreen, mit den Fingern bedienen. So lassen sich nicht nur Daten, Bilder und Filme leichter verwalten, man kann auch komfortabler im Internet surfen. Per GPS und Navigationssystem lässt sich darüber hinaus die eigene Position genau bestimmen – und auch die des Gesprächspartners, wenn er über ein Gerät mit der gleichen technischen Ausstattung verfügt. Bei den neuen Geräten lassen sich viele Funktionen auch mit der Sprache steuern und abrufen.

Außerdem gibt es Programme, die fotografierte Häuser und Personen erkennen und identifizieren. Von dieser Funktion sind viele jedoch nicht begeistert, weil dadurch der Datenschutz nicht mehr gewährleistet ist.

Was haben Smartphones installiert?

A MP3-Player
B Taschenmesser
C 3-D-Brille
D Faxgerät

166

Die Entwicklung geht trotzdem weiter. Und das Handy wird mehr und mehr zum Minicomputer, der fast alles kann, was vor wenigen Jahren nur ein PC konnte.

3-D-mailen

Ein Designer in Deutschland hat ein neues Handy entworfen und möchte das handgefertigte Modell einem Kollegen zeigen. Der wohnt aber in Irland, und eine digitale Fotografie reicht ihm nicht. Darum stellt der Designer das Modell in einen 3-D-Scanner. Der tastet es von allen Seiten ab. Der Designer schickt die Daten der Abtastung per Mail an seinen Kollegen. Der übermittelt die Daten an ein 3-D-Ausgabegerät. Schicht um Schicht erzeugt dieses Gerät aus Kunstharz ein Modell des Handys. Sobald das Harz getrocknet ist, kann der Empfänger das Modell in die Hand nehmen.

Womit wird das Original abgetastet?

A mit Fingern
B mit Laserdrucker
C mit Neonlicht
D mit 3-D-Scanner

167

Entwickelt wurde das 3-D-mailen von Marc Levoy von der Stanford Universität in den USA. Verschiedene Ingenieure arbeiten nun daran, das Verfahren zu verbessern. Noch dauert es mehrere Stunden, bis das Modell aus Kunstharz fertig ist. Einfacher und schneller ginge es, wenn man das Modell aus einem Block herausfräsen könnte. Doch da gibt es noch Probleme. Wenn die erst einmal beseitigt sind, kann man vielleicht bald Geschenke auf einem völlig neuen Weg überreichen: Man mailt sie einfach – und behält selbst das Original.

HDTV und Flachbild

Seit November 2009 sendet RTL Sendungen in HDTV, seit Februar 2010 sind auch ARD und ZDF dabei. Aber was ist eigentlich HDTV? Bislang bestand ein Fernsehbild aus 576 Zeilen – bei HDTV, also „High Definition Television" (hochauflösendes Fernsehen) besteht es aus 720 Zeilen. Von den Kameras im Fernsehstudio werden damit bessere Bilder aufgenommen und später auf dem Bildschirm wiedergegeben. Dank HDTV erscheint das Fernsehbild heute schon fast in Foto-Qualität: Jedes noch so kleine Detail, jeder Grashalm und jede Maserung sind zu erkennen.

Wohnzimmer mit HDTV

Die neue Technik kommt besonders auf einem großen Flachbildschirm zum Tragen: Ein Fernseher mit einer herkömmlichen Bildröhre besitzt eine Bildschirmdiagonale von höchstens 85 Zentimetern – bei Flachbildschirmen sind heute Diagonalen von mehr als 94 Zentimetern normal.

Was erzeugt in einem LCD-Bildschirm das Bild?

A Flüssigkristalle
B Plasma
C Druckertinte
D Leuchtgase

168

Ein Flachbildschirm ist auch wesentlich breiter, weil er statt des alten Länge-Höhe-Verhältnisses von 4:3 eins von 16:9 besitzt.

Zwei Systeme haben sich bei Flachbildschirmen durchgesetzt: Beim LCD-Bildschirm erzeugen Flüssigkristalle das Bild, beim Plasma-Bildschirm sind es ionisierte Gase (ähnlich wie in einer Energiesparlampe). Beide Systeme eignen sich gut, um ein HDTV-Bild wiederzugeben.

In Zukunft wird es übrigens auch HDTV-Sendungen in 3D geben. Und man arbeitet bereits an Systemen, die auch ohne 3-D-Brille funktionieren.

Blu-Ray-Disc und HVD

Eine herkömmliche DVD kann rund 8,5 Gigabyte aufnehmen – eine Blu-Ray-Disc etwa 50 Gigabyte. Die Auflösung und die Qualität der Bilder sind dort auch wesentlich besser als bei einer DVD. Die Blu-Ray-Disc hat eine Lebenserwartung von bis zu 50 Jahren, während eine DVD nur zehn bis 20 Jahre hält.

Wie könnte der Nachfolger der Blu-Ray-Disc heißen?

A DVD
B HDTV
C DDT
D HVD

169

Ihren Namen verdankt die Blu-Ray-Disc der blau-violetten Farbe des Laserstrahls, der die Disc abtastet. Die neue Scheibe wurde 2002 entwickelt und kam 2007 auf den Markt. Die DVD hat sie jedoch noch nicht verdrängt: 2009 wurden in Deutschland rund 106 Millionen DVDs verkauft, aber nur 6 Millionen Blu-Ray-Discs. Vielleicht wird die Blu-Ray-Disc die DVD in ein paar Jahren überholen. Bis dahin könnte aber schon ihr Nachfolger feststehen.

Blu-Ray-Disc

Die größten Chancen hat derzeit die Holographic Versatile Disc, kurz HVD. Dieser holografische Speicher, der von zwei Lasern abgetastet wird, wird von einem Verbund aus mehreren Herstellern entwickelt. Mit einer Speicherkapazität von mehr als 3 Terabyte ist sie der Blu-Ray-Disc weit überlegen: Man könnte bis zu 30 Filme in höchster Qualität auf einer solchen HVD speichern. Das ist möglich durch genauere Laser und dadurch, dass bei der HVD zwei Speicherschichten übereinanderliegen. Ein Laser tastet die obere Schicht ab, der zweite die untere. Wann die HVD auf den Markt kommt, ist noch offen.

Solarkraftwerke

Im März 2010 gaben mehrere Forschungseinrichtungen bekannt, dass wir in Deutschland viel früher als gedacht den Energiemarkt auf umweltfreundliche, erneuerbare Energien umstellen können. Experten der Universität Köln nehmen an, dass wir im Jahr 2030 fast keine Kohle- oder Atomkraftwerke mehr brauchen.

Energiepark Waldpolenz

Einen großen Anteil daran haben Solarkraftwerke, zum Beispiel der Anfang 2009 fertiggestellte Energiepark Waldpolenz bei Leipzig. Diese größte Photovoltaikanlage Deutschlands wurde auf einem alten Militärflugplatz gebaut und ist so groß wie 200 Fußballplätze. Mehr als 10 000 Haushalte kann sie mit Strom versorgen.

In den Photovoltaikzellen werden die Strahlen der Sonne direkt in elektrischen Strom umgewandelt und dann ins Netz eingespeist. CO_2 wie bei Kohlekraftwerken entsteht dabei nicht. Solarkraftwerke sind darum ausgesprochen umweltfreundlich. Man findet sie auch schon auf so vielen Hausdächern, dass zurzeit etwa 1 % des Strombedarfs in Deutschland durch sie gedeckt wird. Das klingt nicht viel, aber durch diese Anlagen haben wir allein 2009 rund 3,6 Millionen Tonnen CO_2 eingespart.

Wo könnte die größte Solaranlage der Welt stehen?

- **A** in Bayern
- **B** in der Sahara
- **C** am Nordpol
- **D** in Norwegen

170

Inzwischen gibt es Pläne mehrerer Forschungseinrichtungen, zum Beispiel des Deutschen Zentrums für Luft- und Raumfahrt, große Solarkraftwerke in der Sahara zu errichten. Mit ihnen könnten Nordafrika und Europa mühelos mit Energie versorgt werden. Bis zum Jahr 2050 wäre der Bau eines solchen Riesenkraftwerks möglich. Statt Öl könnte in der Wüste schon bald Strom fließen.

Windparks

Nordeuropa ist für die Aufstellung von Solarkraftwerken nicht so geeignet, weil die Energie der Sonne hier einfach zu gering ist. Dafür bläst fast immer eine steife Brise.

Darum baut man im Norden eher Windparks mit riesigen Windrädern. Die größten sind Offshore-Anlagen, die nicht an Land stehen, sondern auf großen Sandbänken oder mitten im Watt.

Offshore-Windpark

2009 konnte Kronprinz Frederik von Dänemark „Horns Rev 2" einweihen, den weltweit größten Offshore-Windpark. Er wurde vor der Küste Jütlands erbaut und besteht aus 91 Turbinen. Seine Energie reicht für etwa 250 000 dänische Haushalte aus. Ein noch größerer Windpark mit dem Namen „Rondsand II" ist seit 2010 in Bau.

Wie heißt Deutschlands größter Offshore-Windpark?

- **A** Alphabet
- **B** Alpha Centauri
- **C** Alphaville
- **D** Alpha ventus

171

Der bislang größte Windpark in Deutschland, der Windpark Holtriem, besteht aus 35 Turbinen und steht in Ostfriesland an der Nordseeküste. Er wird ständig vergrößert: Erst 2009 hat er acht neue Turbinen erhalten. Deutschlands größte Offshore-Anlage, „Alpha ventus", besteht aus 12 einzelnen Turbinen und befindet sich nördlich von Borkum in der Nordsee. Sie wurde 2010 offiziell eingeweiht.

Gigantische Bergwerke

Die Industrienationen wachsen – aber auch Schwellenländer wie China, Indien oder Brasilien bauen ihre Industrieproduktion aus. Darum braucht man weltweit mehr Rohstoffe. Besonders gefragt sind Erze, aus denen Metalle gewonnen werden: Ohne Blei, Aluminium, Stahl, Kupfer, Zink und Zinn gibt es weder Autos oder Flugzeuge noch Computer oder Fernseher. Erze werden in Bergwerken gewonnen. Die waren früher überschaubar und beschäftigten höchstens einige hundert Mitarbeiter. Heute sind dagegen gigantische Riesenbergwerke

Kupfermine „Chuquicamata"

nötig, um den Nachschub an Erzen zu sichern.

Das größte dieser Bergwerke liegt in Chuquicamata in Chile. Dort wird im Tagebau Kupfererz abgebaut. Die Mine ist inzwischen über 4 Kilometer lang und 3 Kilometer breit und hat eine Tiefe – im Bergbau spricht man von „Teufe" – von fast 900 Metern. Mehr als 2000 Menschen arbeiten hier, und über hundert riesige Muldenkipper transportieren das gesprengte Gestein aus der Mine.

Welches Wort verwenden Bergleute für Tiefe?

- **A** Taufe
- **B** Teufe
- **C** Tofu
- **D** Tuff

172

Eine ganze Stadt musste dieser Mine in den letzten Jahren weichen, und sie wächst weiter. Allerdings stößt der Tagebau bald an seine Grenzen, denn ab mehr als 1200 Metern Tiefe ist der herkömmliche Abbau fast unmöglich. Darum soll ab 2014 aus dem Tagebau ein Untertage-Bergwerk werden. Die Lager reichen jedenfalls noch für viele Jahrzehnte.

Nicht viel kleiner ist die australische Mine „Super Pit" in der Nähe der Stadt Kalgoorlie-Boulder im Westen des Landes. In der mehr als 5 Kilometer langen und 1,5 Kilometer breiten Mine wird

Goldmine „Super-Pit"

Gold abgebaut. Das dient keineswegs nur als Geldanlage, sondern wird auch für technische Produkte benötigt: Elektronische Bauteile wie Leiterplatten oder Steckverbindungen sind mit Gold beschichtet, das Strom gut leitet und nicht rostet. Auch die Linsen für bestimmte Fernrohre werden mit Gold bedampft.

Was wird in Chuquicamata abgebaut?

- **A** Eisenerz
- **B** Steinkohle
- **C** Kupfererz
- **D** Gold

173

Die Riesenbergwerke sind sehr ertragreich. Aber fast jeder Tagebau ist auch mit großen Umweltschäden verbunden. Ganze Wälder werden dafür abgeholzt und Flüsse umgeleitet – und der Feinstaub aus den Minen führt bei den Bergarbeitern zu zahlreichen Erkrankungen.

„Dachstein-Skywalk" in Österreich

Grand Canyon Skywalk

Wer den im März 2007 eröffneten Grand Canyon Skywalk betritt, braucht starke Nerven. Der hufeisenförmige Balkon ragt 22 Meter über den Abgrund. Er gewährt einen fantastischen Blick auf den Colorado River – der rund 1100 Meter unterhalb der Plattform fließt.

Grand Canyon Skywalk

Um den Colorado zu sehen, braucht man sich nicht einmal über das Geländer des über 25 Millionen Euro teuren Balkons zu beugen, denn der Boden der Plattform besteht aus 7 Zentimeter dickem Glas. Die tragenden Teile sind aus Stahl. Insgesamt wiegt die Konstruktion 482 Tonnen – eine technische Meisterleistung. Bis 2010 hatten schon fast eine Million Menschen die unglaubliche Aussicht genossen.

Welchen Fluss sieht man vom Grand Canyon Skywalk aus?

A Moon River
B Rio Grande
C Colorado
D Mississippi

174

Auch in den Alpen gibt es Skywalks. 2010 wurde einer auf Österreichs höchster Staumauer, der Kölnbreinsperre, eröffnet. Über 200 Meter kann man hier in die Tiefe schauen.

Ein weiterer Skywalk liegt auf 2700 Metern Höhe in der Nähe des Dachstein-Gipfels, ebenfalls in Österreich. Der Dachstein-Skywalk ist sogar noch höher als die schon etwas älteren Skywalks bei den Niagarafällen (USA/Kanada) und bei den Iguazu-Wasserfällen in Brasilien. Weitere Skywalks sind überall auf der Welt schon in Planung.

Der Burdsch Chalifa

Als sie 2004 mit dem Bau begannen, wussten nicht einmal die Architekten, wie hoch das eine Milliarde Euro teure Gebäude werden sollte. Immer wieder wurden die Pläne geändert, und noch zwei Jahre vor der Fertigstellung stand die genaue Höhe nicht fest. Wirklich sicher war man sich erst bei der feierlichen Eröffnung im Januar 2010: Der Burdsch Chalifa ist momentan mit 828 Metern das höchste Gebäude der Welt.

Welcher Turm war bis 1930 das höchste Gebäude der Welt?

- **A** Empire State Building
- **B** Hamburger Fernsehturm
- **C** Eiffelturm
- **D** Frankfurter Messeturm

175

Dieses Hochhaus der Superlative steht mitten in der Stadt Dubai im Emirat Dubai am persischen Golf. Von den 189 Etagen werden 163 als Hotels, Büros, Wohnungen und für Geschäfte genutzt. In den anderen Etagen ist die Technik für das riesige Gebäude untergebracht. Dort befinden sich Klimaanlagen, die Motoren für die 57 Fahrstühle, die Wasserversorgung und die Sprinkleranlage. Im Grunde ist der riesige Turm ja eine senkrechte Stadt, die versorgt werden muss wie eine Stadt. Nur dass in diesem Fall alle Leitungen und Verkehrswege senkrecht verlaufen! Das Trinkwasser muss in die höchste Etage geleitet werden, wozu große und starke Pumpen notwendig sind – und Abwasser und Müll müssen nach unten gebracht werden.

„Burdsch Chalifa"

Dicke Stromkabel führen in den Turm hinauf, um die Wohnungen, Geschäfte und Büros mit Energie zu versorgen. Diese Energie braucht man vor allem für die Klimaanlagen, ohne die man es in dem Gebäude nicht aushalten könnte. Von einer großen Computerzentrale aus werden alle Leitungen, Kabel und Fahrstühle

Hast du das gewusst?

Mehrere Tausend Tonnen Stahl, die in dem Gebäude verbaut wurden, stammen aus dem Palast der Republik aus Berlin, der 2008 abgerissen wurde. Der Stahl wurde aus den Trümmern geborgen und eingeschmolzen.

überwacht. Natürlich kann man auch ohne Fahrstuhl von den Tiefgaragen mit ihren 3000 Parkplätzen zur Turmspitze gelangen. Dafür muss man jedoch 11 300 Treppenstufen bewältigen.

Wie lange der Burdsch Chalifa seine zahlreichen Rekorde halten kann, ist ungewiss, denn wenige Kilometer entfernt ist bereits der nächste Riesenturm geplant: Der Nakheel Tower soll über einen Kilometer hoch werden!

Riesenteleskop

Der 24. Juli 2009 war nicht nur für den spanischen König Juan Carlos ein großer Tag, sondern auch für die 500 Astronomen, Physiker und Journalisten. Sie trafen sich zu einer Einweihungsfeier auf der Kanareninsel La Palma, bei der König Juan Carlos und Königin Sofia das „Gran Telescopio Canarias" seiner Bestimmung übergaben, das größte Spiegelteleskop der Welt. Der Spiegel des Riesenteleskops hat einen Durchmesser von 10,40 Metern. So große Spiegel kann man nicht aus einem Stück herstellen. Außerdem würden sie sich aufgrund ihres Gewichtes verformen. Deshalb besteht der Spiegel aus 36 Einzelspiegeln, die sechseckig sind und in Deutschland gegossen und geschliffen wurden.

Auf welcher Kanareninsel steht das Gran Telescopio?

A La Paloma
B La Bamba
C La Ola
D La Palma

176

Das 130 Millionen Euro teure Teleskop, das auch als GRANTECAN bezeichnet wird, steht in 2400 Metern Höhe auf dem Roque de los Muchachos, dem höchsten Gipfel der Kanareninsel La Palma. Die Astronomen hoffen, damit weit entfernte Galaxien und schwarze Löcher zu entdecken. Vielleicht können sie sogar Exoplaneten beobachten, die fremde Sonnen umkreisen – das wäre eine echte Sensation.

„Gran Telescopio Canarias"

Energiesparlampen

Unsere herkömmlichen Glühbirnen wurden vor über 100 Jahren von Thomas Alva Edison entwickelt. Der amerikanische Erfinder verbesserte die Ideen anderer Tüftler. Das Prinzip: Ein Glühfaden wird in einem fast luftleeren Glaskolben durch Stromzufuhr zum Glühen gebracht. Da in dem Glaskolben kein Sauerstoff ist, kann der Glühfaden nicht verbrennen.

Was fehlt einer Energiesparlampe?

A Glühfaden
B Fassung
C Glaskörper
D Leuchtgas

177

Der Nachteil dieser Technologie ist, dass dabei die meiste Energie in Wärme und nicht in Licht umgesetzt wird. Eigentlich ist eine Glühlampe also eine elektrische Heizung, die als „Nebenwirkung“ auch noch leuchtet. Noch dazu hat eine Glühbirne eine geringe Lebenserwartung: rund 1000 Stunden. Um sie mit Energie zu versorgen, geben die Kraftwerke in dieser Zeit fast 40 Kilogramm des Treibhausgases CO_2 an die Umwelt ab. Viel zu viel! Daher hat die EU-Kommission 2009 beschlossen, Glühbirnen in Schritten bis zum Jahr 2016 in der gesamten EU zu verbieten.

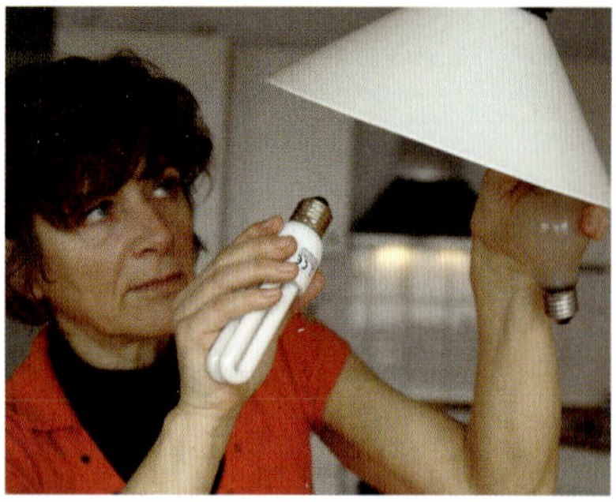
Wechsel einer Energiesparlampe

Seit September 2009 sind 100-Watt-Glühbirnen verboten, seit September 2010 75-Watt-Birnen. Sie müssen gegen Energiesparlampen ausgetauscht werden. Die verbrauchen nur ein Fünftel der Energie einer Glühbirne und sind nur für rund 7 Kilogramm CO_2 pro 1000 Stunden verantwortlich. Energiesparlampen sind deshalb umweltfreundlicher, weil sie keinen Glühfaden enthalten, sondern ein Gas – meistens Quecksilberdampf –, das bei Stromzufuhr zu leuchten beginnt.

Wer hat die Glühbirne entwickelt?

A Albert Einstein
B Max Planck
C Thomas Alva Edison
D Werner Heisenberg

178

Dabei entsteht kaum Wärme, sodass für die gleiche Helligkeit wie bei einer Glühbirne viel weniger Energie benötigt wird: Eine 11-Watt-Energiesparlampe leuchtet so hell wie eine 60-Watt-Glühbirne. Außerdem hält eine Energiesparlampe etwa zehnmal so lange wie eine Glühbirne.

Das klingt nach einer rundum guten Lösung – aber es gibt auch einen Nachteil: Energiesparlampen enthalten etwa 2 Milligramm giftiges Quecksilber pro Birne. Deshalb dürfen sie auf keinen Fall in den Hausmüll, sondern gehören in den Sondermüll. Das Quecksilber kann dann später zurückgewonnen werden.

Null-Energie-Häuser

Seit Jahren steigen die Energiepreise: Heizöl, Gas und Strom werden immer teurer. Doch darüber braucht sich der Bewohner eines Null-Energie-Hauses gar keine Gedanken zu machen: Sein Haus ist so konstruiert, dass es von außen überhaupt keine zusätzliche Energie braucht!

Wie wird ein Null-Energie-Haus noch genannt?

A Superhaus
B Ökohaus
C Traumhaus
D Reihenhaus

179

Die Energie für Warmwasser, Heizung und Strom wird nämlich vom Haus selbst erzeugt – über moderne Solaranlagen auf dem Dach. Ein Null-Energie-Haus ist besonders gut isoliert, sodass im Winter kaum Energie von den Wänden oder den Fenstern nach außen abgestrahlt wird. Für Frischluft sorgen besondere Lüftungsschächte. Dabei entziehen Wärmepumpen der nach außen entweichenden Luft die Wärmeenergie und heizen die kalte Luft damit auf. Im Sommer sorgt das Belüftungssystem für angenehme Temperaturen.

Welche Anlage entzieht der Luft Wärmeenergie?

A Wärmepumpe
B Wärmedusche
C Wärmeglocke
D Wärmflasche

180

Inzwischen ist die Entwicklung so weit fortgeschritten, dass sogar Plus-Energie-Häuser gebaut werden können, also Häuser, die sogar mehr Energie produzieren, als sie verbrauchen. Architekten und Zukunftsforscher sind sich einig, dass den Null- und den Plus-Energie-Häusern die Zukunft gehört. Sie geben kein CO_2 an die Umwelt ab, sind also klimaneutral und sparen dem Eigentümer viel Geld.

Haus mit Sonnenkollektoren

Wissenschaft

Im 21. Jahrhundert hat sich die Wissenschaft verstärkt den kleinsten und den größten Rätseln zugewandt. Mit neuen Teilchenbeschleunigern will sie klären, wie viele Elementarteilchen existieren und wie sie sich verhalten. Gleichzeitig soll ihre Bedeutung für den Urknall erforscht werden. Dass er am Anfang des Universums stand, gilt mittlerweile als sicher. Doch wie er abgelaufen ist und ob ein unbekanntes Universum vor ihm existiert hat, ist ebenso offen wie die Frage, ob es außer unserem Universum weitere gibt.

Mit dem Winzigen befasst sich die Nanotechnologie, mit der man die Eigenschaften bekannter Stoffe und Produkte verändern will. Sie gilt ebenso als Zukunftstechnologie wie der Fusionsreaktor, der uns eines Tages mit Energie versorgen könnte. Die Quantenteleportation könnte für eine sichere Kommunikation sorgen.

Viele Fragen der Vergangenheit sind ebenfalls noch unbeantwortet. So hat der Fund des Mechanismus von Antikythera gezeigt, dass in der griechischen Antike die wissenschaftlichen und technischen Fähigkeiten erheblich größer waren, als Historiker lange gedacht haben.

Neue Primzahlen

Am 14. Oktober 2009 konnten die Mitglieder der mathematischen Fakultät der Universität von Kalifornien jubeln: Sie hatten bei einem Wettbewerb 100 000 Dollar gewonnen. Die Aufgabe: Suchen Sie die größte bekannte Primzahl!

Griechischer Mathematiker Euklid

Alle Computer der Fakultät wurden eingesetzt, um die Zahl mit mehr als 12 Millionen Stellen zu finden, die sich nur durch 1 und durch sich selbst teilen lässt – so die Definition einer Primzahl.

Welcher Grieche hat sich mit Primzahlen befasst?

- **A** Heraklit
- **B** Ovid
- **C** Euklid
- **D** Demokrit

181

Die ersten Primzahlen kennt jedes Kind: 2, 3, 5, 7, 11, 13, 17 … Der griechische Mathematiker Euklid war der Erste, der diese geheimnisvollen Zahlen genau beschrieb. In seinem Buch „Die Elemente", das um 325 v. Chr. erschien, kam er zu dem Schluss, dass es keine Formel gibt, mit der sich die jeweils nächste Primzahl berechnen lässt: Jede Zahl muss einzeln getestet werden. Außerdem fand Euklid heraus, dass die Anzahl der Primzahlen unendlich ist. Wenn also von der größten Primzahl die Rede ist, ist immer die größte derzeit bekannte Primzahl gemeint.

Wie wird die Verschlüsselung von Nachrichten genannt?

- **A** Kryptografie
- **B** Sympathie
- **C** Oligarchie
- **D** Antipathie

182

Aber warum interessieren sich Mathematiker so sehr für Primzahlen? Ein Grund ist, dass sie so schwer zu finden sind und keinen Gesetzen zu folgen scheinen. Ein anderer ist, dass Primzahlen gern in der Kryptografie eingesetzt werden, also bei der Verschlüsselung von geheimen Nachrichten. An so besonderen Zahlen beißen sich nicht nur Mathematiker, sondern auch Codeknacker die Zähne aus.

Teleportation

An Bord des Raumschiffs Enterprise ist Teleportation von Menschen und

Gegenständen eine Selbstverständlichkeit: Wer auf ein anderes Raumschiff oder einen Planeten gelangen will, lässt sich dorthin „beamen". Erfunden wurde diese Technik von den Machern der ersten Staffel der weltberühmten Science-Fiction-Serie aus einem ganz praktischen Grund: So konnten sie sich teure Trickaufnahmen von startenden und landenden Raumschiffen sparen.

Wie werden Lichtteilchen genannt?

A Klingonen
B Photonen
C Limonen
D Makronen

183

Während viele andere Erfindungen aus der Serie inzwischen Wirklichkeit sind – zum Beispiel Mobiltelefone und Bordcomputer –, wird das Beamen vermutlich ein Wunschtraum bleiben. Dabei konnte man erst im Mai 2010 die Nachricht lesen, dass chinesische Forscher mit der Quanten-Teleportation 16 Kilometer überbrückt haben.

Erstmals gelang eine Quanten-Teleportation dem Wiener Physiker Anton Zeilinger im Jahr 1997. Bei diesem berühmten Experiment wurde jedoch kein Mensch von einem Ort zum anderen gebracht, sondern Information. Als Sender und Empfänger dienten Photonen, also Lichtteilchen,

TV-Serie „Raumschiff Enterprise"

die ein Paar bilden. Physiker nennen ihren Zustand „verschränkt". Verschränkung bedeutet: Wenn man ein verschränktes Photonenpaar trennt und eines der Photonen beeinflusst, verändert sich dadurch auch das andere Photon – ganz gleich, wo es sich befindet. Auf diese neue Art lassen sich Informationen absolut sicher und extrem schnell übertragen.

Wer ist auf der „Enterprise" für das Beamen zuständig?

A James T. Kirk
B Spock
C Montgomery Scott
D Leonard McCoy

184

Wer aber gedacht hat, die Quanten-Teleportation stünde am Anfang der Entwicklung eines Materie-Transports, hat sich zu früh gefreut. Denn es wird ja keine Materie übertragen, sondern nur der Zustand von atomaren Teilchen. Gesendet wird damit lediglich eine Information, und zwar direkt von einem Sender zum Empfänger – abhörsicher.

Large Hadron Collider

Von 1996 bis 2008 wurde bei Genf tief unter der Erde an einem kreisrunden, fast 27 Kilometer langen Tunnel gebaut. Die Maschinen des alten Teilchenbeschleunigers LEP wurden demontiert und in die neue Anlage eingebaut. Im September 2008 war der „Large Hadron Collider" (LHC) dann fertig, und nach einigen Pannen konnten die Physiker im November 2009 die ersten richtigen Experimente damit durchführen.

Aus welchen Teilchen bestehen Hadronen?

A Murks
B Quarks
C Orks
D Borgs

185

Die unterirdische Anlage – auf Deutsch der „große Hadronen-Zusammenstoßer" – ist der größte Teilchenbeschleuniger der Welt. Auf einer Kreisbahn im Inneren der riesigen Röhre werden mithilfe gigantischer Elektromagneten Hadronen fast auf Lichtgeschwindigkeit beschleunigt. Das sind winzige Teilchen, aus denen unter anderem die Atomkerne zusammengesetzt sind. Die hohe Geschwindigkeit ist nur möglich, weil die Röhre luftleer ist.

Bei den Experimenten sind in der Röhre zwei Schwärme Hadronen unterwegs: Einer fliegt rechtsherum, der andere linksherum. Wenn sie ihre Höchstgeschwindigkeit erreicht haben, lassen die Physiker sie an einer bestimmten Stelle zusammenstoßen. Dort kann man dann genau messen, was passiert.

Teilchenbeschleuniger

Die Hadronen zerfallen in noch kleinere Teile, zu denen auch die bereits bekannten Quarks gehören. Die Forscher suchen jedoch nach unbekannten, aber bereits berechneten Teilchen wie dem Higgs-Teilchen. Benannt wurde es nach dem englischen Physiker Peter Higgs, der die Existenz des Teilchens 1964 vorhergesagt hat. Nachweisen konnte man es bislang noch nicht. Wenn es jedoch gelänge, könnten die Wissenschaftler weitere Experimente anschließen, um noch mehr über den Aufbau der Materie und die Entstehung des Universums zu erfahren. Das wird aber noch viele Jahre dauern, denn diese Versuche sind sehr kompliziert und aufwändig.

Stringtheorie

Die moderne Naturwissenschaft kennt vier Grundkräfte, auch Wechselwirkungen genannt, die für alle Erscheinungen und Vorgänge im Universum verantwortlich sind: Die Starke Wechselwirkung hält die Atome zusammen. Die Schwache Wechselwirkung sorgt für radioaktive Zerfallsprozesse. Die Elektromagnetische Wechselwirkung bewirkt alle elektrischen, magnetischen und chemischen Prozesse. Und die Gravitation ist für den Zusammenhalt der Sonnen und Planeten verantwortlich.

Albert Einstein

Bislang ist es aber auch den besten Physikern nicht gelungen, alle diese Grundkräfte in einer einzigen Theorie oder Formel zusammenzufassen. Das bedeutet: Es gibt noch keine „Weltformel", die alle Kräfte gleichzeitig erklären könnte. Die Physiker sind jedoch davon überzeugt, dass das möglich sein muss – schon Albert Einstein hat nach dieser Weltformel gesucht.

Wer suchte schon früh nach der Weltformel?

- **A** Albert Schweitzer
- **B** Albert von Monaco
- **C** Albert Einstein
- **D** Albert Mangelsdorff

186

Eine der Theorien mit der größten Aussicht auf Erfolg ist zurzeit die Stringtheorie, an der schon seit 40 Jahren gearbeitet wird. Bislang nahm man in der Physik an, dass sich alle Dinge im Universum aus fundamentalen Teilchen wie den Gluonen oder Quarks zusammensetzen. Sie haben keine Masse und keine Ausdehnung, und alle Atome bestehen aus diesen Teilchen.

Was bedeutet das englische Wort „string"?

- **A** Kugel
- **B** Saite
- **C** Atom
- **D** Klang

187

Die Stringtheorie hingegen geht davon aus, dass Strings (Saiten) die Bausteine des Universums sind. Der Name kommt daher, dass die Physiker sich diese Strings wie winzige Gummibänder vorstellen, die schwingen können. Wenn sie schwingen, bekommen sie eine räumliche Ausdehnung und bilden Fundamentalteilchen wie Quarks und Gluonen. Entscheidend für eine Weltformel ist, dass sich mithilfe der Strings – als Bausteine des Universums – auch die Gravitation erklären lässt. Noch gibt es keinen endgültigen Durchbruch, denn die Theorie ist viel komplizierter, als hier schon anklingt. Die Physiker hoffen, die Weltformel im 21. Jahrhundert zu finden. Mit ihrer Hilfe ließen sich viele Fragen beantworten, die heute noch offen sind.

Neues vom Urknall

Seit 1948 sind die meisten Astronomen und Physiker davon überzeugt, dass das Universum vor rund 13,7 Milliarden Jahren durch einen Urknall entstanden ist. Vorher gab es weder Raum noch Zeit – nur einen Punkt, den die Physiker Singularität nennen. In diesem Punkt waren Temperatur, Energie und die Dichte unendlich hoch und daher nicht zu messen. Ein Zustand, der sich nur sehr schwer beschreiben und verstehen lässt ... Dieser Punkt explodierte plötzlich und schuf damit den Weltraum, die Zeit, die Energie und die Materie. Sonnen und Galaxien entstanden. Das All dehnt sich seither immer weiter aus. (Da es vor dem Urknall auch keine Zeit gab, erübrigt sich die Frage, was vorher gewesen sein könnte.)

Wie lautet das englische Wort für Urknall?

- A Big Bang
- B Happy End
- C Game Over
- D Block Buster

188

So weit die bisherige Ansicht. In den letzten Jahren äußern einige Physiker Zweifel am Ablauf des Urknalls, allen voran der englische Physiker Stephen Hawking. Er bezweifelt, dass es eine Singularität überhaupt gibt. Eine Singularität würde nämlich unsere Naturgesetze verletzen, nach denen nichts unendlich sein kann.

Modell vom „Urknall"

Stephen Hawking

Hawking vertrat auf einer Wissenschaftskonferenz 2008 stattdessen die Idee, dass der Urknall nur eine Art Übergang von einem vorherigen Universum zu unserem Universum war. Das vorherige Universum sei in sich zusammengestürzt und habe sich in einem Punkt konzentriert. Der sei dann explodiert und habe unser Universum erschaffen.

Wie nennen Physiker den Zustand vor dem Urknall?

- **A** Pluralität
- **B** Solidarität
- **C** Aktivität
- **D** Singularität

189

Das nur sehr schwer Vorstellbare an dieser Theorie ist, dass in unserem Vorgängeruniversum die Zeit rückwärts gelaufen sein muss. Denn nur so ist der Übergangsvorgang, der „Bounce“, in Übereinstimmung mit unseren Naturgesetzen zu erklären.

Eine der vielen Fragen, die diese neue Sichtweise aufwirft, beschäftigt auch Stephen Hawking: Wie mögen uns unbekannte Wesen in diesem Vorgängeruniversum gelebt haben, in dem die Zeit rückwärts lief?

Paralleluniversen

Ist unser Universum das einzige? Oder gibt es eine Reihe von Paralleluniversen? Mit dieser Frage befassen sich viele Physiker, allen voran David Deutsch von der Universität Oxford. Er hat in den letzten Jahren zahlreiche Experimente durchgeführt und komplizierte Berechnungen angestellt.

Wie nennen Physiker die Summe aller Paralleluniversen?

- **A** Sammelsurium
- **B** Multiversum
- **C** Phantasien
- **D** Lummerland

190

Sein Ergebnis: Jeden Menschen und jedes Ding gibt es nicht nur einmal, sondern unendlich oft, und zwar in unendlich vielen Paralleluniversen!

Viele davon gleichen dem uns bekannten Universum, andere sind ganz anders. Zum Beispiel gibt es Universen, in denen die Erde nicht vor 65 Millionen Jahren von einem Asteroiden getroffen wurde. Die Dinosaurier starben nicht aus, sondern leben noch immer auf der Erde. Es gibt Universen, in denen Michael Jackson erfolgreich auf Welttournee ist, weil er nie Schlaftabletten oder andere Medikamente genommen hat. Es gibt sogar Universen, in denen der Autor, Jörg Pilawa, als Arzt arbeitet.

Welcher berühmte Physiker erforscht Paralleluniversen?

A Albert Schweitzer
B Drafi Deutscher
C Richard Engländer
D David Deutsch

191

Das klingt nach Science-Fiction, ist es aber nicht. Nur fehlen David Deutsch und seinen Kollegen noch die Beweise. Sobald sie gefunden sind, kann man auch daran denken, mit einem anderen Universum Kontakt aufzunehmen.

Fusions-Reaktor

Seit mehr als 80 Jahren weiß man, wie die Sonne und die Sterne ihre ungeheure Energie erzeugen: In ihrem Inneren verschmelzen unter hohem Druck und bei hohen Temperaturen zwei Wasserstoffkerne zu einem Heliumkern. Dabei wird eine große Menge an Energie freigesetzt – und zwar in Form von Strahlung.

Schon früh kamen Physiker auf die Idee, diese Fusion von Wasserstoff zu Helium nachzuahmen und als Energiequelle zu nutzen. Ein großer Vorteil: Wasserstoff steht auf der Erde unbegrenzt zur Verfügung. Damit wäre ein Fusionsreaktor ein hervorragender Ersatz für Kohle- oder Atomkraftwerke. Zumal die Belastung für die Umwelt sehr niedrig wäre. Denn es entstehen weder CO_2 noch andere Treibhausgase. Ein Supergau wie bei einem Kernkraftwerk mit Gefahren für Mensch und Umwelt wäre auch nicht möglich, weil jede Störung des Reaktors zum Zusammenbruch der Fusion führen würde.

Versuchsreaktor ITER

Zwar entsteht auch bei der Fusion radioaktives Material (Tritium), aber das hat eine Halbwertzeit von nur zwölf Jahren und braucht nicht wie Brennstäbe in unsicheren Bergwerksstollen endgelagert zu werden.

Mit der Strahlung, die im Reaktor entsteht, wird Wasserdampf

Versuchsreaktor ITER

erzeugt. Er treibt – wie in anderen Kraftwerken auch – einen Generator an. Das Problem: Man muss den Wasserstoff in einem Fusionsreaktor auf mehr als 100 Millionen Grad erhitzen, bevor die Fusion beginnt und sich dann von allein fortsetzt!

Welches Gas entsteht bei der Fusion von Wasserstoffkernen?

A Xenon
B Propan
C Neon
D Helium

192

Um den Reaktor zu starten, braucht man also zunächst einmal sehr viel elektrische Energie, die ein anderes Kraftwerk liefern muss. Damit wird die hohe Temperatur erzeugt und der heiße Wasserstoff, der sich in Plasma – ein glühendes Gas – verwandelt, in einem Magnetfeld eingeschlossen. Läuft die Fusion, liefert der Reaktor dann mehr Energie, als er selbst für das Magnetfeld und die hohen Temperaturen benötigt. Um diesen neuen Reaktortyp zu erforschen, wird seit 2009 in Cadarache in Südfrankreich der Versuchsreaktor ITER gebaut. Die EU ist ebenso am Bau beteiligt wie die USA, China, Indien, Japan, Russland und Südkorea. In etwa zehn Jahren soll der Fusionsreaktor fertig sein. Dann wird sich zeigen, ob man damit tatsächlich wenigstens einen Teil des weltweiten Energieproblems lösen kann.

Quantencomputer

Unsere Computer wurden bis jetzt immer kleiner und schneller. Aber die Chips haben inzwischen die Nanodimension erreicht: Die Schaltungen sind bereits so klein, dass sie an atomare Grenzen stoßen – viel kleiner können sie nicht mehr werden. Wenn man die Leistungsfähigkeit von Computern verbessern will, muss man deshalb andere Lösungen finden.

Womit rechnet der Quantencomputer?

A mit dem Schlimmsten
B mit Qubits
C mit iPods
D mit römischen Zahlen

193

Eine Möglichkeit ist der Quantencomputer, der sich auf die Erkenntnisse der Quantenphysik stützt. Statt mechanischer Schaltungen verwendet ein Quantencomputer den Spin von Elektronen – eine Art Drehung oder Polung –, um Rechen- und Speichervorgänge durchzuführen.

Auch ein Quantencomputer arbeitet mit dem binären System, kennt also nur die Zahlen 1 und 0. Die kleinste Datenmenge ist aber nicht mehr das Bit, sondern das Quantenbit, auch „Qubit" genannt. Ein solcher Rechner wäre um ein Vielfaches schneller als die heutigen Computer. Soweit die Theorie – aber obwohl weltweit viele Wissenschaftler am Quantencomputer arbeiten, gibt es ihn bislang noch nicht. Der erste Schritt gelang der amerikanischen Universität Yale: Dort wurde 2009 erstmals ein 2-Qubit-Quantenchip erfolgreich getestet. Vielleicht können wir ja schon bald mit dem Quantenrechner rechnen?

Supraleiter

Wird elektrischer Strom durch ein Kabel geleitet, kommt es immer zu einem Energieverlust, weil sich das Kabel erwärmt und Wärme abgibt. Vor allem bei sehr langen Leitungen kann dieser Verlust erheblich sein. Und diese Wärme kann besonders bei Spulen zu einem Problem werden: Je größer die Spule, desto heißer wird sie. Dann geht immer mehr Energie verloren, die als Wärme abgestrahlt wird.

Elektromagnet

Schon lange suchen Physiker nach einer Lösung für dieses Problem. Eine bietet die Supraleitfähigkeit: Wenn man Metalle und andere elektrische Leiter auf -200 Grad C abkühlt, leiten sie elektrischen Strom plötzlich ohne Energieverlust.

Welche Geräte arbeiten mit supraleitenden Spulen?

- **A** Vergaser
- **B** Backröhren
- **C** Elektromagnete
- **D** Energiesparlampen

194

Bei Spulen hat das entscheidende Vorteile: Wenn man sehr große Elektromagneten braucht – zum Beispiel für einen Teilchenbeschleuniger oder einen Fusionsreaktor –, setzt man besondere Spulen ein, die mit flüssigem Helium tiefgekühlt werden. Die Spulen werden nicht heiß und verbrauchen nur wenig Strom – und der wird komplett für den Aufbau des Magnetfelds genutzt.

Diese Technik ist so erfolgreich, dass Physiker derzeit nach Materialien suchen, die auch bei weniger tiefen Temperaturen supraleitfähig werden, ohne aufwändige Kühlung. Wenn man eine Legierung oder einen Stoff fände, den man nur auf -150 oder -100 Grad kühlen müsste, wäre Supraleitfähigkeit billiger und leichter einzusetzen. Dann könnten viele Elektromotoren oder Transformatoren damit arbeiten.

Alles nano

„Nano“ – diese Vorsilbe kann man seit einigen Jahren häufig in den Medien hören und lesen. Sie stammt aus dem Griechischen und bedeutet „Zwerg“. Das ist ein passender Begriff, denn in der Nanotechnologie geht es um Dinge und Vorgänge, die sehr, sehr klein sind – ein Nanometer ist der millionste Teil eines Millimeters!

Nano-Kleidung

In dieser winzigen Welt, die nur unter den modernsten Mikroskopen zu beobachten ist, verändert und bearbeitet man Materialien. Dafür setzt man chemische Verfahren ein, aber auch Laserstrahlen. Das Ziel ist es, Stoffen neue Eigenschaften zu geben: Farben, die besser haften; Fasern, die Schmutz abweisen; Dichtungen, die besser schließen. Daher wird die Nanotechnologie als „Veredelungstechnologie“ bezeichnet.

Was bedeutet das Wort „Nano“?

A Riese
B Einhorn
C Drache
D Zwerg

195

In vielen Labors der Welt arbeiten Wissenschaftler daran, Materialien so zu verändern, dass sie nahezu „magische“ Eigenschaften bekommen. Bald besitzen wir vielleicht Kleidung, die die Farbe verändert, oder Stoffe, die bei Hitze luftdurchlässig sind, und bei Regen ihre Maschen wasserdicht verschließen können.

Hast du das gewusst?

Einige Forscher hoffen, dass man eines Tages Nano-Roboter bauen kann, die in unserem Körper Jagd auf Viren und Bakterien machen und Tumore beseitigen. Sie sollen einfach mit einer Spritze in die Blutbahn injiziert werden. Magnetische Nanopartikel, die Tumore zerstören können, werden bereits getestet.

Man arbeitet sogar an Kleidungsstücken, die die Kraft der Muskeln automatisch verstärken.

Alte Menschen könnten – statt im Rollstuhl zu fahren – durch Nano-Anzüge wieder selbst laufen. Allerdings könnte man mit diesen künstlichen Muskeln auch Soldaten zu unverwundbaren „Supermännern" machen – mit kugelsicheren Uniformen dank neuartiger Nanofasern. Nanotechnologie ist zweifellos eine Zukunftstechnologie!

Infraschall

Als „Infraschall" bezeichnet man den Schall, dessen Frequenz unterhalb von 16 Hertz, jedoch oberhalb der vom Wetter verursachten Luftschwankungen liegt. Für das menschliche Ohr ist dieser sehr tiefe Ton nicht zu hören.

Bis zum 28. Oktober 2009 hatten 182 Staaten den Vertrag zum Stopp von Kernwaffentests unterschrieben – Deutschland hat das bereits 1998 getan. Nordkorea, Indien und Pakistan fehlen noch.

Welche Tiere können Infraschall gut hören?

A Rauchschwalben
B Mehlwürmer
C Heuschrecken
D Blauwale

196

Wie aber überwacht man einen solchen Vertrag? Ganz einfach: Bei einer Kernwaffenexplosion wird Infraschall erzeugt. Man braucht also nur Infraschall-Messgeräte aufzustellen, schon kann kein Staat mehr heimlich eine Atombombe zünden. Außerdem werden Infraschallwellen gut und weit durch Luft, Wasser und in der Erde transportiert.

In Deutschland stehen Infraschallmessanlagen. Mit ihnen wird auch das Erdinnere abgehört, denn bei Erdbeben und vulkanischen Aktivitäten entsteht ebenfalls Infraschall.

„Geistererscheinung"

Viele Tiere wie Wale und Elefanten können Infraschall wahrnehmen. Trotzdem wirken diese tiefen Schallwellen auch auf uns: Sie beeinflussen unsere Wahrnehmung, wie englische Wissenschaftler kürzlich herausgefunden haben: Wenn eine Infraschallwelle unsere Augen trifft, können die Schwingungen Trugbilder hervorrufen. Vic Tandy und Tony Lawrence von der Universität Coventry vermuten deshalb, dass

Infraschall – der von Wind oder geologischen Aktivitäten erzeugt wird – die Ursache vieler „Geistererscheinungen“ ist. In den Experimenten bekamen Menschen Angst und fühlten Kälte, wenn sie mit Infraschall berieselt wurden. Und tatsächlich wurde in mehreren Schlössern Schottlands, in denen es angeblich spukt, Infraschall gemessen. Ein Rätsel ist somit gelöst – aber wie der Infraschall Schatten und Gestalten im Auge erzeugt, das muss noch erforscht werden.

Schwärzestes Schwarz

Die Farben lernen wir als Kinder schon ziemlich früh. Erstaunlicherweise gibt es jedoch zu diesem Thema immer neue Entwicklungen – zum Beispiel beim Farbton und bei bestimmten Eigenschaften von Farben: 2008 hat der Nanotechnologe Pulickel Ajayan von der Rice University in Houston in Texas das „schwärzeste Schwarz“ aller Zeiten hergestellt.

Nano-Röhre

Wie schwarz ein Schwarz ist, wird daran gemessen, wie viel Licht es schluckt. Bei dem neuen Schwarz von Pulickel Ajayan sind es 99,95 %. Lediglich 0,05 % des Lichts werden reflektiert. Die schwarze Oberfläche, die diese erstaunliche Leistung schafft, besteht aus winzigen Nanopartikeln aus Kohlenstoff. Sie bilden eine zerklüftete Oberfläche, auf der die Lichtstrahlen regelrecht eingefangen werden.

Aus welchem Stoff besteht das schwärzeste Schwarz?

A Wasserstoff
B Sauerstoff
C Stickstoff
D Kohlenstoff

197

Aber wofür braucht man so ein tiefschwarzes Schwarz? Zum Beispiel für Solaranlagen, die möglichst viel Sonnenenergie aufnehmen sollen. Je schwärzer das Schwarz, desto weniger Energie geht nämlich verloren.

Hast du das gewusst?

Schwarz ist gar keine Farbe, denn es reflektiert kein sichtbares Licht, das das Auge wahrnehmen könnte. Schwarz ist vielmehr das Fehlen jeglicher Farbe.

Derzeit wird erforscht, ob das neuartige Schwarz auch andere Wellen außer Licht schluckt. Dann könnte man es zum Beispiel einsetzen, um Funkwellen abzuschirmen – das würde unsere drahtlose Kommunikation sicherer machen.

Ornithopter

Wie ein Vogel zu fliegen – diesen Traum hatte der Mensch schon viele Jahrhunderte – lange, bevor die ersten richtigen Flugzeuge gebaut wurden. Im 15. Jahrhundert schlug Leonardo da Vinci vor, künstliche Schwingen herzustellen und diese auf und ab zu bewegen. Und viele Flugpioniere, darunter Otto Lilienthal, glaubten auch Ende des 19. Jahrhunderts daran, dass man mit einem solchen Schlagflügelapparat, einem Ornithopter, fliegen könnte.

Wie wird ein Ornithopter noch genannt?

A Flattermann
B Vogelimitator
C Schwingenflieger
D Schlagflügelapparat

198

Nach und nach machte sich Ernüchterung breit. Der Mechanismus, mit dem man Flügel schlagen lassen könnte, ist zu kompliziert, außerdem wäre der Kraftaufwand viel zu groß. Mit unbeweglichen Flügeln und einem Propeller ging der Traum vom Fliegen aber doch in Erfüllung.

Doch der Traum vom Ornithopter ist bis heute nicht ausgeträumt. Zahlreiche Bastler und Forscher hoffen, ihn eines Tages realisieren zu können. Am erfolgreichsten ist dabei bislang die Universität von Toronto in Kanada. Das dortige Institut für Luftfahrt baute einen Ornithopter, mit dem ein Pilot 2006 tatsächlich abhob und eine Zeit lang über der Rollbahn schweben konnte.

Wer hat mit Ornithoptern experimentiert?

A Otto Lilienthal
B Ferdinand Porsche
C Carl Benz
D Wilhelm Maybach

199

Dieses Flugzeug mit den schlagenden Tragflächen soll weiterentwickelt werden, um irgendwann einmal richtige Flüge zu ermöglichen. Dabei soll auch erforscht werden, wie der Vogelflug genau funktioniert – denn das ist bis heute noch nicht endgültig geklärt.

Ornithopter

Superkavitation

Je schneller ein Schiff, ein U-Boot oder ein Torpedo durchs Wasser gleitet, desto größer wird der Widerstand des Wassers. Trotz großer Dieselmotoren und sogar Atomreaktoren können Schiffe darum nur eine begrenzte Geschwindigkeit erreichen. Selbst Atom-U-Boote schaffen nur 32 Knoten, das sind rund 60 km/h.

Was befindet sich in einer Kavitationsblase?

A Köter
B Körper
C Köder
D Köhler

200

Wenn es aber gelingt, einen stromlinienförmigen Körper mithilfe eines Raketenmotors auf mehr als 180 km/h zu beschleunigen, dann löst sich der Widerstand des Wassers schlagartig auf. Der entstehende Druck sorgt nämlich dafür, dass sich um den Körper herum eine Gasblase aus Wasserdampf bildet. In dieser Gasblase fliegt der Körper dann – und kann mühelos auf über 400 km/h beschleunigen. Dieser Effekt wird Superkavitation genannt. Und für den Körper in der Kavitationsblase ist der Widerstand sogar niedriger als der Widerstand bei einem Flug durch die Luft.

Super-Kavitationstorpedo

Die Superkavitation wird seit einigen Jahren für den Bau neuartiger Torpedos benutzt, die auch in Deutschland entwickelt werden. Sie schießen mit bis zu 500 km/h durchs Wasser und sind bislang durch keine Gegenmaßnahme abzuwehren. Wissenschaftler denken auch darüber nach, die Superkavitation für friedliche Zwecke zu nutzen. Zum Beispiel für neuartige U-Boot-Frachter, die auf festgelegten und sicheren Routen wertvolle Rohstoffe oder fertige Produkte sehr schnell transportieren können.

Hyperschall

Bis zum Jahr 2003 war die Concorde das schnellste Passagierflugzeug der Welt: Mit doppelter Schallgeschwindigkeit (Mach 2), also mit 2124 km/h, flog sie in dreieinhalb Stunden von Paris nach New York. Nach einem tragischen Unglück wurde sie außer Dienst gestellt. Wissenschaftler verschiedener Institute arbeiten jedoch

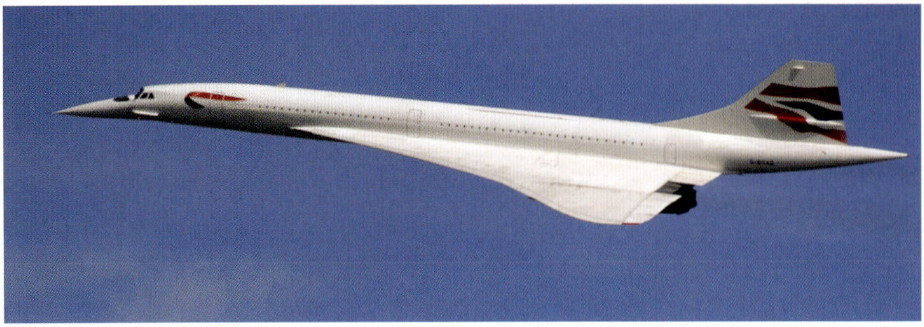

Hyperschallflugzeug „Concorde"

längst an einem Nachfolger. Dazu gehört die Europäische Weltraumorganisation (ESA), deren Forschungsprojekt LAPCAT heißt. Dabei soll anhand von Computermodellen, genauen Berechnungen und Versuchen in einem Windkanal ermittelt werden, wie ein Hyperschallflugzeug aussehen müsste. Hyperschall ist eine Geschwindigkeit von mehr als Mach 5, also mehr als 5310 km/h.

Welchen Treibstoff benötigt ein Hyperschallflugzeug?

A Kerosin
B Diesel
C Wasserstoff
D Helium

201

Ein Hyperschallflugzeug würde für den Flug von Frankfurt am Main nach New York nur eine gute Stunde benötigen – und von Frankfurt nach Sydney in Australien wären es nur vier Stunden!

Um diese enorme Geschwindigkeit zu erreichen, muss ein Hyperschallflugzeug in einer Höhe von mehr als 20 Kilometern fliegen. Dort ist die Luft sehr dünn und leistet wenig Widerstand. Sie enthält aber noch genügend Sauerstoff für die Triebwerke, die mit Wasserstoff angetrieben werden.

Da Düsentriebwerke den Druck in dieser Höhe nicht aushalten und auch nicht genügend Schub entwickeln würden, braucht ein Hyperschallflugzeug Staustrahltriebwerke. Das sind große Röhren ohne bewegliche Teile, in die mit hoher Geschwindigkeit Luft einströmt. Düsen spritzen den Wasserstoff in die Luft, ein elektrischer Funke entzündet ihn, er explodiert und tritt wie ein Raketenstrahl nach hinten aus. Mit einem solchen Triebwerk gelang es der NASA 2004, ein Testflugzeug namens X-43A auf Mach 9,6 zu beschleunigen, also auf 12 250 km/h.

Die Konstrukteure hoffen, in etwa 10 bis 15 Jahren die ersten Hyperschallflugzeuge einsetzen zu können. Wer will, kann dann schnell mal in der Mittagspause nach New York zum Shopping fliegen ...

Ionen-Antrieb

Herkömmliche Raketen haben einen chemischen Antrieb – ganz egal, ob sie festen oder flüssigen Treibstoff verwenden. In jedem Fall wird der Treibstoff in einer Brennkammer verbrannt, und die Abgase werden durch eine Düse ausgestoßen. Sie treiben die Rakete an, die sich gewissermaßen von den ausgestoßenen Abgasteilchen abstößt.

Auto mit Ionen-Antrieb

Allerdings treten die Abgase bei einer chemischen Rakete mit nur 4500 m/s (Metern pro Sekunde) aus der Düse aus. Um dennoch eine Nutzlast ausreichend beschleunigen zu können, muss die Menge der Teilchen groß genug sein. Eine chemische Rakete braucht darum sehr viel Treibstoff: Bis zu 90 % der Startmasse macht er aus. Ein Großteil des Schubs dient also gar nicht dazu, die Nutzlast zu beschleunigen, sondern den großen Treibstoffvorrat! Der wiederum ist schnell verbraucht. Die erreichbare Geschwindigkeit ist begrenzt.

Mit chemischen Antrieben kann man das Sonnensystem daher nur schwer erforschen. Schon ein bemannter Flug zum Mars würde ein halbes Jahr dauern, der Rückflug ebenfalls. Darum suchen die Ingenieure nach einer Möglichkeit, wie man die austretenden Teilchen stärker beschleunigen kann, um Treibstoff zu sparen und gleichzeitig schneller fliegen zu können.

Die aktuelle Lösung heißt Ionen-Antrieb. Dabei werden die Teilchen nicht durch die Verbrennung von Treibstoff in Bewegung versetzt, sondern von einem Magnetfeld elektrisch beschleunigt. Die Teilchen – in den meisten Fällen Xenongas – treten aus der Düse mit 20 000 bis 40 000 m/s aus. Und dazu braucht man nur eine kleine Druckflasche mit dem Edelgas!

Welches Edelgas dient als Treibstoff für Ionentriebwerke?

- **A** Eragon
- **B** Neon
- **C** Argon
- **D** Xenon

202

Als erste Sonde wurde 1998 „Deep Space 1“ mit einem Ionen-Antrieb ausgestattet, die den Asteroiden Braille und den Kometen 19P/Borrelli passierte. Und 2003 wurde die japanische Sonde

Hayabusa von einem Ionentriebwerk zum Asteroiden Itokawa gebracht, um dort Bodenproben zu entnehmen. Im Laufe des Jahres 2010 soll sie zurückkehren. Als dritte Raumsonde mit einem Ionentriebwerk startete 2003 die ESA-Sonde SMART-1 zum Mond.

Raumsonde „Hayabusa"

Alle drei Sonden beweisen eindrucksvoll die Leistungsfähigkeit des Ionen-Antriebs, der die benötigte elektrische Energie aus Sonnensegeln oder Solarzellen bezieht. In Sonnennähe ist dies die einfachste Art der Energieversorgung. Liegen die Ziele jedoch nicht in Sonnennähe oder will man ein schweres bemanntes Raumschiff antreiben, müssen andere Energiequellen genutzt werden. Denn so wenig Treibstoff ein Ionentriebwerk auch braucht, es benötigt sehr viel elektrische Energie. Dafür kann es ein Raumschiff aber auch über einen sehr langen Zeitraum beschleunigen und erreicht eine hohe Endgeschwindigkeit. Für einen Flug zum Mars würde man damit nur 39 Tage benötigen! Vorausgesetzt, es ist genügend Energie vorhanden, zum Beispiel aus einem Atomreaktor.

Supervulkan

Seit einigen Jahren erkunden Vulkanologen den Yellowstone-Nationalpark in Wyoming, USA. Denn unter dem Nationalpark liegt eine etwa 60 Kilometer lange und 40 Kilometer breite Magma-Kammer, in der in etwa 8 Kilometern Tiefe flüssiges Gestein kocht. Alle 800 000 Jahre ungefähr kommt es hier zu einem gewaltigen Vulkanausbruch.

Mit welchem Messgerät zeichnet man Erdbeben auf?

A Barometer
B Sextant
C Seismograf
D Tachometer

203

Dabei entsteht aber kein Vulkankegel, sondern eine „Caldera", das ist ein riesiger kesselförmiger Krater im Boden. Ein solcher Vulkan wird Supervulkan genannt. Und der Yellowstone-Vulkan hat diese Bezeichnung wirklich verdient: Bei einem Ausbruch würde der Boden förmlich explodieren und etwa 1000 Kubikkilometer Gestein und Lava über 40 Kilometer hoch in die Luft schleudern. Im Umkreis von 100 bis 200 Kilo-

Yellowstone-Nationalpark

metern wäre dann alles Leben vernichtet. Die aufsteigende Staubwolke würde den Himmel auf der gesamten Erde verdunkeln und einen Winter von mehreren Jahren hervorrufen. Abgesehen von einem Asteroideneinschlag gäbe es keine größere und verheerendere Naturkatastrophe.

Wie nennt man den Krater eines Supervulkans?

A Paella
B Caldera
C Alhambra
D Barcelona

204

Darum versuchen die Vulkanologen, mithilfe neuer Messgeräte anhand der alten Calderen zu erkennen, wann der nächste Ausbruch bevorsteht. Verhindern kann einen solchen Ausbruch niemand – aber zumindest könnte man eine rechtzeitige Warnung herausgeben.

Wann der nächste Ausbruch kommt, ist nicht sicher: Es könnte jetzt passieren oder erst im Jahr 3000. Experten sind jedenfalls überzeugt, dass es innerhalb der nächsten tausend Jahre zu einem Ausbruch des Supervulkans kommen wird.

Unsterblichkeit?

Bei der Verleihung des Nobelpreises 2009 für Medizin hatten die Amerikaner wieder einmal die Nase vorn. Die drei Preisträger – Elisabeth Blackburn, Carol Greider und Jack W. Szostak – haben nämlich herausgefunden, warum sich einige besondere Zellen im Körper beliebig oft teilen können. Eine Entdeckung, die weitreichende Folgen haben kann.

In jeder Zelle gibt es Chromosomen, die das Erbgut enthalten. Die spitz zulaufenden Enden der Chromosomen nennt man Telomere. Bei jeder Zellteilung werden sie ein Stück kürzer, und nach etwa fünfzig Teilungen sind sie zu kurz für eine weitere Teilung: Die Zelle stirbt. Die Telomere geben also gewissermaßen das Alter und den Tod vor.

Nur bei Keimzellen und Krebszellen ist das anders: Dort sorgt ein Enzym – die Telomerase – dafür, dass die Telomere immer wieder repariert werden und gleich lang bleiben. Diese besonderen Zellen sind also unsterblich. Wenn es nun gelänge, auch die normalen und gesunden Zellen eines Körpers mit genügend Telomerase zu versorgen, dann könnte der Mensch vielleicht unsterblich werden. Ein uralter Traum der Menschheit ginge in Erfüllung.

Wie heißen die Enden der Chromosomen?

A Telomere
B Telenovela
C Telegene
D Telepolis

205

Noch sind aber nicht alle Vorgänge in der Zelle erforscht, noch weiß niemand, ob das Experiment gelingen würde. Es könnte aber sein, dass es eines Tages glückt.

Ob ewiges Leben allerdings tatsächlich wünschenswert wäre – das ist eine ganz andere Frage.

Künstliches Leben

Im Mai 2010 verkündete der amerikanische Biochemiker Craig Venter eine Sensation: In seinem Labor versahen er und seine Mitarbeiter ein Bakterium mit künstlichem Erbgut, das sie aus verschiedenen Gen-Bausteinen zusammengesetzt hatten. Zuvor hatten sie das Erbgut des Bakteriums entfernt. Das Ergebnis: ein neues Bakterium mit dem wissenschaftlichen Namen *Mycoplasma mycoides JCVI-syn1.0.*

Wo befindet sich das Erbgut von Lebewesen?

A im Zellkern
B im Herzen
C im Gehirn
D im Blut

206

Damit legte der international bekannte Wissenschaftler einen weiteren Beweis dafür vor, dass sich Lebewesen in Zukunft wohl tatsächlich im Labor konstruieren lassen. Ihre Eigenschaften würden dann am Computer ausgewählt und das Lebewesen würde entsprechend zusammengesetzt. Es ist allerdings noch ein weiter Weg, bis die Schaffung künstlicher Pflanzen und Tiere mit wunschgemäßen Eigenschaften möglich ist – aber Craig Venter hat einen wichtigen Schritt in diese Richtung getan.

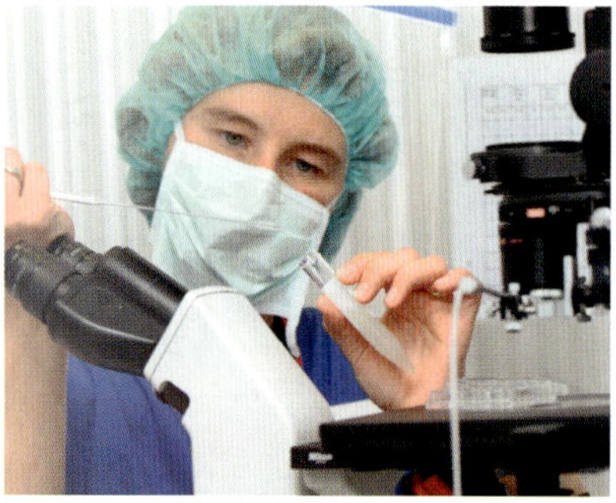

Künstliche Befruchtung

Einige Biologen freuen sich darüber – andere sind weniger begeistert. Sie befürchten, dass man die neue Technik auch beim Menschen anwenden könnte. Kinder könnten dann die Eigenschaften erhalten, die sich die Eltern wünschen: Sie könnten mit Stars Ähnlichkeit haben oder hyperintelligent sein ...

Ob wir diese Entwicklung wirklich wollen, müssen wir in Zukunft vielleicht ganz konkret entscheiden – wenn die Schaffung solcher künstlicher Lebewesen Realität wird.

Neuroprothesen

Die Arbeitsweise unseres Gehirns gilt als kompliziert und schwer zu verstehen, dennoch hat die Hirnforschung in den letzten Jahren große Fortschritte gemacht und Möglichkeiten gefunden, Gehör- und Augenfehler zu heilen.

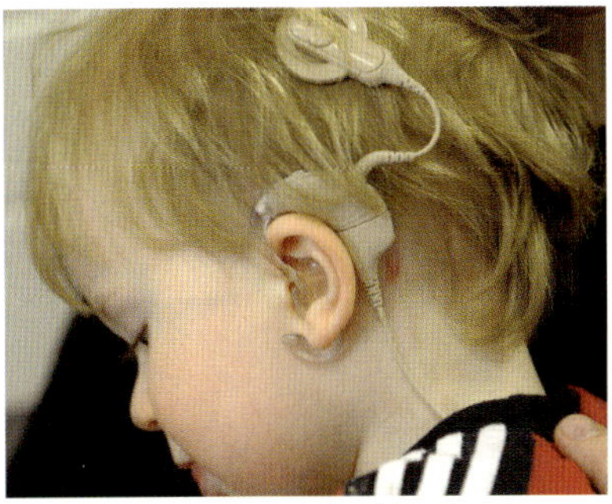

Cochlea-Implantat

Zu den aussichtsreichen Therapien gehören Neuroprothesen. Das sind Implantate, die ganz bestimmte Aufgaben des Gehirns und des Nervensystems ersetzen. Dazu gehört das Cochlea-Implantat, das einen Teil des Innenohrs ersetzt. Mithilfe von Elektroden, die an die Hörschnecke (Cochlea) angeschlossen werden, und einem unter der Haut angebrachten Mikrofon können viele taube oder fast taube Menschen wieder hören. Weltweit tragen derzeit rund 190 000 Menschen ein Cochlea-Implantat.

Wie nennen Mediziner die Hörschnecke im Innenohr?

A Helix
B Gastropoda
C Cochlea
D Mollusca

207

Erfolgversprechend sind auch Netzhautimplantate, die seit einigen Jahren von der Universität Tübingen eingesetzt werden. Forscher der Universität von Kalifornien arbeiten derzeit sogar an einem Gedächtnischip, der bei älteren Menschen, die an Alzheimer erkrankt sind, das Gedächtnis ersetzen soll.

Blick in den Körper

Mit Strahlen, die den Körper durchdringen, fing 1895 alles an: Wilhelm Conrad Röntgen entdeckte die nach ihm benannten Röntgenstrahlen.

Auch heute werden Röntgenapparate noch benutzt, um in den Körper zu blicken. Aber inzwischen hat man auch modernere Geräte entwickelt, mit denen selbst kleinste Veränderungen sichtbar gemacht werden können.

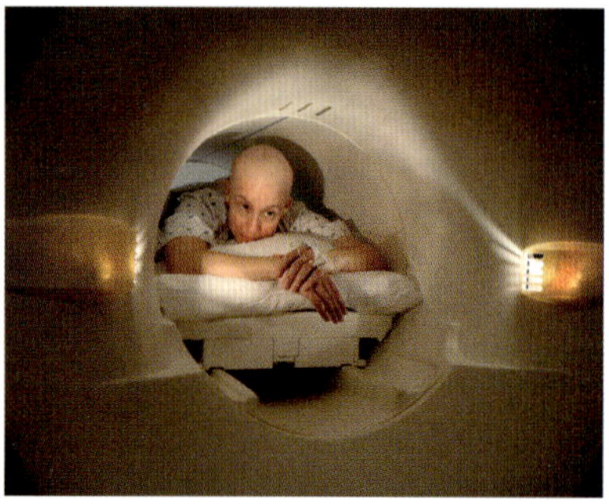
Kernspintomografie

Weit verbreitet ist heute zum Beispiel die Kernspintomografie, die 1973 entwickelt wurde. Mit dem Kernspintomografen wird der Körper scheibenweise aufgenommen. Anhand der Scheibenbilder kann der Arzt den Zustand der inneren Organe – zum Beispiel der Leber – sehr genau beurteilen. Die Kernspintomografie verwendet zudem keine gesundheitsschädlichen Strahlen wie der Röntgenapparat. Sie nutzt stattdessen Magnetfelder, um das Körperinnere darzustellen.

Die Positronen-Emissions-Tomografie ist eine Erfindung der 70er-Jahre. Doch erst heute ist sie so weit entwickelt, dass sie hochauflösende Bilder zeigen kann. Damit dieses Gerät Aufnahmen machen kann, muss der Patient zuvor Radiopharmaka schlucken. Sie machen die Organe für den Tomografen sichtbar.

Welche Art Bilder macht ein Kernspintomograf?

A Spiegelbilder
B Serienbilder
C Scheibenbilder
D Sammelbilder

208

Seit einigen Jahren wird daran gearbeitet, beide Geräte – Kernspintomograf und Positronen-Emissions-Tomograf – miteinander zu kombinieren. Dann könnte man die Vorteile beider Verfahren nutzen und sogar einzelne Krebszellen aufspüren.

Aliens

Im Mai 2010 sprach der weltbekannte englische Physiker Stephen Hawking im Fernsehen eine deutliche Warnung aus: Die Menschheit solle den Kontakt mit außerirdischen Lebewesen vermeiden. Auf keinen Fall solle man weiterhin nach Aliens suchen oder Funkwellen ins All schicken. Denn wenn tatsächlich Aliens in Raumschiffen bei uns auftauchen sollten, wären sie uns technisch weit überlegen – viel weiter als in vielen Science-Fiction-Filmen. Und darum könnten sie mit der Erde machen, was sie wollten, zum Beispiel sie als Siedlungsgebiet nutzen.

Dass es außerirdisches Leben gibt, steht für Hawking außer Frage. Mit seiner Warnung hat der berühmte Physiker eine spannende Diskussion ausgelöst. Denn eine ganze Reihe von Wissenschaftlern hofft schon jahrelang auf einen Kontakt mit Außerirdischen – erst recht, seit immer neue Exoplaneten entdeckt werden.

Welcher Regisseur drehte „E.T." und unterstützt SETI?

A Steven Spielberg
B Alfred Hitchcock
C George Lucas
D Roland Emmerich

209

Viele suchen sogar aktiv nach Aliens: Seit 1960 gibt es die Wissenschaftsorganisation SETI (Search for Extraterrestrial Intelligence), die mit Radioteleskopen nach fremden Signalen aus dem All fahndet. Die Astronomen von SETI senden auch ihrerseits Informationen für Aliens ins All. 2005 wurde mit dem Bau eines neuen Radioteleskops begonnen, das speziell auf die Suche von Alien-Signalen ausgerichtet ist.

Hast du das gewusst?

Die Vorstellung von Aliens ist nicht neu: Schon die Griechen waren vor rund 2000 Jahren davon überzeugt, dass es Aliens gibt. Und auch berühmte Philosophen wie Immanuel Kant und der Mathematiker Carl Friedrich Gauß glaubten, dass auf anderen Planeten menschenähnliche Lebewesen wohnen.

Radioteleskope

Die Suche geht mit immer neuen Mitteln weiter. Wenn wir irgendwann tatsächlich auf Aliens stoßen, können wir also nur hoffen, dass sie uns freundlich gesinnt sind.

Antikythera-Computer

Im Jahr 1900 stießen Taucher vor der griechischen Insel Antikythera auf die Überreste eines Handelsschiffs aus dem Jahr 150 v. Chr. An Bord fanden sie nicht nur Tonkrüge und Münzen, sondern auch einen merkwürdigen Klumpen, aus dem ein Zahnrad herausschaute. Seither versuchen Wissenschaftler, das Geheimnis des sonderbaren Apparats zu lüften.

Einige Forscher meinten zunächst, er könne auf keinen Fall wie das Schiff aus der griechischen Antike stammen. Doch genauere Messverfahren bestätigten das hohe Alter des Apparats. Als man 1971 den Klumpen erstmals röntgte, gab es eine noch größere Überraschung: Im Inne-

Antikythera-Computer

ren befinden sich weitere Zahnräder – und die ließen darauf schließen, dass es sich um eine Art mechanischen Rechner handeln könnte. Nach weiteren Röntgenuntersuchungen in den 90er-Jahren konnten die ersten Rekonstruktionen der geheimnisvollen Apparatur aus Bronze gebaut werden. Sie lassen nur einen Schluss zu: Es handelt sich offenbar um eine Rechenmaschine, mit der sich der Stand der Gestirne ebenso genau vorausberechnen lässt wie Mond- und Sonnenfinsternisse.

Wie alt ist der „Computer von Antikythera"?

- A 1000 Jahre
- B 1500 Jahre
- C 1850 Jahre
- D 2150 Jahre

210

2005 wurde der Klumpen sogar mit einem Tomografen untersucht. Dabei wurden winzige Schriftzeichen auf den Zahnrädern gefunden – eine Art Gebrauchsanleitung. Inzwischen sind fast alle Schriftzeichen entziffert. Noch weiß man aber nicht, ob der Apparat mit seinen vielen Skalen und Zeigern der Navigation diente oder einen anderen Zweck hatte. Neue Forschungen sollen dieses Geheimnis klären.

Das Tunguska-Ereignis

Die Explosion war noch in 500 Kilometern Entfernung zu hören und zu sehen. Im Umkreis von mehr als 30 Kilometern wurden mehr als 50 Millionen Bäume wie Streichhölzer umgeknickt oder entwurzelt. Die Sprengkraft entsprach der von 1000 Atombomben.

Zum Glück fand dieses katastrophale Ereignis in Tunguska im tiefsten Sibirien statt, in einem fast unbewohnten Gebiet. Wie viele Menschen dabei umkamen, ist nicht bekannt, aber es dürften nur sehr wenige gewesen sein. Erst 1908, 13 Jahre nach der geheimnisvollen Explosion, erreichte eine russische Expedition das Gebiet. Man begann sofort mit der Suche nach einem Einschlagkrater, denn für die Forscher war klar: Nur ein Asteroid aus dem All konnte eine derartige Explosion hervorgerufen haben. Aber so sehr sie das betroffene Gebiet auch absuchten – außer umgeknickten Bäumen fanden sie nichts.

Bis heute ist das Tunguska-Ereignis eines der großen Rätsel

der Menschheit. Auch ein 2008 in Moskau einberufener Kongress brachte keine Klarheit. Mittlerweile gibt es fast 70 Erklärungsvorschläge – vom Vulkanausbruch bis zum Absturz eines Ufos. Wahrscheinlich erscheinen heutigen Wissenschaftlern vor allem zwei Möglichkeiten: Ein kleiner Komet könnte in die Erdatmosphäre eingedrungen sein und sich dabei stark erhitzt haben.

Gebiet des „Tunguska-Ereignisses"

Da Kometen vor allem aus Eis bestehen, ist er wahrscheinlich kurz vor dem Aufschlag explosionsartig verdampft. Oder es ist eine große Menge Erdgas aus einem Riss im Gestein entwichen und explodiert. Die wahre Ursache für eine der größten Explosionen der Geschichte ist jedoch nach wie vor ungeklärt.

Hoax-Alarm

Wer sich im Internet auf die Suche nach neuen Erfindungen und aktuellen Ergebnissen wissenschaftlicher Forschung macht, muss aufpassen. Nicht alle Meldungen sind wahr!

Das wohl berühmteste Beispiel für eine falsche Information: Angeblich haben die Inuit mehr als 100 Wörter für Schnee – in Wahrheit sind es aber nur vier. Einige Laienforscher und Spaßvögel haben es geschafft, diese Zahl im Internet so weit zu verbreiten, dass viele Menschen es für eine richtige Information halten. Ähnlich ist es mit der „kalten Fusion", die es angeblich ermöglicht, die Verschmelzung von Wasserstoff zu Helium, wie sie in der Sonne stattfindet, im Labor zu erzeugen. Alle ernsthaften Experimente sind bislang gescheitert – trotzdem tauchen im Internet immer wieder Erfolgsmeldungen auf.

Derartige Nachrichten nennt man „Hoax", das bedeutet Scherz oder Schwindel. Auf vielen Internetseiten werden Hoaxes so überzeugend präsentiert, dass viele Menschen darauf hereinfallen. Und die Zahl dieser Scherze wächst ständig. Deshalb sind Hoaxes und ihre Wirkungsweise inzwischen selbst schon zum Forschungsgegenstand geworden. Mehrere Universitäten, zum Beispiel die Technische Universität Berlin, haben Hoax-Listen mit Hunderten von Einträgen erstellt. Der beste Schutz vor einem Hoax ist aber ein gutes Allgemeinwissen – und eine gesunde Portion Skepsis.

Sport

Sport ist für viele Menschen ein wichtiger Bereich des Lebens. Während der Fußballweltmeisterschaft 2010 in Südafrika steckte fast jeder Bundesbürger Fahnen an sein Auto. Auf den Fanmeilen beim „Public Viewing" war trotz tropischer Temperaturen die Hölle los. Nicht nur in Deutschland, sondern in allen Fußballländern schminkten sich die Fans in ihren Nationalfarben und gaben Vuvuzela-Konzerte.

Olympische Disziplinen oder Formel-1-Rennen haben ebenfalls viele Anhänger. Mit Spannung wurde 2010 das Comeback von Michael Schumacher verfolgt, aber auch die fantastischen Rennen von Sebastian Vettel, dem Formel-1-Weltmeister.

Exotische Sportarten wie Canne de Combat oder Extrembügeln finden immer mehr Fans. Für die ist, wie für die Sportler selbst, ein Leben ohne „ihren" Sport nicht vorstellbar.

Deutsche Fußball-Nationalmannschaft

Mythos Fußball-WM

2010: Fußballfieber in Südafrika. 200 Länder und Regionen haben ihre Nationalmannschaften in die Qualifikation geschickt, in der 32 Endteilnehmer ermittelt wurden. So groß war das Interesse am wichtigsten Sportereignis nach den Olympischen Spielen noch nie.

Wer holte sich 1974 als Spieler und 1990 als Trainer den Titel?

- A Franz Beckenbauer
- B Berti Vogts
- C Jürgen Klinsmann
- D Helmut Schön

211

Bei der ersten WM 1930 in Uruguay gingen nur 13 Mannschaften an den Start – Deutschland war nicht dabei. Vor der WM 1950 wurden die Bundesrepublik und die DDR ausgeschlossen. Aber an allen anderen 16 WMs hat Deutschland teilgenommen. Die Bilanz: 1954, 1974 und 1990 wurde die deutsche Mannschaft Weltmeister und 1966, 1982, 1986 und 2002 Vize-Weltmeister. Erfolgreicher waren nur Brasilien mit fünf und Italien mit vier Titeln. Brasilien ist übrigens das einzige Land, das an allen 18 WMs teilgenommen hat.

Zweimal war Deutschland bislang Austragungsort, 1974 und 2006. Nur zwei Spieler nahmen an fünf WMs teil: Antonio Carbajal aus Mexiko und Lothar Matthäus aus Deutschland. Die meisten WM-Tore, nämlich 15, schoss der Brasilianer Ronaldo, gefolgt von Gerd Müller und Miroslav Klose mit je 14 Toren.

Welches dieser Länder hat den WM-Titel noch nie gewonnen?

- A England
- B Frankreich
- C Ungarn
- D Argentinien

212

Die WM in Südafrika war die erste Weltmeisterschaft auf dem afrikanischen Kontinent. Die nächste WM wird 2014 in Brasilien stattfinden, die übernächste, 2018 in Russland. 2022 wird in

Katar gespielt. Deutschland hat keine Bewerbung abgegeben. Für die Teilnahme qualifizieren wird sich die deutsche Nationalmannschaft aber mit großer Wahrscheinlichkeit. In Südafrika hat die junge Mannschaft von Trainer Joachim Löw um Mezut Özil, Thomas Müller, Bastian Schweinsteiger und Philipp Lahm ihre hervorragende Form eindrucksvoll unter Beweis gestellt.

Fußballfrauen

England ist auch das Mutterland des Frauenfußballs. Kaum hatte man Ende des 19. Jahrhunderts allgemein anerkannte Fußball-Regeln aufgestellt, gründeten dort Frauen Fußballvereine. Besonders beliebt wurde der englische Frauenfußball während des Ersten Weltkriegs (1914–1918). Damals waren die Männer als Soldaten im Krieg und die Frauen

Birgit Prinz

Frauenfußball-Nationalmannschaft

beherrschten die Fußballplätze. Auch in Frankreich und anderen europäischen Ländern wurde Frauenfußball nun beliebter – nur in Deutschland galt er als „unmoralisch". Bis lange nach dem Zweiten Weltkrieg wurde der Frauenfußball als „ungesund und unweiblich" angesehen. Bis 1970 war Frauenfußball im Deutschen Fußballbund (DFB) nicht zugelassen. Aber schließlich wurde der Druck der sich emanzipierenden Frauen zu groß.

Wie heißt die deutsche Bundestrainerin?

- A Birgit Prinz
- B Nadine Angerer
- C Silvia Neid
- D Martina Müller

213

Als Frauenfußball endlich erlaubt wurde, stellten etablierte Vereine Frauenmannschaften auf und es wurden neue Vereine gegründet. 1974 traten die Meister der Landesverbände erstmals gegeneinander an: Der TuS Wörrstadt wurde erster deutscher Frauenfußballmeister. Seit 1990 gibt es die Bundesliga mit 20 Vereinen. Eine Frauennationalmannschaft existiert seit 1982. Schon sieben Jahre später holte sie ihren ersten großen internationalen Titel, die Europameisterschaft. Im Jahr 2003 gewann sie erstmals die Weltmeisterschaft.

Wer wurde erster deutscher Frauenfußballmeister?

- **A** SSG 09 Bergisch Gladbach
- **B** TuS Wörrstadt
- **C** FC Bayern München
- **D** FSV Frankfurt

214

Unter ihrer neuen Trainerin Silvia Neid, einer ehemaligen Nationalspielerin, konnte die Mannschaft 2007 den Titel in China erfolgreich verteidigen. Eine echte Sensation im harten Fußballgeschäft! Rekord-Torschützin wurde Birgit Prinz. Torfrau Nadine Angerer kassierte während der gesamten WM keinen einzigen Treffer. Das war bis dahin noch keinem Torwart gelungen.

Hast du das gewusst?

Als Siegprämie für den Gewinn der Europameisterschaft 1989 erhielt jede Spielerin vom Deutschen Fußballbund ein Kaffeeservice!

Nach dem Gewinn des ersten WM-Titels 2003 stieg das Interesse am Frauenfußball in Deutschland. Seitdem werden Spiele im Fernsehen übertragen und Fanclubs gegründet. Frauenfußball ist auf dem besten Weg, so populär zu werden wie Männerfußball. Eine gute Gelegenheit dazu bietet sich 2011: Die Fußballweltmeisterschaft der Frauen findet in Deutschland statt. Die Fans hoffen natürlich auf ein neues „Sommermärchen".

Die international erfolgreichste Mannschaft ist die der USA, wo Fußball ohnehin eher als Frauensport angesehen wird. Zweimal wurden USA-Frauen Weltmeister und dreimal Olympiasieger.

Fußball mit Kopftuch

In einigen islamischen Ländern wie im Iran dürfen Frauen nur mit Kopftuch spielen. Männer sind als Zuschauer nicht zugelassen. Und in Saudi-Arabien ist es Frauen erst seit 2007 erlaubt, überhaupt Fußball zu spielen. Aber auch wenn es mancherorts Beschränkungen gibt: Die Frauenfußballbewegung ist nicht aufzuhalten.

RoboCup-WM

Auch Informatiker und Robotiker sind Fußballfans. Sie interessieren sich jedoch weniger für menschliche Spieler: Fußball ist ein ideales Spiel, um die Fähigkeiten von Robotern zu testen und zu trainieren. Die Bewegungsfähigkeit wird dabei ebenso gefordert wie das strategische Denken. Und auch das Ziel des Spiels muss erfasst werden: Der Ball muss ins Tor!

Wie oft findet der RoboCup statt?

A alle vier Jahre
B alle zwei Jahre
C jedes Jahr
D alle sechs Monate

215

Roboterfußball macht Spaß. Darum wurde 1997 der RoboCup ins Leben gerufen, die Fußballweltmeisterschaft für Roboter: „Small Size“ ist die Liga für die kleinen Roboter, die von außen gesteuert werden. Bei der „Middle Size“ müssen sich die Roboter selbst steuern. In der „Humanoid“-Liga haben die Roboter eine menschenähnliche Körperform und müssen ihre Entscheidungen selbst treffen. Im Gegensatz zur Fußball-WM findet der RoboCup jedes Jahr statt. Die Roboter werden rasant weiterentwickelt und verbessert. Das Ziel der Veranstalter, der Federation of International Robot-Soccer Association, ist es, bis zum Jahr 2050 Roboter aufs Spielfeld zu schicken, die eine menschliche Mannschaft schlagen können. Bis dahin ist es aber ein weiter Weg – noch hätten die zweibeinigen Roboter keine Chance gegen menschliche Gegner.

RoboCup

Nichtsdestoweniger begeistern die Turniere der Roboter ein immer größeres Publikum. Deutsche Teams zählen zu den Favoriten, etwa die Darmstadt Dribblers der Technischen Universität Darmstadt, die 2009 in der Liga für kleine menschenähnliche Roboter, der „Humanoid KidSize“, Weltmeister wurden. Bester Stürmer war der Roboter Bruno, der sogar Hackentricks beherrscht.

Neu bei Olympia

Als 1896 die ersten Olympischen Spiele der Neuzeit ausgetragen wurden, konnten die Sportler nur in zehn verschiedenen Disziplinen antreten. Im Laufe des 20. Jahrhunderts sind einige Sportarten hinzugekommen: Judo, Basketball, Handball und Kanusport. Bei der Auswahl neuer Sportarten orientiert sich das Olympische Komitee vor allem an der weltweiten Verbreitung und Beliebtheit. Außerdem soll die Anzahl der Sportarten nicht zu groß werden.

Welche Sportart war bei allen Olympischen Spielen vertreten?

A Dressurreiten
B Boxen
C Fechten
D Hockey

216

Segelfliegen oder Formel-1-Rennen gelten als exklusive Sportarten: Sie sind kostspielig und werden nur in wenigen Ländern ausgeübt. Daher kommen sie als olympische Disziplinen nicht infrage.

Welche Sportart gehört seit 1996 zum Programm?

A Beachvolleyball
B Tennis
C Bogenschießen
D Fußball

217

Taekwondo gehört seit 2000 zum olympischen Programm, ebenso Triathlon und Trampolinspringen. BMX-Wettbewerbe sind seit 2008 dabei. Für die Olympischen Spiele 2012 in London sind

BMX-Wettbewerb

keine neuen Sportarten vorgesehen, aber bei den Spielen 2016 in Rio de Janeiro werden erstmals Wettkämpfe in Golf und Rugby ausgetragen. Beide Disziplinen waren zu Beginn des 20. Jahrhunderts schon einmal dabei.

Out bei Olympia

Als der französische Baron Pierre de Coubertin (1863–1937) die Olympischen Spiele der Neuzeit erfand, legten er und das Olympische Komitee keine olympischen Sportarten fest. Deshalb verändert sich der Kanon der olympischen Disziplinen immer wieder. In Paris 1900 bei den II. Olympischen Spielen etwa gehörten Tauziehen, Polo und Pelota zum Programm.

Über manche Wettbewerbe von früher kann man heute nur den Kopf schütteln. In Paris stand beispielsweise Taubenschießen auf dem Programm – mehr als 3000 Tauben wurden dabei erschossen und fielen auf die Plätze und Straßen der Stadt.

Hoch-, Weit- und Dreisprung gab es früher nicht nur mit, sondern auch ohne Anlauf: Aus dem Stand mussten die Sportler zeigen, was sie konnten. Beim Weitsprung wurden immerhin Weiten von über 3 Metern erreicht.

Wo fanden 1904 die III. Olympischen Spiele statt?

A Paris
B Berlin
C St. Louis
D Athen

218

Beim beidarmigen Speerwerfen und Kugelstoßen, 1904 und 1908 im Programm, wurde erst mit dem rechten, dann mit dem linken Arm geworfen. Danach wurden die Ergebnisse zusammengezählt und gewertet. Und von 1912 bis 1948 gab es sogar künstlerische Wettbewerbe in Malerei, Architektur, Musik und Literatur.

Wie nennt man einen Pelota-Spieler?

A Pelotari
B Pilot
C Pelotas
D Pelerine

219

Einige der alten Sportarten sind inzwischen wieder sehr beliebt: Seit 2003 werden die Retrolympics, Wettbewerbe in den alten Disziplinen, in Deutschland ausgetragen. Taubenschießen ist zum Glück nicht dabei.

Winterspiele

Die ersten Olympischen Winterspiele fanden 1924 in Chamonix in Frankreich statt. Sie waren ein großer Erfolg und wurden von da an alle vier Jahre abgehalten – lange Zeit im selben Jahr wie die Sommerspiele, seit 1994 um zwei Jahre versetzt.

Curling

1924 gab es nur sechs Sportarten: Eisschnelllauf, Eishockey, Eiskunstlauf, Nordischer Skilauf, Bob und Curling. Außerdem wurde eine Medaille im Bergsteigen vergeben. 1928 war auch Skijöring im Programm – dabei wird ein Skiläufer von einem Pferd oder einem Auto an einer Leine über einen Parcours gezogen. 1932 kam Hundeschlittenrennen dazu. Wie bei den Sommerspielen ändert sich auch hier der Kanon der Sportarten immer mal wieder. Curling zum Beispiel kam nach 1924 erst 1998 wieder ins

Programm, Skeleton ist seit 2002 dabei.

Bei den letzten Olympischen Winterspielen 2010 in Vancouver, Kanada, gewann die erfolgreichste Athletin – die Norwegerin Marit Bjørgen – im Skilanglauf drei Goldmedaillen. Erfolgreich war auch die Deutsche Magdalena Neuner, die im Biathlon zweimal Gold holte. Mit zehn Goldmedaillen landete Deutschland auf dem zweiten Platz im Medaillenspiegel hinter Kanada mit 14-mal Gold.

Wie lange dauern Olympische Winterspiele?

A 3 Tage
B 8 Tage
C 17 Tage
D 30 Tage

220

Jeweils drei Wochen nach den Olympischen Spielen finden seit 1992 in denselben Stadien auch die Paralympics statt, die Olympischen Spiele für Menschen mit körperlicher Behinderung. Bei den letzten Paralympischen Winterspielen errang die Deutsche Verena Bentele fünf Goldmedaillen – ein fantastischer Rekord.

Trends im Radsport

Die Tour de France, das berühmteste Radrennen der Welt, hat in den letzten Jahren durch zahlreiche Dopingfälle für den schlechten Ruf des Radsports gesorgt. Dabei gibt es viele Wettbewerbe, die sportlich sauber und spannend sind. Dazu gehören die „Brevets" oder Fahrradmarathonrennen. Das bekannteste ist das Rennen Paris-Brest-Paris, bei dem 1200 Kilometer überwunden werden müssen. Es findet alle vier Jahre statt, das nächste Mal 2015. Schnelle Fahrer schaffen die gewaltige Strecke in 44 Stunden – langsamere brauchen die doppelte Zeit. Ziel ist aber nicht eine gute Zeit, sondern das Rennen überhaupt durchzustehen.

Radball

Wo wird Radball gespielt?

A auf der Wiese
B in der Halle
C auf dem Sportplatz
D auf der Straße

221

Immer beliebter wird auch das Radpolo – auf der Fahrradmesse 2010 in Karlsruhe war dieser Sport der große Publikumsmagnet. 40 Teams aus ganz Europa traten gegeneinander an. Sieger wurde die Mannschaft aus Genf. Beim Radpolo bilden zwei bis drei Fahrer eine Mannschaft. Wie beim Pferdepolo versuchen sie, den Ball mit einem Schläger ins gegnerische Tor zu schießen.

Ganz ähnlich funktioniert auch Radball. Die zwei oder fünf Fahrer haben aber keine Schläger, sondern spielen den etwa 500 Gramm schweren Ball direkt mit dem Rad. Ziel ist hier ebenfalls, den Ball ins gegnerische Tor zu befördern. Im Radball gibt es auch Weltmeisterschaften, die jährlich ausgetragen werden. Deutschland war zuletzt 2006 und 2007 erfolgreich.

Neue Schwimmrekorde

Beim Schwimmsport galt in den letzten Jahren die Aufmerksamkeit nicht so sehr den Schwimmern, sondern ihren Anzügen: Sie bestehen aus neuen Materialien und erzeugen weitaus weniger Widerstand als die alten Anzüge. Die Sportler gleiten damit viel schneller durchs Wasser als in den herkömmlichen Badeanzügen.

Weil es beim Schwimmen um Hundertstelsekunden geht, hat der Weltschwimmverband (FINA) die neuartigen Anzüge aber erst einmal verboten – damit alle Schwimmer dieselben Chancen haben.

Wie wird der Schmetterlingsstil noch genannt?

A Wal
B Hai
C Hering
D Delfin

222

Der überragende Schwimmstar der letzten Jahre war der Amerikaner Michael Phelps, der bei den Olympischen Spielen 2008 in Peking gleich acht Goldmedaillen gewann. Damit übertraf er den bisherigen Rekordgewinner Mark Spitz, der 1972 in München sieben Goldmedaillen erringen konnte. Mit 14 olympischen Goldmedaillen insgesamt ist Phelps der erfolgreichste Schwimmer aller Zeiten. Er tritt in allen

Michael Phelps

Stilen an: Freistil, Rücken, Lagen und Schmetterling. Bei den Weltmeisterschaften 2009 in Rom schaffte er die Sensation und blieb bei den 100 Metern Schmetterling als erster Mensch unter 50 Sekunden (49,82).

Wer war bis 2008 der erfolgreichste Schwimmer?

A Wolfgang Stumph
B Mark Spitz
C Oskar Klein
D Michael Groß

223

Doch in Rom musste Phelps auch seine erste Niederlage seit fünf Jahren hinnehmen: Im 200-Meter-Freistil-Rennen war der Deutsche Paul Biedermann 1,2 Sekunden schneller und schnappte Phelps die sicher geglaubte Goldmedaille und den Weltrekord weg. Nun sind alle Sportfans gespannt auf das Zusammentreffen der beiden Spitzenschwimmer bei den Olympischen Spielen 2012 in London.

Basketball

2010 fand die Basketball-WM in der Türkei statt. Die deutsche Nationalmannschaft hatte sich nicht direkt qualifiziert. Ihre Teilnahme hatte sie wie Russland, Litauen und Libanon einer „Wild Card" zu verdanken, also einem Los. Bei der WM 2008 in Japan hatte sie den achten Platz belegt, war jedoch bei den Olympischen Spielen in Peking bereits in der Vorrunde ausgeschieden. Bei der Europameisterschaft 2009 in Polen erreichte Deutschland Platz 11.

Welches Los kann die Teilnahme an einer WM sichern?

A Bingo
B Wild Card
C Toto
D Superzahl

224

Viele der guten Platzierungen hat Deutschland dem Ausnahmespieler Dirk Nowitzki aus Würzburg zu verdanken. Er spielt seit 1998 für die Dallas Mavericks in den USA und erhielt dort 2007 als erster Spieler den begehrten Preis für den wertvollsten Spieler der Saison. Ohne Nowitzki hat die deutsche Nationalmannschaft große Probleme. Die Hoffnungen für die nächsten Jahre, in denen Nowitzki eine Pause einlegen

Dirk Nowitzki

will, richten sich darum auf neue Talente. Mit ihnen will man bei der WM 2014 in Spanien wieder einen der vorderen Plätze belegen.

Formel 1

Die Sensation der Saison 2010 war die Rückkehr des siebenfachen Weltmeisters Michael Schumacher in die Formel 1. Er ging jedoch nicht mehr für sein altes Team Ferrari an den Start, sondern für den Rennstall von Mercedes Benz. Doch Schumachers Comeback war von kurzer Dauer.

Wann hat Schumacher den letzten WM-Titel gewonnen?

A 1998
B 2000
C 2004
D 2008

225

Mit Schumacher waren Sebastian Vettel, Nico Rosberg, Nico Hülkenberg, Adrian Sutil und Timo Glock sechs deutsche Fahrer in der Formel 1 vertreten.

Einen besseren Start als Schumacher erwischte der jüngste Pilot aller Zeiten: Der 22-jährige Sebastian Vettel konnte mehrfach vordere Plätze belegen, gewann die WM und wurde Sportler des Jahres 2010. Experten sehen in ihm einen Fahrer mit einer großen Zukunft. Als guter Pilot erwies sich auch Nico Rosberg, der Teamkollege von Schumacher bei Mercedes.

Vettel und Schumacher

Wie werden die Formel-1-Wagen von Mercedes genannt?

A Goldspeere
B Bronzelanzen
C Kupferspitzen
D Silberpfeile

226

Insgesamt traten in der Saison 12 Teams mit 25 Fahrern an. Nicht mehr bei der Formel 1 dabei sind BMW und Toyota. Neu hinzugekommen sind Lotus, Virgin und Hispania. Das sind sehr viele Fahrzeuge, und deshalb wollte man etwas tun, um die WM spannend zu gestalten. Das Ergebnis: Das Punktsystem wurde geändert. Der Sieger eines Rennens erhält nun 25 Punkte, der zweite 18, dann geht es weiter mit 15, 12, 10, 8, 6, 4, 2 und 1.

Hast du das gewusst?

Bis 1957 konnte man in der Formel 1 bei einem Boxenstopp nicht nur die Reifen, sondern auch den Piloten eines Wagens wechseln!

Handball-Märchen

Als Deutschland 2007 Austragungsort der Handball-WM war, glaubten nur wenige an den Titelgewinn. Doch die Mannschaft von Bundestrainer Heiner Brand machte das Unmögliche wahr und gewann im eigenen Land. Ein „Wintermärchen"!

Wie schwer es ist, einen solchen Titel zu verteidigen, zeigte sich bei der WM 2009 in Kroatien, bei der das deutsche Team Platz 5 erspielte. Bei der Europameisterschaft 2010 in Österreich reichte es nur für Platz 10. Damit hatte die Nationalmannschaft die direkte Qualifikation für die WM 2011 in Schweden verpasst und musste die Fahrkarte nach Schweden über die Qualifikationsspiele bekommen. Die WM lief für Deutschland nicht gut. Es wurde nur der 11. Platz erreicht.

Welches Turnier findet alle zwei Jahre statt?

A Admiral's Cup
B Davis Cup
C Supercup
D Europacup

227

Wie gut die Mannschaft ist, hat sie unter anderem beim Supercup bewiesen. Dieses Turnier der weltbesten Mannschaften findet seit 1979 alle zwei Jahre in Deutschland statt. 2009 gewann das deutsche Team zum fünften Mal den begehrten Pokal.

Die international beste Handballmannschaft bei den Männern hat zurzeit Frankreich: In Peking gewann sie 2009 die Goldmedaille und wurde im gleichen Jahr in Kroatien Weltmeister. Bei der EM 2010 in Österreich holten sich die Franzosen auch noch den Titel des Europameisters.

Bei den Frauen liegt Norwegen vorn: Die norwegischen Handballerinnen wurden 2008 Weltmeister und erspielten sich in Peking die Goldmedaille.

Ironman

Der Ironman ist der längste und härteste Wettkampf im Triathlon. Ohne Pause werden drei anstrengende Sportwettbewerbe hintereinander ausgetragen: 3,86 Kilometer Schwimmen, 180 Kilometer Radfahren und ein Marathonlauf (42,195 Kilometer). Nur absolut fitte und perfekt vorbereitete Sportler können diesen Wettbe-

Ironman-Wettbewerb

Craig Alexander

werb durchstehen. Der bekannteste Wettkampf ist der „Ironman Hawaii", der 1978 zum ersten Mal stattfand. In Deutschland werden Ironman-Wettkämpfe in Regensburg und in Frankfurt am Main ausgetragen.

Zu welcher Ausdauersportart zählt der Ironman?

A Marathon
B Biathlon
C Triathlon
D Heptathlon

228

Derzeit erfolgreichster Triathlet ist der Australier Craig Alexander, der 2008 und 2009 Weltmeister wurde. Der Deutsche Normann Stadler konnte 2004 und 2006 den Weltmeistertitel holen. Zu den erfolgreichsten Frauen zählt Sandra Wallenhorst, die 2009 gleich drei internationale Wettbewerbe gewann, darunter den „Ironman Germany" in Frankfurt.

Mit 08:47:25 Stunden stellte sie 2008 darüber hinaus einen bis heute gültigen Rekord auf.

Bergsteigen extrem

Bergsteigen ist heute vor allem eine Frage der Technik – oder vielmehr: der Techniken. Denn es gibt ganz unterschiedliche Kletterphilosophien: Für die einen besteht die Technik aus Seilen, Haken und Sauerstoffgeräten für große Höhen. Andere verstehen unter Technik nur die eigentliche Klettertechnik: Die Freikletterer oder „Freeclimber" verzichten ganz auf technische Hilfsmittel.

Bei welchem Freiklettern ist man durch ein Seil gesichert?

A Blaupunkt
B Rotlicht
C Blaulicht
D Rotpunkt

229

Begründet wurde diese Form des Bergsteigens schon vor rund 100 Jahren in der Sächsischen Schweiz. Sie gewinnt weltweit immer mehr Anhänger. Zwei Varianten sind besonders beliebt: Beim „Rotpunkt" wird der Klet-

Freeclimbing

terer durch ein Seil gesichert, beim „Free Solo" benutzt er keine Sicherung, sondern klettert frei eine Wand hinauf – und nimmt den Absturz in Kauf.

Wo wurde das Freiklettern erfunden?

A Alpen
B Harz
C Himalaja
D Sächsische Schweiz

230

Eine besondere Art des Freeclimbing ist das „Deep Water Soloing". Dabei erklimmt der Sportler einer Klippe. Im Ernstfall stürzt er zwar „nur" ins Wasser, aber auch das ist gefährlich.

Eisklettern

Eine Form des extremen Bergsteigens ist das Eisklettern, bei dem der Bergsteiger gefrorene Wasserfälle oder Eiswände bezwingt. Dazu braucht er Winterkleidung, Seile und besondere Eisschrauben. Auch bei dieser Disziplin ist nicht das Erreichen eines Gipfels das Ziel, sondern das Erlebnis des Kletterns selbst.

Doping ohne Ende

Der Kampf gegen Doping im Sport ist eine schwierige Aufgabe. Sportler und ihre Ärzte setzen immer neue verbotene Medikamente und Wirkstoffe ein, die die Leistungsfähigkeit steigern sollen. Kaum haben die Kontrolleure Methoden entwickelt, um diese Stoffe nachzuweisen, kommen bereits neue Mittel auf den Markt. In den letzten Jahren wurde „Epo" vermehrt eingesetzt, ein Stoff, der die Bildung roter Blutkörperchen fördert. Sie sind für den Transport von Sauerstoff zu den Zellen zuständig. Mit einer größeren Anzahl von roten Blutkörperchen kann der Körper mehr leisten.

Was müssen Sportler bei Dopingkontrollen abgeben?

A Haarprobe
B Urinprobe
C Speichelprobe
D Schweißprobe

231

Ähnlich funktioniert auch das Blutdoping, bei dem der Sportler frisches Blut mit vielen roten Blutkörperchen erhält. Auch auf diese Weise wird der Körper besonders gut mit Sauerstoff versorgt. Solche Dopingmethoden lassen sich nur mit sehr guten und genauen Testverfahren nachweisen.

Neu auf dem Dopingmarkt ist das Gendoping, bei dem die Gentherapie dazu missbraucht wird, die Leistungsfähigkeit zu steigern. Dabei wird das Erbgut in den Zellen durch besondere Medikamente beeinflusst oder sogar verändert. Die Zellen bauen dadurch mehr Muskeln auf, wodurch der Körper wiederum mehr Leistung bringen kann.

Welcher Stoff vermehrt rote Blutkörperchen?

A Expo
B Epo
C Ebola
D Eloy

232

Da Dopingmethoden immer raffinierter werden, müssen auch die Kontrolleure bei internationalen Wettkämpfen zu neuen Methoden greifen, um diejenigen Sportler zu schützen, die ehrlich und fair kämpfen. In einigen Sportarten, etwa dem Radsport, wird derart viel gedopt, dass die weltberühmte Tour de France an Bedeutung verloren hat. Sogar das Fernsehen verzichtet deshalb auf die Live-Übertragung der Tour. Damit schadet Doping dem Sport insgesamt.

Canne de Combat

Im 19. Jahrhundert waren Überfälle auf wohlhabende Adelige und Bürger keine Seltenheit. Kaum jemand trug Waffen, und so stellte sich die Frage, wie man sich in einem solchen Fall wehren konnte. In England und Frankreich kamen findige Bürger auf die Idee, einfach das zu benutzen, was jeder bessere Herr immer dabei hatte – seinen Spazierstock.

Wie heißt der Schutzanzug beim Canne de Combat?

A Tenue
B Toga
C Tutu
D Talar

233

Richtig eingesetzt, konnte so ein Stock zu einer tödlichen Waffe werden – wenn man ein entsprechendes Training absolvierte. In England erhielt diese neue Verteidigungsart den Namen „Bartitsu“, in Frankreich „Canne de Combat“. Schnell entwickelte sich daraus eine Kampfsportart, die auch in Duellen eingesetzt wurde. Dazu wurde der Spazierstock entsprechend verändert, bis er einem Degen glich. Er war jedoch nach wie vor aus Holz, hatte aber eine Spitze aus Metall. Noch Ende des

Canne de Combat

19. Jahrhunderts war Canne de Combat in Frankreich ein beliebter Sport: Duelle auf offener Straße waren nicht selten. 1924 gehörte die Kampfsportart sogar zum Programm der Olympischen Spiele. Dann geriet sie in Vergessenheit. Erst in jüngster Zeit wird Canne de Combat wieder beliebter. Die Fans hoffen darauf, dass das Spazierstockduell eines Tages wieder „olympisch" wird.

Hast du das gewusst?

Einer der Meister im Bartitsu, der englischen Form von Canne de Combat, war Detektiv Sherlock Holmes. Als Waffe diente ihm sein Spazierstock. Ganz ähnlich setzte auch der Geheimagent John Steed aus der Serie *Mit Schirm, Charme und Melone* seinen Schirm ein und erledigte mit Stockhieben seine Gegner.

Heute verwendet man für diesen Sport einen 95 Zentimeter langen Stock aus Kastanienholz. Die Sportler tragen einen Schutzanzug, den „Tenue", Handschuhe und eine Schutzmaske. Mit genau vorgeschriebenen Schlägen muss der Kämpfer versuchen, den Gegner am Kopf, an den Beinen oder am Körper zu treffen.

Apnoetauchen

Wer vom Tauchen spricht, meint meistens das Tauchen mit Druckluftflaschen. Weniger bekannt, aber umso faszinierender ist das Freitauchen oder Apnoetauchen: Allein mit ihrer Atemluft schwimmen gut trainierte Taucher in die Tiefe und stellen immer neue Rekorde auf.

Was bedeutet das griechische Wort „Apnoe"?

A Atemstillstand
B Salzwasser
C Badehose
D Tiefenrausch

234

Während beim Gerätetauchen 30 bis 40 Meter schon als Tieftauchen gelten, sind 100 Meter für einen Freitaucher eine ganz normale Tiefe. Um sie nur mit der eigenen Atemluft und ohne gesundheitliche Schäden zu erreichen, muss er sich jedoch jahrelang vorbereiten. Der Körper muss sich langsam an den Druck und das lange Anhalten der Luft gewöhnen.

Im Apnoetauchen gibt es verschiedene Disziplinen: Beim Tief-

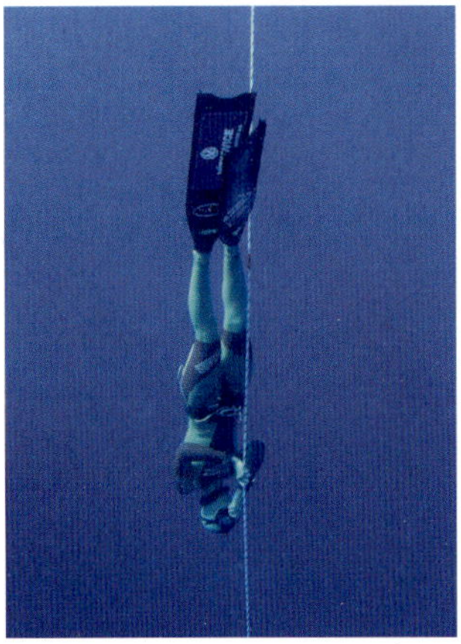

Freitaucher

tauchen mit konstantem Gewicht und Flossen muss der Taucher aus eigener Kraft nach unten schwimmen. Beim Tieftauchen mit variablem Gewicht lässt er sich von einem Gewicht oder einem Tauchschlitten in die Tiefe ziehen.

Welche besondere Flosse benutzen Freitaucher?

A Haifischflosse
B Walflosse
C Monoflosse
D Gummiflosse

235

Der derzeit weltbeste Apnoetaucher ist der Österreicher Herbert Nitsch. In der Disziplin mit konstantem Gewicht erreichte er 2010 vor den Bahamas eine Tiefe von 124 Metern, und in der Klasse mit variablem Gewicht schaffte er 2007 sogar 214 Meter! Tauchexperten glauben, dass es kaum möglich sein wird, diese Rekorde zu brechen. Vielleicht schafft es ja Herbert Nitsch selbst?

America's Cup

Der America's Cup ist die älteste Segelregatta der Welt. Das erste Rennen fand 1851 vor der Küste der Isle of Wight im Rahmen der ersten Weltausstellung in London statt. Der berühmte englische Jachtclub „Royal Yacht Squadron" hatte den amerikanischen „New York Yacht Club" herausgefordert. Die

America's Cup

Amerikaner nahmen an, schickten ihren Zweimaster „America" ins Rennen – und gewannen. Danach wurde die in unregelmäßigen Abständen stattfindende Regatta nach diesem Siegerschiff benannt: America's Cup. Und die Amerikaner blieben ungeschlagen, ganze 132 Jahre lang. Erst 1983 konnte das australische Schiff „Australia II" die Amerikaner besiegen.

Wie heißt ein Schiff mit drei Rümpfen?

A Tandem
B Katamaran
C Tridem
D Trimaran

236

Der Titelverteidiger wird, so verlangt es die Tradition, von einem gegnerischen Team herausgefordert. Die Regatta findet also nur zwischen zwei Schiffen statt. Der Herausforderer wird im Rahmen einer weiteren Regatta ermittelt, dem „Louis Vuitton Cup“. Um daran teilzunehmen, braucht man nicht nur ein Spitzenteam, sondern auch sehr viel Geld. Denn Chancen haben nur moderne Hightech-Segelschiffe – sie werden eigens für den America’s Cup entwickelt und gebaut und gehören meistens Multimillionären.

Welches Schiff gewann den America’s Cup zweimal?

A Agatha
B Amalfi
C Andorra
D Alinghi

237

2003 und 2007 konnte das Schweizer Schiff „Alinghi“ die Regatta gewinnen, und der 33. America’s Cup fand 2010 vor der Küste Valencias (Spanien) statt. Sieger wurde die amerikanische Jacht „USA 17“, ein Trimaran. Verlierer war die Schweizer Yacht „Alinghi 5“.

Beachvolleyball

Nachdem Volleyball 1896 entwickelt worden war, dauerte es nur wenige Jahre, bis die Sportart weltbekannt war. Gut 20 Jahre später versuchten in den USA einige Sportler, Volleyball am Strand zu spielen. Doch sie stellten fest, dass sich das Spiel nicht einfach von der Halle auf den Sand übertragen lässt. Einige Bedingungen mussten geändert

Beachvolleyball

werden: Statt sechs Spielern gibt es nur zwei, die barfuß spielen. Der Ball muss wasserfest sein und sich farblich deutlich vom Sand unterscheiden. Später kamen noch weitere Regeländerungen hinzu: Das Spielfeld misst 9 x 18 Meter. Der Block wird als erster Ballkontakt gewertet. Der Rest wurde weitgehend vom Volleyball übernommen.

Wo wurde Beachvolleyball erfunden?

A Deutschland
B Brasilien
C USA
D Mallorca

238

In der zweiten Hälfte des 20. Jahrhunderts wurde Beachvolleyball so beliebt, dass er 1996 ins olympische Programm aufgenommen wurde. Und auch in Deutschland ist Beachvolleyball populär: Bei der WM 2009 in Stavanger (Norwegen) wurde das deutsche Team mit Julius Brink und Jonas Reckermann Weltmeister bei den Herren.

Und weil die Spieler ihren Sport auch im Winter ausüben wollen, entstanden in den letzten Jahren viele Indoor-Beach-Anlagen – über 25 allein in Deutschland.

Wie heißt die Kombination aus Fußball und Beachvolleyball?

A Beachball
B Footvolley
C Beachkick
D Footwatch

239

Ganz neu ist der Trend zum „Footvolley", einer Kombination aus Fußball und Beachvolleyball. Internationale Turniere in dieser Sportart gibt es seit 2004. Das Interesse ist inzwischen so groß, dass Footvolley der Sport der Zukunft werden könnte.

Segelfliegen

Der Erfinder des Segelflugs ist der Erfinder des Fliegens überhaupt: Otto Lilienthal (1848–1896). Seine Flugapparate schafften Weiten von gut 250 Metern. Das war damals sensationell, doch das Segelfliegen hat sich seitdem enorm weiterentwickelt: Moderne Segelflugzeuge aus Kohlefaser, Titan und Aluminium können so lange in der Luft bleiben, wie sie genügend Auftrieb haben. Den Auftrieb verdanken Segelflugzeuge aufsteigender warmer Luft – Thermik genannt. Es gibt sie vor allem tagsüber im Sommer. Besonders gute Thermik findet man in den Bergen – weil dort oft große Luftmassen aufsteigen, um die Gebirgszüge zu überwinden.

Wie nennen Segelflieger aufsteigende warme Luft?

A Optik
B Thermik
C Akustik
D Grafik

240

An so einem warmen Tag stellte der deutsche Pilot Klaus Ohlmann zusammen mit dem Österreicher Karl Rabeder im Jahr 2003 in Argentinien einen neuen Langstreckenrekord auf: Sie überwanden 3009 Kilometer. Den

Segelfliegen

Höhenrekord hält der amerikanische Milliardär Steve Fossett (1944–2007), der 2006 eine Höhe von 15 447 Metern erreichte – das ist fast doppelt so hoch wie der Mount Everest. Und das alles ohne Treibstoff, denn ein Segelflugzeug braucht nur von einer Winde oder einem anderen Flugzeug in die Höhe geschleppt zu werden und hält sich dann allein durch den Auftrieb oben.

Wo wurde das Segelfliegen erfunden?

A USA
B Argentinien
C Deutschland
D Australien

241

Traum einiger Segelflugbegeisterter ist ein Flug um die Erde. Dem Schweizer Gérard Moss ist das 2001 schon gelungen – allerdings hat er dazu einen Motorsegler benutzt, ein Segelflugzeug mit Hilfsmotor.

Neue Reitspiele

Bei „Reitspielen" denken die meisten an Polo. Neben diesem bekannten Pferdesport gibt es auch andere Reitspiele. Eines davon ist „Horseball", das in Argentinien um das Jahr 1700 entwickelt wurde. Bei dieser Art „Basketball zu Pferd" kämpfen zwei Mannschaften mit je sechs Reitern gegeneinander. Sie versuchen, einen Lederball mit sechs Schlaufen zu ergattern und ihn durch einen Ring von einem Meter Durchmesser zu werfen. Zuvor müssen außerdem drei Spieler der eigenen Mannschaft sich den Ball gegenseitig zugeworfen haben. Seit 1992 werden Europameisterschaften im Horseball ausgetragen, Weltmeisterschaften gibt es seit 2008. Die Mannschaften bestehen übrigens aus Frauen und Männern.

Wie viele Schlaufen hat der Horseball?

A zwei
B drei
C sechs
D acht

242

Auch „Mounted Games" ist ein Mannschaftssport. Er stammt aus Indien, wo er seit Jahrhunderten gespielt wird. Jedes Team besteht aus fünf Reitern, von denen aber immer nur vier gleichzeitig in die Wettbewerbe geschickt werden. Auf einem Parcours müssen die Reiter nacheinander insge-

Reitspiel

samt etwa acht von 24 möglichen Geschicklichkeitsaufgaben lösen, zum Beispiel eine Kanne oder einen Eimer aufheben, einen Ballon zum Platzen bringen oder vom Pferd auf- und abspringen. Die nächsten Weltmeisterschaften finden 2011 in Dänemark statt. Das deutsche Team konnte bereits in den Jahren 1995 und 2000 den begehrten Titel erringen.

Can's Professional

Viele Sportarten sind aus Jux entstanden, wie Beachvolleyball und Streetball. Vielleicht wird auch „Can's Professional" bald eine anerkannte Sportart? Erfunden wurde der Spaßsport – eine Kombination aus Müllentsorgung und Dosenwerfen – auf der Straße. Dabei geht es darum, eine leere Getränkedose aus unterschiedlichen Positionen gezielt in einer Mülltonne zu versenken.

Wo kann man Can's Professional bewundern?

A Sportplatz
B Internet
C Strand
D Müllplatz

243

Das klingt simpel, erfordert aber viel Übung und Geschicklichkeit. In Städten wie Paris oder London gibt es seit einigen Jahren Jugendliche, die Can's Professional wirklich professionell betreiben. Ihre Wettkämpfe und präzisen Würfe sind auch im Internet zu sehen und locken Tausende Zuschauer an: Can's Professional ist eine echte Attraktion.

Fingerboarden

Wer keine Halfpipe in der Nähe hat, kann trotzdem skateboarden, und zwar zu Hause – mit einem Mini-Skateboard und den Fingern. Fingerboarden begann in den 80er-Jahren als Spaß, ist mittlerweile aber eine echte Sportart.

Wie nennen Fingerboarder ein Hindernis?

A Tentakel
B Tabernakel
C Obstacle
D Debakel

244

Statt der Füße stellt man Zeige- und Mittelfinger auf das Board. Es ist nur etwa 8 Zentimeter lang, unterscheidet sich aber ansonsten nicht von einem großen Board.

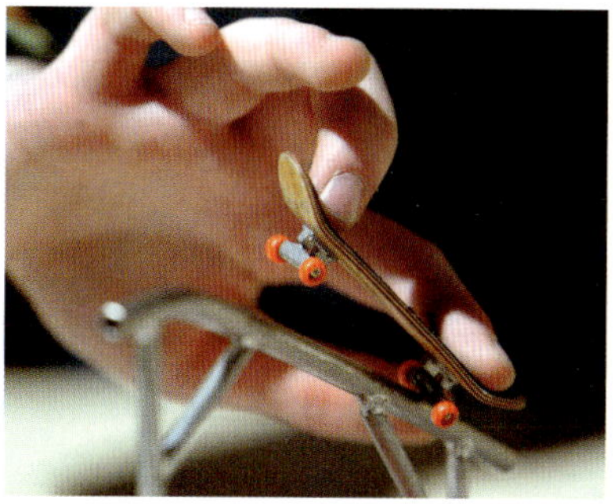

Fingerboarden

Es gibt auch echte Hindernisse, „Obstacles“ genannt. Ein Fingerboarder kann jederzeit und überall spielen. Fast jedes Wochenende finden Wettbewerbe (Contests) statt. Die dritte Weltmeisterschaft im Fingerboarden wurde 2010 in Schwarzenbach an der Saale ausgetragen. Mehr als 150 Teilnehmer zeigten dort ihre Tricks.

Sport-Stacking

Sport-Stacking stammt aus den USA und ist aber auch in Europa bekannt. Bei diesem Geschicklichkeitssport geht es im wahrsten Sinne des Wortes ums Hochstapeln: So schnell wie möglich – und natürlich ohne Pannen – müssen 12 besondere Becher (Cups) in einer festgelegten Reihenfolge zu einer Pyramide gestapelt und wieder abgebaut werden.

Sport-Stacking

Da dieser Sport das Gehirn trainiert, wird er von Schulen gefördert. Allein in den USA haben mehr als 20 000 Schulen Sport-Stacking auf dem Stundenplan. In Deutschland kaufen Schulen ebenfalls Bechersätze für ihre Schüler.

Wie nennt man einen „Becherstapler“?

A Stopper
B Stacker
C Sticker
D Stalker

245

Im Sport-Stacking gibt es verschiedene Disziplinen, in denen Weltmeisterschaften ausgetragen werden: Staffelwettbewerbe oder das Doppel, bei dem zwei Spieler gleichzeitig stapeln. Dabei benutzt der eine nur die linke, der andere nur die rechte Hand. Trotz der amerikanischen Übermacht schlägt sich Deutschland dabei nicht schlecht. So sind Timo Reuhl und David Wolf mit 7,65 Sekunden amtierende Weltmeister im Doppel.

Highland Games

Immer wenn sich früher die schottischen Clans, die weitverzweigten Großfamilien, trafen, trugen sie sportliche Wettkämpfe aus: die Highland Games. So begann es vor 800 Jahren – heute sind daraus sportliche Großveranstaltungen geworden, die jedes Jahr an mehr als 80 verschiedenen Orten in Schottland durchgeführt werden.

Highland Games

Die über 40 Sportarten der Highland Games sind mehr als ungewöhnlich: Beim „Caber Toss“ wird ein etwa fünf Meter langer Baumstamm mit beiden Händen geschultert und derart in die Luft geworfen werden, dass er sich dreht und in gerader Linie vor dem Werfer zum Liegen kommt. Je gerader er liegt, umso mehr Punkte gibt es.

Wie heißt der Schottenrock, den die Sportler tragen?

A Kilt
B Malt
C Plant
D Tent

246

Das „Stone Put“ ähnelt dem Kugelstoßen, doch statt der Eisenkugel wird ein großer Stein benutzt. Beim „Sheaf Toss“ trägt man auf einer Heugabel ein etwa 7 Kilogramm schweres Bündel Heu, das möglichst hoch gestoßen und geworfen werden muss.

Seit einigen Jahren veranstalten Vereine in Deutschland ebenfalls Highland Games: Allein 2010 gab es 28 Wettkämpfe, und im selben Jahr wurden in Rüsselsheim erstmals deutsche Meisterschaften für Mannschaften ausgetragen. Meisterschaften für Einzelsportler finden jährlich in Kempen statt. Und dabei sorgt natürlich Dudelsackmusik für die richtige Stimmung.

Boßeln in der Antarktis

Jeder Ostfriese kennt die Warnschilder: „Achtung! Boßelspiele!“ Boßeln ist nämlich der Nationalsport der Ostfriesen. Zwei Mannschaften treten dabei auf einer längeren Straßenstrecke gegeneinander an. Nacheinander versuchen die Spieler, eine Boßelkugel aus Holz oder Kunststoff mit einem schweren Bleikern so weit wie möglich zu werfen oder zu rollen. Wem es nicht gelingt, mit zwei Würfen die Vorgabe der gegnerischen Mannschaft zu erreichen, der verliert.

Was macht die Boßelkugel so schwer?

A Erdkern
B Bleikern
C Kirschkern
D Eisenkern

247

Mit der Begeisterung für diesen uralten Sport sind die Ostfriesen nicht allein. Auch im Oldenburger Land, im Emsland, in Irland, in der Schweiz, in Spanien und in Italien gibt es Boßelspieler. Sogar

Weltmeisterschaften werden ausgetragen. Inzwischen haben boßelbegeisterte Ostfriesen ihren Sport auch in den USA und anderen Ländern bekannt gemacht.

Wie heißt Boßeln in Irland?

A Streetball
B Mission Impossible
C Hammer Throw
D Road Bowling

248

Wissenschaftler mit ostfriesischen Wurzeln übten das Boßeln jüngst sogar in der Antarktis aus. Dort trugen sie mit ihren Kollegen auf Rollbahnen und Pisten Turniere aus. So wurde Boßeln zu einer globalen Sportart.

Base-Jumping

Kaum war der Burdsch Chalifa, das mit 828 Metern höchste Gebäude der Welt, in Dubai eröffnet, stürzten sich auch schon zwei Fallschirmspringer aus dem 160. Stock in die Tiefe. Ihr gefährlicher Sport nennt sich Base-Jumping, also „Springen von einem festen Punkt aus“. Base-Jumper steigen nicht aus einem Flugzeug aus, sondern suchen sich Hochhäuser, Türme und Klippen, von denen sie springen können. Da ihre Absprunghöhe vergleichsweise gering ist, benutzen sie Fallschirme, die sich sehr schnell öffnen.

Base Jumping

Das Springen von Gebäuden ist nicht überall erlaubt, sodass manche Base-Jumper den Sprung heimlich wagen. Nicht selten werden sie kurz nach der Landung verhaftet. Ein paar Springer haben es dennoch geschafft, mehrmals heimlich vom Eiffelturm zu springen.

Wie werden Base-Jumper noch genannt?

A Springteufel
B Wolkenkratzer
C Objektspringer
D Himmelsstürmer

249

Der bislang niedrigste Sprung glückte aus nur 22 Metern Höhe, der höchste vom 6660 Meter hohen Meru Peak, einem Berg in Indien. In Deutschland kümmert sich der Verein Deutscher Objektspringer um Absprunggenehmigungen und das Training von Anfängern. Nicht jeder will heimlich abspringen und dafür verhaftet werden!

Base-Jumping ist trotz Betreuung nie ungefährlich: Immer wieder kommt es zu Todesfällen. Werden die Sprünge von Profis überwacht, ist das Risiko etwas geringer.

Der deutsche Regisseur Marc Rensing drehte sogar einen Film über einen Traceur: *Parkour* kam 2010 in die Kinos.

Mit Parkour auf Tour

Auf einem Stadtplan hat ein Traceur eine Route quer durch eine Stadt von einem Startpunkt zu einem Ziel festgelegt. Nach einem Blick auf die Uhr startet er und versucht, das Ziel auf direktem Kurs so schnell wie möglich zu erreichen. Alle Hindernisse – vom Stadtpark bis zum Wohnhaus – müssen dabei überklettert und überwunden werden. Für den Traceur eine akrobatische und sportliche Herausforderung, für den Zuschauer spannende Unterhaltung.

Erfunden hat diese Extremsportart der französische Schauspieler David Belle in Paris, indem er bekannte Geländespiele auf die Großstadt übertrug. Schnell fand der begeisterte Sportler zahlreiche Nachahmer.

Wie nennen sich Parkour-Sportler?

- **A** Traceure
- **B** Coiffeure
- **C** Deserteure
- **D** Hasardeure

250

Inzwischen sind Traceure auch in Filmen zu sehen, zum Beispiel in *James Bond: Casino Royale.*

Kite-Surfen

Ein Kite ist ein Lenkdrachen, der an mehreren Leinen geführt wird. Normalerweise steht der Drachenlenker mit beiden Füßen fest auf dem Boden – nicht aber beim Kite-Surfen: Dort dient der Lenkdrachen als Antrieb für ein kurzes Surfbrett. Der Drachen zieht den Surfer dabei mit atemberaubender Geschwindigkeit über das Wasser: Der Franzose Sebastian Catellan erzielte 2009 in Namibia einen Weltrekord von 105,32 km/h.

Kite-Surfer

Mithilfe der Leinen und einer besonderen Lenkstange, „Bar" genannt, kann der Kite-Surfer sein Board sehr gut lenken. Aber das gilt natürlich nur für geübte Surfer: Der Extremsport erfordert mehr Geschicklichkeit und Sportlichkeit als die meisten anderen

Wassersportarten. Besonders spektakulär sind die Sprünge, für die man den richtigen Wind braucht. Profis erreichen mehr als 10 Meter Höhe und Weiten von über 250 Meter. Immer beliebter wird auch das Überwinden großer Entfernungen. Einen neuen Rekord in dieser Disziplin stellte die Australierin Nathalie Clarke 2010 auf, als sie in 9 Stunden und 30 Minuten von der Insel Tasmanien zum 240 Kilometer entfernten australischen Festland surfte.

Wie heißt die Lenkstange eines Kites?

A Pin
B Bar
C Cash
D Coin

251

Beim Kite-Surfen gibt es nationale und internationale Wettbewerbe. Bei den Deutschen Meisterschaften konnte bei den Herren Mario Rodwald gleich dreimal – 2007, 2008 und 2009 – den Titel ersurfen, bei den Damen siegte 2009 Sünne Elbel.

Wo finden regelmäßig Kite-Surf-Wettbewerbe statt?

A München
B Berlin
C Fehmarn
D Köln

252

Wie bei anderen Extremsportarten sollte man sich auf keinen Fall allein ins Vergnügen stürzen. Am besten lernt man das Kite-Surfen in einer Surfschule.

Extrembügeln

Eines Abends wollte der englische Bergsteiger Philip Shaw nach der Arbeit noch auf einen nahen Berg klettern. Allerdings wartete zu Hause jede Menge Bügelwäsche auf ihn. Was tun? Shaw beschloss, die Wäsche, das Bügelbrett und das Bügeleisen mitzunehmen. Er schleppte alles auf den Berg und legte los. Die Kombination gefiel ihm so gut, dass er sie zur neuen Sportart erklärte, zum „Extreme Ironing" (Extrembügeln).

Extrembügeln

Was 1997 als Scherz begann, entwickelte sich zu einer weltweit anerkannten Sportart. Sogar besondere Bügeleisen, die ohne Strom funktionieren, wurden eigens dafür gebaut. Es entstanden mehrere Stile: Neben dem von Shaw erfundenen „Rocky Style", dem Bergsteigen samt Bügelbrett, gibt es auch noch den „Water Style“, bei dem unter Wasser gebügelt wird. Beim „Forest Style“ wird auf Bäumen gebügelt. Und der „Air Style“ ist eine Kombination aus Extrembügeln und Base-Jumping.

Wer hat das Extrembügeln erfunden?

A Philipp Lahm
B Philipp Poisel
C Philip Collins
D Philip Shaw

253

Die ersten Weltmeisterschaften im Extrembügeln fanden 2002 auf einem eigens dafür errichteten Parcours bei München statt. Sieger wurde das Bügelteam aus England. Seither gibt es regelmäßig internationale Wettbewerbe und Rekordversuche. So trafen sich im Januar 2009 in der englischen Hafenstadt Chepstow 128 Taucher, um einen neuen Rekord im „Water Style“ aufzustellen.

Inzwischen wurde auf vielen Bergen, etwa dem Kilimandscharo, gebügelt. Sogar in einem Basislager am Mount Everest in mehr als 5400 Metern Höhe packten englische Bergsteiger ihre Bügelbretter aus!

Hast du das gewusst?

Einige englische Musiker wandelten die neue Sportart zum „Extrem-Cello-Spielen“ ab: Sie spielen Cello beim Bergsteigen und sogar beim Marathonlauf.

Wunderbare Weitwürfe

Auf der Internationalen Grünen Woche in Berlin konnten die Besucher 2010 nicht nur Brot, Käse und andere landwirtschaftliche Produkte bewundern, sondern sich auch an einem Wettbewerb im Kuhfladenweitwurf beteiligen. Der Spaßsport stammt aus England, wo es bereits Weltmeisterschaften gibt. Man benutzt dabei getrocknete oder aus Kunststoff nachgebildete Kuhfladen – frische Fladen sind aus verständlichen Gründen nicht zugelassen.

Wann konnte man Kuhfladenweitwurf testen?

A Kieler Woche
B Grüne Woche
C Englische Woche
D Greetsieler Woche

254

Werfen lassen sich aber auch viele andere Dinge, zum Beispiel Handys. Der bekannte Handyweitwurf entstand um das Jahr 2000. Angeblich warfen unzufriedene Kunden ihre nicht funktionierenden Handys wütend weg. 2000 gab es die erste Weltmeisterschaft in Finnland. Die ersten Deutschen Meisterschaften wurden 2004 in Kamenz ausgetragen. Aktueller Rekordhalter ist der Deutsche Marko Hübenbecker mit 83,32 Metern – in der Disziplin ohne Akku.

Kommunikation und Medien

Wir sprechen miteinander, sehen Filme, gehen ins Theater und lesen Bücher, schreiben Briefe und E-Mails, kaufen Zeitungen und DVDs und tauschen in sozialen Netzwerken und Blogs persönliche Nachrichten aus. Keine Frage: Menschen lieben es, zu kommunizieren! Viele Wissenschaftler meinen sogar, dass wir erst durch umfassende Kommunikation zum Menschen werden und uns darin am deutlichsten vom Tier unterscheiden. Dank der heutigen Medien ist Kommunikation noch wichtiger, umfassender und schneller geworden.

Und die Medien selbst werden zum Thema für Kommunikation. Ob Fußball-WM oder neuester Blockbuster aus Hollywood: Kaum ist das Spiel vorbei, kaum stehen wir vor der Kinotür, werden das Gesehene und Erlebte diskutiert. Wie hat der Stürmer gespielt? Ist der neue Film wirklich so gut, wie die Kritiker meinen? Jeden Tag schreibt jeder von uns die Geschichte der Kommunikation weiter. In Büchern und Foren, auf Computern und Handys – und natürlich im Gespräch.

Metropolis ist zurück

Paula Félix-Didier, Leiterin des Filmmuseums von Buenos Aires, Argentinien, machte 2008 eine sensationelle Entdeckung: In ihrem Archiv stieß sie auf drei Filmdosen mit einer fast vollständigen Kopie des Films *Metropolis*. Danach hatten Filmexperten aus der ganzen Welt mehr als 50 Jahre vergeblich gesucht. Der berühmte deutsche Science-Fiction-Film war nach der Premiere 1927 um mehr als ein Viertel gekürzt worden. Die komplette Fassung war verloren gegangen – bis auf diese eine Kopie, die nach Buenos Aires gelangt war.

Gedreht wurde der bis dahin teuerste und aufwendigste Film 1926 von dem Regisseur Fritz Lang in Berlin. Erzählt wird die Geschichte einer Stadt der Zukunft, in der Maschinen das Leben der Menschen bestimmen.

Welche Erfindung spielt in „Metropolis" eine große Rolle?

- **A** Kaffeemaschine
- **B** Elektroauto
- **C** Handy
- **D** Roboter

255

Aber trotz toller Special Effects wurde der Film damals kein Erfolg. Erst später erkannten Kritiker seine Qualität. Regisseure wie Ridley Scott (*Blade Runner*),

Filmszene aus „Metropolis"

Luc Besson (*Das fünfte Element*) oder George Lucas (*Krieg der Sterne*) sind begeisterte Fans und nahmen *Metropolis* als Vorbild für Szenen in ihren Filmen. Als bislang einziger Film wurde *Metropolis* von der UNESCO 2005 zum Weltdokumentenerbe erklärt.

Welcher Regisseur drehte „Metropolis"?

- **A** Karl Kurz
- **B** Fritz Lang
- **C** Otto Breit
- **D** Peter Schmal

256

Inzwischen konnte der Film fast vollständig restauriert werden. Am 12. Februar 2010 wurde er im Rahmen der 60. Internationalen Filmfestspiele in Berlin aufgeführt. Tausende sahen den Film auf einer riesigen Leinwand vor dem Brandenburger Tor. Auch im Fernsehen wurde er übertragen. Und anders als bei seiner Uraufführung über 70 Jahre zuvor wurde *Metropolis* 2010 gefeiert – von Publikum und Kritik gleichermaßen.

Filme mit Biss

Als der irische Schriftsteller Bram Stoker im Jahr 1897 seinen Roman *Dracula* veröffentlichte, konnte er nicht ahnen, wie groß die Begeisterung für Vampire einmal werden würde. Der Roman wurde ein Bestseller und weckte das Interesse der damals noch jungen Filmindustrie: Schon 1912 drehte der Däne August Blom den ersten Vampirfilm, *Die Vampirtänzerin*.

Welchem Vampir begegnet Bella Swan in „Twilight"?

A Edward Cullen
B Bela Lugosi
C Christopher Lee
D Leslie Nielsen

257

Zu einem Welterfolg wurde 1922 *Nosferatu, eine Symphonie des Grauens* von Friedrich Wilhelm Murnau. Mit *Dracula* von Tod Browning folgte 1931 der erste Tonfilm, der in Hollywood entstand. Der Erfolg dieses Films war so groß, dass von nun an fast jedes Jahr ein Vampirfilm gedreht wurde.

Daran hat sich bis heute nichts geändert. Im Gegenteil: Allein zwischen 2000 und 2010 wurden rund 60 Vampirfilme produziert. Damit ist diese Variante des Horrorfilms eine der erfolgreichsten Filmgattungen. Sie feiert 2012 ihr hundertjähriges Jubiläum.

Christopher Lee in „Dracula"

Wie hieß der erste Vampirfilm von 1912?

A Nosferatu
B Tanz der Vampire
C Dracula
D Die Vampirtänzerin

258

Zuletzt sorgten die Filme zu den *Bis(s)*-Bestsellern der Autorin Stephenie Meyer für volle Kinokassen. Weitere Vampirfilme sind in Vorbereitung, denn die Vorstellung, dass blutsaugende Vampire Menschen jagen, fasziniert heute ebenso wie vor 100 Jahren.

Hast du das gewusst?

Der Kinofilm *Twilight – Bis(s) zum Morgengrauen* hat 382 Millionen Dollar eingespielt. Noch nie waren romantische Vampire so erfolgreich wie heute.

Die Harry-Potter-Filme

Am 19. Februar 2009 fiel in den Leavesden Film Studios in der Nähe von London die erste Klappe für *Harry Potter und die Heiligtümer des Todes*,

Filmszene aus „Harry Potter und der Gefangene von Askaban"

den letzten Harry-Potter-Film. Eigentlich für die letzten beiden Filme, denn der 7. Harry-Potter-Band erwies sich als zu umfangreich für einen einzigen Film. Also entschied sich die Filmgesellschaft Warner Brothers, den Inhalt einfach auf zwei Filme zu verteilen.

Wer spielt seit dem dritten Film Albus Dumbledore?

A Michael Douglas
B Michael Gambon
C Michael Jackson
D Michael Ende

259

Wie schon in allen anderen Filmen verkörperte Daniel Radcliffe (*1989) den berühmten Zauberlehrling, während Emma Watson (*1990) Hermine Granger und Rupert Grint (*1988) Ron Weasley spielten. Damit ist es den Machern gelungen, die Hauptdarsteller für alle Verfilmungen beizubehalten. Ob dies möglich sein würde, war zu Drehbeginn des ersten Films keineswegs sicher. Niemand wusste, wie lange es bis zum Dreh des nächsten Films dauern würde und wie sehr sich in der Zwischenzeit das Aussehen der jugendlichen Schauspieler verändern würde. Entsprechende Sorgen haben sich als unbegründet erwiesen und sind nun Filmgeschichte. Die Erwachsenen wurden von hochkarätigen Schauspielern übernommen: Maggie Smith, John Cleese, Alan Rickman, Kenneth Brannagh …

Hast du das gewusst?

Einer der ersten Regisseure, die Harry Potter verfilmen wollten, war Steven Spielberg. Er wollte daraus einen Animationsfilm machen. Die Filmfirma bestand jedoch auf echten Schauspielern.

Wen hat Daniel Radcliffe auch schon im Film gespielt?

A Oliver Twist
B Tom Sawyer
C David Copperfield
D Peter Pan

260

Die Harry-Potter-Filme zählen zu den erfolgreichsten aller Zeiten und gelten schon jetzt als Filmklassiker.

Der kleine Hobbit

Mit einem Einspielergebnis von rund 3 Milliarden Dollar und 17 Oscars ist *Der Herr der Ringe* (2001–2003) die erfolgreichste Filmtrilogie der Welt. Grund genug also, auch die Vorgeschichte zu verfilmen, die J. R. R. Tolkien in dem Roman *Der kleine Hobbit* erzählt hat. Produzent war Peter Jackson, der bei *Der Herr der Ringe* Regie führte. Er entschied sich, aus dem umfangreichen Buch zwei Filme zu machen, die 2011 und 2012 in die Kinos kommen sollen. Der Mexikaner Guillermo del Toro, von dem Filme wie *Pans Labyrinth* und *Hellboy* stammen, übernahm die Regie.

Welche Stadt wird gegen die Orks verteidigt?

A Erlangen
B Esgaroth
C Edoras
D Eldorado

261

Um für alle Filmfans den Zusammenhang dieser Filme mit *Der Herr der Ringe* zu unterstreichen, wurden so viele Schauspieler wie möglich aus den früheren Filmen übernommen. So spielt Ian McKellen erneut den Zauberer Gandalf, Andy Serkis verkörpert wieder Gollum. Die Rolle von Bilbo Beutlin musste hingegen neu besetzt werden, weil er im *Hobbit*

Filmszene aus „Der Herr der Ringe"

viel jünger ist als in *Der Herr der Ringe*. Und Frodo kommt in der Vorgeschichte von *Der Herr der Ringe* gar nicht vor. Spannend ist die Story trotzdem!

Oscar-Verleihung

Jedes Jahr im Februar oder März warten seit 1929 Schauspieler, Regisseure, Produzenten und ein Millionenpublikum voller Spannung auf die Vergabe des bekanntesten Filmpreises der Welt.

Wie heißt der Preis der Filmindustrie „Oscar" offiziell?

A Academy Award
B Golden Globe
C Grammy
D American Award

262

Die Oscars, die offiziell „Academy Awards" heißen, werden von der Academy of Motion Picture Arts and Sciences vergeben. Diese 1927 gegründete Organisation setzt sich für eine ständige Weiterentwicklung der Filmkunst ein. Ihr gehören derzeit rund 5500 Mitglieder an, die als Regisseure, Bühnenbildner, Schauspieler oder in anderen Bereichen der Filmwirtschaft tätig sind. Nach der Begutachtung aller Filme stimmen sie darüber ab, wer den Oscar erhält. Vorher werden für jede Kategorie fünf Filme nominiert, in der Kategorie „Bester Film" sind es mittlerweile zehn.

Welche Oscar-Preisträgerin spricht fließend Deutsch?

A Kathryn Bigelow
B Sandra Bullock
C Penélope Cruz
D Meryl Streep

263

In dieser Kategorie gewann im Jahr 2010 nicht *Avatar*, wie viele vermutet hatten, sondern *Tödliches Kommando* von Kathryn Bigelow, die auch den Oscar für die beste Regie erhielt. Bester Hauptdarsteller wurde Jeff Bridges für seine Rolle in *Crazy Heart*. Beste Hauptdarstellerin wurde Sandra Bullock für ihre Rolle in *Die große Chance*.

Christoph Waltz

In der Kategorie „Beste männliche Nebenrolle" konnte der Österreicher Christoph Waltz mit seiner Leistung in *Inglourious Bastards* Stars wie Matt Damon und Christopher Plummer ausstechen, die ebenfalls nominiert waren. Der letzte deutschsprachige Schauspieler erhielt übrigens vor fast 50 Jahren einen Oscar: Maximilian Schell wurde 1962 für seine Rolle in *Das Urteil von Nürnberg* als bester Hauptdarsteller ausgezeichnet.

Sein Name ist Bond

Seit 2006 spielt der englische Schauspieler Daniel Craig den Agenten James Bond. Die beiden ersten Filme mit ihm als 007 – *Casino Royale* (2006) und *Ein Quantum Trost* (2008) – waren die erfolgreichsten Bond-Filme überhaupt. Sie spielten zusammen weltweit über 1,2 Milliarden Dollar ein.

Damit ist der Wechsel des Hauptdarstellers von Pierce Bros-

Hast du das gewusst?

In der *Casino-Royale*-Verfilmung von 1967, die als Parodie angelegt ist, treten gleich mehrere Agenten namens James Bond auf. Gespielt werden sie unter anderem von Woody Allen, David Niven und Peter Sellers.

Daniel Craig in „Casino Royale"

nan zu Daniel Craig gelungen. Funktioniert hat auch die Idee, die Bond-Story noch einmal von vorne zu erzählen: *Casino Royale* war der erste Bond-Roman von Ian Fleming, der 1953 erschien. Die Handlung wurde allerdings in die Gegenwart verlegt.

Wie heißt der Chef von James Bond?

A Q
B Doktor No
C M
D Mister X

264

Daniel Craig ist der sechste offizielle Bond-Darsteller nach Sean Connery, Roger Moore u.a. Er hat bereits für einen weiteren Bond-Film unterschrieben, den 23. in der Serie. Wann die Dreharbeiten beginnen, ist allerdings noch offen: Die Filmfirma Metro-Goldwyn-Mayer (MGM), die die Bond-Filme produziert, geriet 2010 in finanzielle Probleme. Fortgesetzt werden soll die Serie aber auf jeden Fall: „Ein Quantum Trost" für alle Bond-Fans.

Neue 3-D-Filme

Im Dezember 2009 kam James Camerons Film *Avatar – Aufbruch nach Pandora* in die Kinos. Seit 1995 hatte der Regisseur an dem Stoff gearbeitet und 2006 mit der Produktion begonnen. Die Dreharbeiten dauerten mehrere Jahre, weil zunächst besondere 3-D-Kameras entwickelt werden mussten, damit Cameron seine Vorstellungen umsetzen konnte. Etwa 60 Prozent des Films bestehen aus computeranimierten Bildern. Sie wurden mit den real gefilmten Aufnahmen zu dem bislang technisch ausgereiftesten 3-D-Film kombiniert. Mit rund 300 Millionen Dollar waren die Produktionskosten entsprechend hoch. Dafür wird dem Zuschauer aber ein außergewöhnliches Science-Fiction-Abenteuer geboten, in einer am Computer entworfenen Welt, die von einer echten kaum zu unterscheiden ist. Die perfekte Illusion auf der Leinwand hat das Publikum auf Anhieb begeistert,

„Avatar – Aufbruch nach Pandora"

sodass der Film innerhalb eines Jahres mehr als 2 Milliarden Dollar einspielte. Aber das war keineswegs der erste 3-D-Film. Das war der Stummfilm *The Power of Love* von 1922. 1954 schockierte der Horrorfilm *Der Schrecken vom Amazonas* die Zuschauer. Damals war die 3-D-Technik noch nicht so ausgereift wie heute, und die 3-D-Filme waren jahrzehntelang nicht sehr populär.

Welches Volk lebt auf dem Planeten Pandora?

A Na'vi
B Ewoks
C Klingonen
D Elben

265

Nach dem Erfolg von *Avatar* änderte sich das: Bereits 2010 kamen weitere 3-D-Filme in die Kinos, darunter *Alice im Wunderland* und *Kampf der Titanen*.

„Kampf der Titanen"

Damals wie heute braucht der Zuschauer eine 3-D-Brille, um das Geschehen auf der Leinwand räumlich zu erleben. Dort ist jedes Filmbild zweimal zu sehen, jedoch aus verschiedenen Perspektiven. Die Brille sorgt dafür, dass jedes Auge nur eines dieser Filmbilder sieht. Unser Gehirn fügt diese Bilder dann zusammen und so entsteht der 3-D-Effekt.

Welcher Film stammt ebenfalls von James Cameron?

A Jurassic Park
B Krieg der Sterne
C Titanic
D Spider-Man

266

Diesen Effekt sollen wir übrigens bald auch ohne Brille erleben können. Cameron hat nach dem Erfolg von *Avatar* schon Fortsetzungen angekündigt, die ab 2014 laufen sollen. In 3-D natürlich.

Neue Sender

Gibt es nicht schon genug Sender? Offensichtlich nicht, denn regelmäßig wird das Angebot erweitert. Am 1. November 2009 kam ZDFneo hinzu, ein Ableger des Zweiten Deutschen Fernsehens. Wie eine ganze Reihe anderer Sender ist auch ZDFneo ein Spartenkanal. Das heißt, er bietet kein Programm für ein breites Publikum, sondern nur für eine bestimmte Zielgruppe. Bei ZDFneo sind das junge Eltern und Berufstätige, die erst ab 21 Uhr Zeit zum Fernsehen haben.

Andere Spartenkanäle haben andere Zielgruppen: Der ZDF-theaterkanal richtet sich an Theaterfans und strahlt vorwiegend Inszenierungen aus, MTV zeigt Videoclips und Popkonzerte, KI.KA bietet ein reines Kinderprogramm, Comedy Central Deutschland Sketch- und Comedy-Sendungen und Eurosport überträgt Sportereignisse.

Wie heißt der Dokumentationskanal?

A Zeigfix
B Phoenix
C Isnix
D Akte X

267

Mit solchen Spartenkanälen versuchen die Anbieter, neue Zuschauergruppen anzusprechen, die bislang nur wenig oder andere Sender geschaut haben. Da die moderne Digitaltechnik jederzeit die Einrichtung weiterer Sender erlaubt, glauben Medienexperten, dass die Anzahl der Spartenkanäle zunehmen wird. Doch nicht alle werden überleben, denn die Menge möglicher Zuschauer ist begrenzt. Die Einschaltquote entscheidet, wer übrigbleibt.

Tablet-Computer

Am 27. Januar 2010 präsentierte die amerikanische Computerfirma Apple ihren neuen Tablet-Computer, das iPad.

Kauf eines Apple iPads in London

Vor den Computergeschäften bildeten sich lange Schlangen, denn viele wollten das neue Gerät sofort ausprobieren. Das Besondere an den kleinen, flachen Rechnern: Der Bildschirm ist ein Touchscreen. Alle Programme werden durch Berühren des Bildschirms mit dem Finger aufgerufen und bedient. Man braucht weder einen Stift noch eine Tastatur, kann bei Bedarf aber eine anschließen.

Wie nennt man den Monitor eines Tablet-Computers?

A Ice cream
B Windscreen
C Loud scream
D Touchscreen

268

Im Gegensatz zu einem Notebook lässt sich ein Tablet-Computer in fast jeder Lage mühelos bedienen. Im Sitzen, Liegen oder Stehen kann man bequem in Fotoalben blättern, im Internet surfen, Musik hören, Filme sehen oder E-Books lesen, die man aus dem Internet herunterlädt. Schrei-

Hast du das gewusst?

In der ab 1987 gedrehten Science-Fiction-Serie *Raumschiff Enterprise: Das nächste Jahrhundert* arbeiten die Besatzungsmitglieder der Enterprise mit Tablet-Computern. Sie sahen den echten Modellen sehr ähnlich!

ben, per Spracheingabe diktieren und Texte bearbeiten kann man natürlich ebenfalls. Deshalb glauben die Hersteller, dass die Tablet-Computer PCs und Laptops schon bald vom Markt verdrängen werden.

Blogs

Früher schrieb man Tagebuch, um Erlebnisse und Gedanken festzuhalten. Heute bloggen viele Menschen. Aber im Gegensatz zum Tagebuch, das privat ist, soll ein Blog von vielen gelesen werden.

Wie wurden Blogs früher genannt?

- A Hypertext
- B Online-Tagebuch
- C Internet-Journal
- D User-Logbuch

269

Das Wort „Blog" kommt von „Weblog", das wiederum aus „World Wide Web" und „Log", also Logbuch, zusammengesetzt ist. Blogs kamen Ende der 90er-Jahre in Mode und haben in den letzten Jahren weltweite Verbreitung gefunden: Heute gibt es über 200 Millionen Blogger.

Blogger Sascha Lobo

Wer einen Blog schreiben will, braucht eine besondere Blogger-Software, die es kostenlos im Internet gibt. Betreiben kann man seinen Blog über eine eigene Domain (Homepage), einen Blog-Hostingdienst oder innerhalb eines sozialen Netzwerks.

Wie werden Leute genannt, die einen Blog betreiben?

- A Blocker
- B Blogger
- C Bloggerer
- D Bloggey

270

Eine Besonderheit des Blogs ist, dass Leser darin Kommentare hinterlassen können. Der Blogger wird dadurch zum Mitglied einer Kommunikationsgemeinschaft. Er schreibt nicht (nur) für sich, sondern auch für andere, mit denen er sich austauscht. Man kann auch Fotos und Filme einstellen.

Bei allem Spaß, den Millionen von Menschen am Bloggen haben, sollte man jedoch darauf achten, dass man keine persönlichen Angaben ins Netz stellt. Wie sich immer wieder zeigt, können sie von Kriminellen leicht missbraucht werden.

Gefahr aus dem Netz

In einer E-Mail von der Bank ist von einer Datenpanne die Rede. Daher brauche man dringend das Passwort für den Zugang zum Online-Banking. Wer auf eine solche Mail hin seine Zugangsdaten eingibt, ist Betrügern auf den Leim gegangen: Banken fragen ihre Kunden niemals per E-Mail nach Zugangsdaten – das tun nur Cyberkriminelle. „Phishing" heißt dieser Trick. Frei übersetzt: „Datenfischen". Ein Internet-Betrüger kann mit den Daten Geld vom Konto seiner Opfer auf sein Konto überweisen.

Heute setzen Kriminelle dafür vor allem gefälschte Webseiten ein, die von den echten kaum zu unterscheiden sind. Oder sie verwenden Trojaner, Schadprogramme, die an die Bank gesendete Daten abfangen.

Wie wird die persönliche Geheimzahl genannt?

A RUN
B WLAN
C PIN
D DNA

271

Schützen kann man sich nur, indem man Mails mit verdächtigen Anfragen nicht beantwortet, sondern sich stattdessen direkt mit seiner Bank in Verbindung setzt. Antivirenprogramme können auch vor falschen Webseiten und Phishing-Attacken warnen.

Gamescom

Die Gamescom, Europas größte Messe für Video- und Computerspiele, fand im August 2009 zum ersten Mal in Köln statt. Bis dahin hatte sie als „Games Convention" in Leipzig

Computerspieler auf der Messe „Gamescom" in Köln

ihre Heimat. Mit fast 230 000 Besuchern brach die Messe am neuen Standort alle Rekorde. Ingesamt kamen 458 Aussteller, um ihre neuesten Produkte und Entwicklungen vorzustellen. Besonders gefragt waren Spiele wie *Heavy Rain* oder die neuesten Wii-Spiele. Die Testspielplätze und Konsolen waren durchgehend besetzt.

Wie heißen wieder neu aufgelegte Videospiele?

A Offline-Spiele
B Retrospiele
C Zusatzspiele
D Echtzeitspiele

272

Einer der aktuellen Trends auf dem Markt sind Spiele zu Filmen wie *James Bond* oder *Avatar*. Auch Fortsetzungen bekannter Spiele erwiesen sich als Renner. So wurden auf der Messe der zweite Teil des Science-Fiction-Spiels *StarCraft* und der dritte Teil des Rollenspiels *Diablo* präsentiert.

Spiel- und Internetsucht

Sabine Bätzing, die Drogenbeauftragte der Bundesregierung, stellte in Berlin den aktuellen Drogenbericht vor. Neben Alkohol, Tabak und illegalen Drogen wies der Bericht auf eine neue Suchtgefahr hin, die von Computerspielen und dem Internet ausgeht. Untersuchungen zeigen, dass etwa 3 bis 7% der Computernutzer mehr als 30 Stunden in der Woche am Computer verbringen und damit als internet- oder computerspielsüchtig gelten.

Messebesucher

Wer erforscht die Spiel- und Internetsucht?

A Psychologe
B Informatiker
C Virologe
D Ornithologe

273

Seit Januar 2010 bieten Kliniken in Deutschland besondere Therapieplätze für Süchtige an. Gefährdet sind vor allem männliche Jugendliche und junge Erwachsene. Typische Symptome: Das Internet oder Computerspiele werden zum Lebensinhalt eines Menschen. Familie und Freunde werden vernachlässigt. Leistungen in der Schule oder bei der Arbeit lassen nach. Schreitet die Sucht weiter fort, verbringt der Betroffene seine ganze Zeit vor dem Computer und schläft kaum noch. Schulabbruch oder Arbeitsplatzverlust können ebenfalls die Folge sein.

Unter welcher Krankheit leiden viele Süchtige?

A Masern
B Migräne
C Depressionen
D Verstopfung

274

Die Ursachen der neuen Sucht sind erst ansatzweise erforscht. Dazu gehören aber wohl die Flucht vor einer als kompliziert angesehenen Realität, der Wunsch, ein Siegertyp zu sein – und manchmal auch eine Begeisterung für Gewalt. Sobald Familie oder Freunde die Verhaltensänderung eines Gefährdeten erkennen, sollten sie versuchen, ihn wieder stärker in die Gemeinschaft zu integrieren.

Selbstdatenschutz

Vor Computerviren, Trojanern und Phishing-Attacken kann man sich mit Software schützen. Vor einer Gefahr aber, auf die Datenschützer und Medienwissenschaftler in jüngster Zeit verstärkt hinweisen, schützt keine Software: die freiwillige Preisgabe persönlicher Daten. Vor allem Jugendliche stellen gerne und oft, ohne darüber nachzudenken, Fotos ins Internet oder geben in Chatforen und Internetportalen persönliche Daten wie Name, Adresse, Telefonnummer, Schule und Hobbys an. Auf diese Daten können dann nicht nur Freunde zugreifen, sondern auch Menschen, die einen ärgern wollen – oder auch Kriminelle: Mit den Bildern und Daten können falsche Identitäten erstellt und Betrügereien aller Art durchgeführt werden.

Welche Programme spionieren Computer aus?

A Süßware
B Auslegeware
C Wetware
D Spyware

275

Vergleichsweise harmlos ist, wenn einem Werbung und Angebote von Zeitschriftenabonnements unaufgefordert zugeschickt werden. Ein Krimineller kann mit gestohlenen Daten und Bildern vortäuschen, ein anderer zu sein, und unter dem Namen eines Fremden Verbrechen begehen. Es sind Fälle bekannt, in denen jemand unter falschem Namen

Sicherheitsrisiko Online-Banking

ein Treffen vereinbart hat, um ein Opfer für eine Vergewaltigung zu finden. Um diesen Gefahren aktiv entgegenzuwirken, sollte man möglichst wenig persönliche Daten preisgeben – am besten nur die, die ohnehin im Telefonbuch stehen. Auf keinen Fall sollte man Fotos von sich ins Netz stellen, die sich für einen Ausweis verwenden lassen. Auch solche, die peinlich oder anzüglich sind, können im Beruf bei späteren Bewerbungen problematisch werden. Das Internet vergisst nichts!

Soziale Netzwerke

Um die 10 Millionen Deutsche sind zurzeit Mitglied eines sozialen Netzwerks im Internet wie Facebook, MySpace, Stayfriends oder SchülerVZ. Medienexperten sagen voraus, dass sich diese Zahl in nur zwei Jahren mehr als verdoppeln wird. Inzwischen bieten 175 Firmen soziale Netzwerke an.

Wie wird ein soziales Netzwerk noch genannt?

- **A** Schleppnetz
- **B** Netzgemeinschaft
- **C** Telefonetz
- **D** Netzteil

276

Der Grund für diesen Boom: Das Internet ist ein ideales Medium, um Freundschaften zu pflegen und sich zu präsentieren. Und das schnell und von zu Hause aus. Nach den Jungen haben mittlerweile auch die Senioren die sozialen Netzwerke entdeckt und nutzen sie intensiv. Ein besonderer Reiz sind virtuelle Klassentreffen.

Wie wird „Cyber-Bullying" noch genannt?

- **A** Cyberspace
- **B** Cyberpunk
- **C** Cyber-Mobbing
- **D** Cyberwar

277

Auch gemeinsame Fotoalben können angelegt werden. Dank der Netzwerke haben sich unzählige alte Freunde wiedergefunden. Neue Freundschaften wurden geschlossen. Vielen Nutzern der sozialen Netzwerke ist die möglichst eindrucksvolle Darstellung ihres Lebenslaufs und ihrer Erfolge wichtig. Andere wiederum sammeln in erster Linie Kontakte.

Bei allem Spaß sollte man aber immer genau überlegen, welche Informationen man von sich preisgibt, denn Cyberkriminelle

Soziales Netzwerk „Facebook"

suchen gerne in sozialen Netzwerken ihre Opfer. Eine weitere Gefahr ist das Bloßstellen von Menschen durch peinliche Fotos oder Clips, „Cyber Bullying" genannt.

Schallplatten sind in

Wer heute die aktuellen Songs von Norah Jones, Cat Power oder *The Notwist* haben möchte, muss keine CD kaufen. Fast alle neuen Titel gibt es inzwischen wieder auf Schallplatte. Dabei hatte die Musikindustrie nach der Einführung der CD 1982 den Tod der Platte beschlossen. Lange Zeit sah es so aus, als wäre sie Vergangenheit. Nur einige Sammler und die DJs kauften Schallplatten. Doch der Trend hat sich umgekehrt: Die Schallplatte ist wieder da und mit ihr der Plattenladen. Allein 2009 wurden in Europa wieder 15 Millionen schwarze Scheiben aus Vinyl verkauft.

Wie viele Rillen hat eine Schallplatte auf einer Seite?

- A eine Rille
- B maximal 50 Rillen
- C über 100 Rillen
- D über 300 Rillen

278

Die Musikindustrie rechnet mit einer weiteren Steigerung und freut sich darüber. Wer eine Platte kauft, will nicht nur die Musik,

Schallplatte

sondern die Platte selbst und natürlich die Plattenhülle, die oft ganz besonders gestaltet ist. Außerdem behält sie ihren Wert und kann ihn sogar steigern: Alte, gut erhaltene Platten erzielen auf Plattenbörsen und bei Online-Auktionen Höchstpreise. 500 Euro für eine gesuchte Platte sind keine Seltenheit. Für *Monster Movie*, die erste Platte der deutschen Kultband *Can* von 1969, muss man mehr als 4000 Euro auf den Tisch legen.

Was machen DJs mit einer Platte auf dem Plattenteller?

- A scannen
- B chatten
- C scratchen
- D loaden

279

Die Schallplatte hat übrigens einen entscheidenden Vorteil gegenüber der CD: Bei guter Pflege ist sie ein paar 100 Jahre haltbar – eine CD nur 30 bis 40 Jahre. Und klanglich ist die Platte der CD ohnehin überlegen – sagen jedenfalls die Plattenfans.

Download und mehr

Seit 1999 sinken die Umsätze der Musikindustrie. Immer weniger Menschen kaufen CDs und verlegen sich aufs kostenlose Downloaden aus dem Internet. Rund 300 Millionen Titel landen derzeit allein in Deutschland pro Jahr illegal auf Computern und MP3-Playern.

Welches Recht wird beim illegalen Downloaden verletzt?

- **A** Bürgerrecht
- **B** Hausrecht
- **C** Urheberrecht
- **D** Faustrecht

280

Das soll sich in Zukunft ändern. Die Musikindustrie will mit einem neuen Datenträger neue Kunden gewinnen. Die Slotmusic-Card ähnelt der bekannten SD-Speicherkarte. Sie könnte schon bald die CD ersetzen und soll nur 5 bis 10 Euro kosten. Ihr großer Vorteil: Dank USB-Adapter kann sie auf dem Computer genauso abgespielt werden wie auf dem MP3-Player.

MP3-Player „iPod Shuffle"

Womit kann die Slotmusic-Card auch abgespielt werden?

- **A** Plattenspieler
- **B** Walkman
- **C** DVD-Player
- **D** Handy

281

Manche glauben, dass die Slotmusic-Card der neue Renner wird. Andere meinen, dass nur das Downloaden eine Zukunft hat. Das legale und bezahlte Downloaden natürlich. Das wird von der Musikindustrie gefördert: Sie will in den nächsten Jahren den Verkauf über Downloadshops wie Musicload oder den iTunes-Store deutlich steigern. Gleichzeitig will sie stärker gegen das illegale Downloaden vorgehen. Ab 2013, sagt die Nürnberger Gesellschaft für Konsumforschung (GfK), sollen die Gewinne der Musikindustrie wieder steigen.

Was kommt nach MP3?

Jeder kennt das MP3-Dateiformat – ohne das wäre das schnelle Downloaden von Musik und das Speichern Hunderter von Songs auf einem Chip oder USB-Stick, wie wir es heute alle praktizieren, gar nicht möglich. Entwickelt wurde das

Dateiformat hauptsächlich in Erlangen vom Fraunhofer-Institut für Integrierte Schaltungen.

Mit vollem Namen heißt MP3 „MPEG-1 Audio Layer 3“ und ist ein Verfahren, um die große Datenmenge von Audiodateien zu reduzieren. Alle Töne, die von anderen überlagert werden, werden nicht gespeichert. Das geht jedoch nur, wenn man dafür Verluste in Kauf nimmt. Der Rest vermittelt uns den Eindruck, wir würden die gesamte Musik hören.

Welches Gerät hat MP3 vom Markt verdrängt?

A USB-Stick
B Walkman
C Digitalradio
D SmartPhone

282

MP3 ist nicht das Ende der Entwicklung, denn die Klangqualität ist nicht optimal, und eine solche Datei braucht trotzdem viel Speicherplatz. Daher wurden in den vergangenen Jahren neue Verfahren entwickelt, die das MP3-Format ablösen sollen. Eines ist das „Advanced Audio Coding“ (AAC), das eine wesentlich bessere Klangqualität bietet. Mehrere Musikanbieter im Internet haben es schon übernommen. Auch einige Spielkonsolen verwenden seit Neuestem AAC.

Das MP3-Format selbst wurde wiederum zu MP3-Surround weiterentwickelt, damit man zum Beispiel beim Speichern eines Filmsoundtracks auf einer DVD Platz spart, aber trotzdem den vollen Surround-Klang hat. Für die nächsten Jahre sind weitere Entwicklungen angekündigt, die das Klangbild noch einmal verbessern sollen.

Holografien

Die Grenzen herkömmlicher Datenspeicherung auf einer CD oder DVD sind allmählich erreicht. Nur ein neues Speicherverfahren kann diese Grenze überschreiten. Da bietet sich schon lange die Holografie an. Diese dreidimensionale Fotografie wurde 1947 von dem Ungarn Dennis Gábor erfunden. Und diese Technik kann auch auf eine CD übertragen werden.

Holografie

Im Gegensatz zu einem zweidimensionalen Foto wird bei einer Holografie der Gegenstand aus verschiedenen Winkeln gezeigt, also dreidimensional. Dafür müssen die unterschiedlichen Perspektiven in mehreren Lagen übereinander gespeichert werden. In Zukunft wird also nicht mehr nur die Oberfläche der CD als Speicher genutzt, sondern auch tiefere Schichten.

Aus welchem Kunststoff besteht eine CD hauptsächlich?

A Bakelit
B Polyvinylchlorid
C Polycarbon
D Linoleum

283

Zum Lesen braucht man dann zwei Laser, einen roten und einen blau-grünen. Die neue CD heißt „Holographic Versatile Disc" (HVD) und kann rund 4 Terabyte aufnehmen, also das Zehnfache einer Blu-Ray-Disc. Damit ist ihre Speicherkapazität etwa so groß wie die einer Festplatte.

Wer hat die Holografie erfunden?

A Dennis Quaid
B Dennis Hopper
C Dennis Gábor
D Dennis Wilson

284

Gleich mehrere Filme in HD-Qualität oder Hunderte von Musiktiteln kann eine HVD enthalten. Allerdings kann sie nicht auf einem herkömmlichen Player abgespielt werden, sondern nur auf einem HVD-Gerät. Beschreibbare Rohlinge wird es ebenfalls geben – und das schon sehr bald.

Das europäische GPS

Wie stellen Piloten, Kapitäne oder Autofahrer, die ein Navigationsgerät besitzen, ihre genaue Position fest? Sie nutzen die Signale der amerikanischen GPS-Satelliten, die seit 1995 die Erde umkreisen. Bis auf 10 Meter genau kann man damit ermitteln, wo man sich im Augenblick gerade befindet. Auch Handys und Smartphones nutzen diese Technik.

Navigationsgerät

Das Problem: Das „Global Positioning System" (= GPS) ist eine Einrichtung des US-amerikanischen Militärs, und von dem will man in Europa nicht abhängig sein. Deshalb bauen die Europäer für 5 Milliarden Euro ein eigenes Satellitennavigationssystem auf: Galileo. Nach einer langen Entwicklungsphase wurde 2005 der erste Satellit von insgesamt 30 von Russland aus gestartet. Der Probebetrieb sollte 2011 beginnen. Das gesamte System wird ab 2014 einsatzbereit sein.

Dieses System zeigt die eigene Position im Normalbetrieb bis auf 4 Meter genau an. Wenn man eine exaktere Positionsbestimmung braucht – zum Beispiel um die Ursache eines Unfalls zu klären –, kann man die Position auf den Zentimeter genau bestimmen.

Wie heißt das chinesische Satellitennavigationssystem?

- A Chop Suey
- B Compass
- C Kung Fu
- D Tofu

285

Man kann sogar einen Hauseingang oder eine schmale Gasse finden. Der Flugverkehr wird ebenfalls sicherer werden, weil man noch präziser navigieren kann. Handybesitzer sollen in Zukunft nicht nur die eigene Position, sondern auch die ihrer Telefonpartner abfragen können. Ob das jedem gefallen wird, ist allerdings eine andere Frage.

Der RFID-Chip

Immer mehr Waren und Produkte haben einen RFID-Chip. RFID ist die Abkürzung für „radio-frequency identification", also „drahtlose Identifikation". Die winzigen Chips bestehen aus einem Datenspeicher und einer Antenne, haben jedoch meistens keine eigene Energieversorgung. Die kommt von einem Lesegerät, das elektromagnetische Wellen aussendet und die Chips aktiviert.

Auf Waren sollen diese Chips in Zukunft den Balkencode ersetzen. Statt die Waren aufs Band zu legen, geht man dann einfach an einem Scanner vorbei, der die Daten der Chips abfragt, speichert und die fällige Summe vom Konto abbucht. Die Bankdaten dafür liefert ein anderer RFID-Chip auf einer Chipkarte des Kunden, die er ebenfalls zum Einkaufen braucht.

Welches Dokument enthält einen RFID-Chip?

- A Trauschein
- B Kassenbon
- C Reisepass
- D Banküberweisung

286

Auch immer mehr Bibliotheken nutzen diese Technik. Jedes Buch erhält dort einen RFID-Chip, der beim Verlassen der Bibliothek gelesen wird. Aber auch Eintrittskarten für Konzerte und Fußballspiele, Mülltonnen, Autos oder

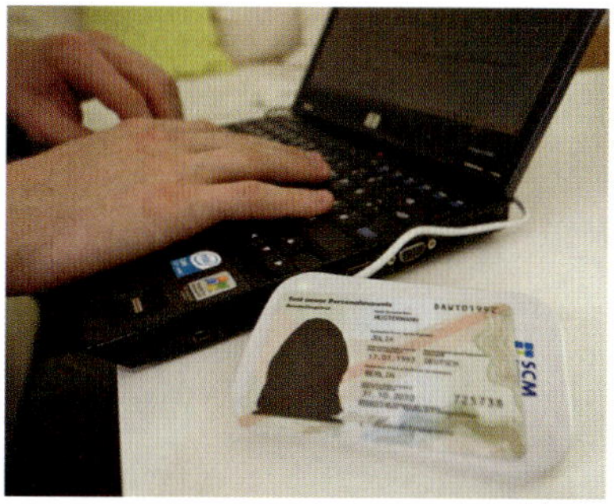

Ausweis, verbunden mit Computer

Medikamente werden mit den Chips ausgestattet.

Ein großer Vorteil für Firmen und Behörden, aber ein Nachteil für die Bürger: Anhand der Chipdaten lässt sich leicht ein Bewegungs- und Konsumprofil der Benutzer erstellen. Deshalb wehren sich Datenschützer dagegen, dass die auf den Chips gesammelten Daten ausgewertet werden dürfen.

Wer trägt bei uns einen implantierten RFID-Chip?

A Haustiere
B Schüler
C Zugvögel
D Politiker

287

In den USA ist man schon ein Stück weiter: Dort werden bereits Menschen mit implantierbaren RFID-Chips ausgestattet, die als Ausweis für Firmen und Behörden dienen. Allerdings kann man dadurch den Aufenthaltsort dieser Menschen genau ermitteln – sie können nichts mehr unbeobachtet tun. Datenschützer kritisieren diese Methode heftig.

Computer sprechen

Wer die Telefonauskunft oder eine Hotline anruft, wird meist nicht mehr mit einem Mitarbeiter verbunden, sondern mit einem automatischen Kommunikationssystem. Es stellt Fragen, nimmt die Antworten entgegen und stellt eventuell eine Verbindung zu einem Experten her.

Werbung für Telefoncomputer

Auch technische Geräte wie PCs, Navigationsgeräte und SmartPhones bieten oft eine Sprachsteuerung an. Sogar Übersetzungsprogramme gibt es, die mehrere Sprachen beherrschen. Aber jeder, der diese Systeme oder Programme kennt, weiß, dass es Probleme geben kann. Denn Sprachprogramme reagieren nur auf vorprogrammierte Schlüsselwörter und Sätze. Mit einer richtigen Unterhaltung hat das wenig zu tun. Bisher ist es nicht gelungen, einem Computer wirklich das Sprechen beizubringen. Darum bemühen sich seit Jahren Computerlinguisten, also Sprachwissenschaftler, die sich mit Informatik befassen. Ihr Ziel können sie nur erreichen, wenn ein Computer nicht nur Fragen erkennt und vorgefertigte Antworten gibt, sondern das Gesprochene tatsächlich versteht.

Das ist allerdings noch unmöglich, denn es würde bedeuten, dass der Computer letztendlich denken und fühlen müsste wie ein Mensch. Er müsste die Bedeutung solche Wörter wie „Liebe", „Schmerz" oder „Spaß" erfassen. Er müsste über ein umfassendes Wissen verfügen, das es ihm erlaubt, den Zusammenhang zu verstehen, in dem ein Wort gebraucht wird. So kann der Satz „Mir ist kalt" ganz viele unterschiedliche Bedeutungen haben – neben dem Offensichtlichen beispielsweise „Mach bitte das Fenster zu" oder „Gib mir bitte deine Jacke".

Was braucht ein Computer, um sprechen zu können?

A natürliches Aussehen
B sicheres Auftreten
C künstliche Intelligenz
D englischen Humor

288

Ein Sprachcomputer müsste die Sprache wie ein Kind lernen. Erfolgreich auf diesem Weg ist das Labor für Künstliche Intelligenz in Brüssel. Die neuesten Roboter der Forschungseinrichtung erlernen tatsächlich langsam eine einfache Sprache, statt sie als Programm eingespeist zu bekommen. Die Forscher jedenfalls hoffen, dass wir uns vielleicht in 10 Jahren mit Robotern und Computern besser unterhalten können als heute.

Wer spricht Esperanto?

Esperanto ist eine künstliche Sprache. Erfunden hat sie der polnische Arzt Ludwik Lejzer Zamenhof im Jahr 1887. Sein Ziel war es, eine einfache, leicht und schnell zu erlernende Sprache zu schaffen, mit der sich die Menschen aller Länder unterhalten können. Esperanto sollte eine Weltsprache werden.

Wo leben die meisten Esperanto-Sprecher?

A Europa
B Australien
C Japan
D Madagaskar

289

Bis dahin ist es aber noch weit, denn nur rund 2 Millionen Menschen sprechen diese Kunstsprache heute. Auf dem Esperanto-Weltkongress 2009 im polnischen Białystok haben die knapp 2000 Teilnehmer jedoch festgestellt, dass Esperanto die ideale Sprache für die globalisierte Welt ist. Firmen wie Google, Mozilla und

Leser eines Buches auf Esperanto

Wikipedia haben ihr Esperanto-Angebot in den letzten Jahren deutlich ausgebaut. Das führt wiederum dazu, dass sich mehr Menschen weltweit für Esperanto interessieren. Vielleicht setzt sich ja die Idee Zamenhofs dank des Internets doch noch weltweit als „internacia helplingvo“ durch, als internationale Hilfssprache?

Quantenkryptografie

Bislang konnte jede Geheimschrift, die regelmäßig verwendet wird, geknackt werden. Das gilt auch für Verschlüsselungsverfahren für den Datenaustausch im Netz: Man braucht nur einen Rechner mit genügend Leistung und schon kann man den Code knacken.

Welche Teilchen verwendet die Quantenkryptografie?

A Melonen
B Klingonen
C Äonen
D Photonen

290

Eine absolut sichere Lösung gab es bisher nicht. Doch jetzt haben Informatiker und Mathematiker etwas gefunden: die Quantenkryptografie. Sie stützt sich auf die Quantenphysik von Werner Heisenberg. Der Physiker hatte schon 1927 entdeckt, dass die genaue Messung des Zustands eines Elementarteilchens nicht möglich ist, ohne dass man durch das Messen selbst das Messergebnis beeinflusst. Dieses Wissen kann man nutzen, um eine verschlüsselte Nachricht zu übermitteln, die weder abgehört noch angezapft werden kann. Denn ein Angreifer würde ja wie ein Physiker bei einer Messung das Ergebnis verändern, also auch die Nachricht selbst, und er würde sofort bemerkt werden. Zerstören könnte er die Verbindung zwar, nicht, aber den Code entziffern.

Glasfaserkabel

Für die Übermittlung solcher Nachrichten braucht man allerdings ein Glasfaserkabel, denn die Informationsträger sind Photonen, also Lichtteilchen. Seit 2007 kann man per Glasfaserkabel etwa 100 Kilometer überbrücken. Sobald deutlich größere Entfernungen möglich sind, können dann auch Daten zwischen Computern ausgetauscht werden – ganz sicher.

Piktogramme

Piktogramme sind Symbole oder Zeichen, die ihre Aussage durch einfache und allgemein verständliche Bilder oder Grafiken vermitteln. Das klingt kompliziert, ist es aber nicht. Fast jedes Verkehrsschild ist ein Piktogramm, zum Beispiel das Gefahrenzeichen, das vor querenden Fußgängern warnt. Es zeigt einen sehr einfach gezeichneten gehenden Menschen.

Was heißt: schwarze Flamme auf orangefarbenem Grund?

- **A** Grillstation
- **B** Orangenpresse
- **C** hochentzündlich
- **D** Rauchen erlaubt

291

Ein altes Piktogramm ist der „Jolly Roger", die Piratenflagge mit dem Totenkopf und zwei gekreuzten Knochen. Heute warnt das Symbol vor giftigen Stoffen. Andere Piktogramme weisen auf Notausgänge, Behindertenparkplätze oder Toiletten hin.

Piktogramme sind ein ideales Kommunikationsmittel für unsere globalisierte Welt. Jeder kann sie „lesen", selbst dann, wenn er Analphabet ist. Ohne diese moderne, weltweit verbreitete Bilderschrift wären Olympische Spiele und andere internationale Veranstaltungen, bei denen viele Menschen mit unterschiedlichen Muttersprachen zusammenkommen, kaum durchführbar.

Fantasy boomt

Mit *Der Herr der Ringe* von J. R. R. Tolkien fing in den 60er-Jahren alles an. Zwar gab es vorher auch schon Fantasy-Romane, aber sie erreichten nicht die Verbreitung von Tolkiens Werken. Heute setzen erfolgreiche Autoren wie Christopher Paolini mit *Eragon*, Cornelia Funke mit *Tintenherz* oder Kai Meyer mit der *Wellenläufer*-Trilogie den Trend fort. Fantasy boomt. Und ein Ende ist nicht abzusehen, wie etwa Stephenie Meyers Vampirromane zeigen.

Filmszene aus „Eragon"

Autorin Cornelia Funke

Literaturwissenschaftler und Soziologen glauben, dass dieser Trend anhalten wird, denn Fantasy erfüllt mehrere Leserwünsche. Die Romane sind spannend wie Krimis – aber sie spielen nicht in der Realität, die immer komplizierter wird. Stattdessen entführen sie die Leser in magische Welten, die nach einfachen, klaren Regeln funktionieren: Gut und Böse sind wie im Märchen leicht zu unterscheiden.

Wer schrieb „Die unendliche Geschichte"?

A Otto Mitte
B Michael Ende
C Peter Hinten
D Klaus Anfang

292

Besonders wichtig sind Fortsetzungen und Mehrteiler. So können die Leser weitere Abenteuer ihrer Helden verfolgen. Und das sind noch richtige Helden! Mit ihnen kann man sich leichter identifizieren als mit einer komplizierten Figur aus einem realistischen Roman.

Digitale Weltbibliothek

Am 21. April 2009 wurde in Paris eine außergewöhnliche Bibliothek eröffnet. Der Generaldirektor der UNESCO, Koichiro Matsuura, kam persönlich in die französische Hauptstadt, um die Eröffnungsrede zu halten. Auf große Bücherwände konnte er allerdings nicht zeigen, denn die neue Bibliothek, die World Digital Library, besteht nur im Internet. Dort werden den Wissenschaftlern und Interessierten besonders seltene, wichtige und wertvolle Dokumente aus verschiedenen realen Bibliotheken kostenlos zur Verfügung gestellt.

Mit welchem Gerät werden die Dokumente eingelesen?

A Dimmer
B Scanner
C Driver
D Tracker

293

Überall auf der Welt kann man die Werke nun einsehen – darunter viele alte Handschriften, Landkarten und Zeichnungen – und bei Bedarf auch per Klick vergrößern, um Details genau zu erkennen.

Mit 1170 Dokumenten ging die digitale Weltbibliothek an den Start. Seitdem wird das Angebot täglich von Bibliotheken auch aus Deutschland ergänzt. Die digitale

Weltbibliothek soll eines Tages die wichtigsten kulturellen Schätze der Welt enthalten. Für Wissenschaftler, für Hobbyforscher und andere Wissensdurstige geht damit ein Traum in Erfüllung. Denn um bestimmte Bücher und Manuskripte betrachten zu können, musste man bisher um die halbe Welt reisen.

E-Book-Reader

Der erste E-Book-Reader kam schon 1999 auf den Markt, fand aber nur wenig Beachtung. Zu diesem Zeitpunkt wollten die Leser lieber ein echtes Buch in die Hand nehmen.

Als 2009 das Kindle des amerikanischen Buchhändlers Amazon vorgestellt wurde, war das Interesse schon größer. Kurz darauf präsentierten dann auch andere Anbieter wie Sony und Samsung E-Book-Reader.

E-Book-Reader

Mit dem Reader, der Ähnlichkeit mit einem Tablet-Computer hat, lassen sich derzeit schon rund 350 000 Bücher downloaden und lesen. Dazu kommen zahlreiche Zeitungen und Zeitschriften. Natürlich muss der User jedes elektronischen Buches ebenso bezahlen wie für ein gedrucktes Buch. Es ist jedoch sehr viel billiger als ein Hardcover oder ein Taschenbuch. Geblättert wird per Knopfdruck. Manche Bücher kann man sich sogar wie Hörbücher vorlesen lassen.

Wer veröffentlicht manche Geschichten nur als E-Book?

- **A** Stephen King
- **B** Joanne K. Rowling
- **C** Paul Maar
- **D** Janosch

294

Medienwissenschaftler sehen im E-Book-Reader die Zukunft des Buches. Es hat unbestritten viele Vorteile: Man braucht keine platzraubenden Regale mehr, sondern kann jederzeit und überall über beliebig viele Bücher verfügen. E-Book-Reader sind zudem leicht, flach und passen in nahezu jede Handtasche.

Das herkömmliche Buch hat andere Qualitäten: Es vermittelt dem Leser ein anderes Gefühl in der Hand und wird von den meisten als schöner empfunden als ein Reader. Durchsetzen könnte sich das E-Book aber dennoch, da es sehr praktisch ist. Trotzdem wird das gedruckte Buch wohl nicht verschwinden.

Book-on-Demand

Schreibt ein Autor ein Buch, braucht er einen Verlag, der es für gut befindet und veröffentlicht. Ein Lektor und ein Layouter machen aus dem Manuskript eine Druckvorlage. Dann wird das Buch in einer Druckerei gedruckt und gebunden. Damit sich das auch lohnt, lässt der Verlag gleich ein paar Tausend Exemplare auf Vorrat herstellen. Und da zunächst nur ein Teil davon an die Buchhandlungen ausgeliefert wird, muss der Rest der Auflage in der Zwischenzeit gelagert werden.

Layout am Computer

Das ist der herkömmliche Weg. Es geht aber auch anders, denn seit einigen Jahren gibt es das Book-on-Demand (BoD), das Buch auf Bestellung. Wählt ein Autor diesen Weg – meist, weil er keinen Verlag gefunden hat –, muss er sein Werk selbst am Computer druckreif gestalten. Als PDF-Datei schickt er es dann an einen Book-on-Demand-Anbieter. Der lässt aber keine komplette Auflage drucken, sondern wartet, bis ein Leser das Buch in einer Buchhandlung bestellt. Erst dann fertigt eine besondere Druckmaschine ein einziges Exemplar des Buches im Digitaldruck von der Vorlage des Autors an. Wenige Tage später kann der Kunde das Buch in der Buchhandlung abholen. Das Buch wird also nur auf Bestellung gedruckt. Lagerkosten fallen deshalb nicht an und für den Vertrieb wird auch kein Verlag benötigt.

Wie heißt die herkömmliche Buchdrucktechnik?

A Kartoffeldruck
B Offsetdruck
C Stempeldruck
D Fettdruck

295

Inzwischen nutzen auch Verlage diese Methode. Sie lohnt sich besonders für wissenschaftliche Werke, weil davon nur kleine Auflagen gebraucht werden, die im regulären Druck sehr teuer wären. Vor allem nutzen aber unbekannte Autoren das Book-on-Demand, die keinen Verlag finden, und auch solche, die alles – vom Cover bis zur Schriftart – selbst bestimmen wollen.

Ihr großer Nachteil: Ein richtiger Verlag hat einen professionellen Vertrieb und sorgt über den Buchhandel und mit einer guten Werbung dafür, dass Bücher

Stand auf der Buchmesse

bekannt werden und sich verkaufen. Der Book-on-Demand-Autor ist auf sich allein gestellt und muss all das selbst machen. Trotzdem gelingt manchem BoD-Autor der Einstieg ins Buchgeschäft.

Sachliteratur

Sachbücher informieren, wie der Name schon sagt, über Sachthemen. Das können Dinosaurier ebenso sein wie Rennwagen, Piraten ebenso wie die alten Ägypter. Sachbücher richten sich an Laien, die ein bisschen mehr über ein Sachgebiet wissen wollen. Fast immer enthalten sie Fotos oder Zeichnungen.

Wie wird ein Laie manchmal noch genannt?

- A Dekorateur
- B Deserteur
- C Amateur
- D Provokateur

296

Die Illustrationen tragen dazu bei, dem Leser die Zusammenhänge einfach und verständlich erklären. Für Kinder und Jugendliche jeder Altersstufe gibt es besonders viele Sachbuch-Reihen – die in der Regel auch für Erwachsene zu empfehlen sind, weil sie besonders verständlich aufbereitet sind.

Ratgeber

Wer nicht weiß, wie er seine Steuererklärung machen oder wie er einen Mietvertrag aufsetzen soll, der kauft sich einen Ratgeber, und wer eine Allergie oder Rheuma hat, greift zu einem Medizin-Ratgeber.

Welches Ratgeber-Thema ist besonders beliebt?

- A Lebenshilfe
- B Steuer
- C Bewerbungen
- D Medizin

297

Bis vor 30 Jahren gab es nur wenige Ratgeber, vor allem zu wirtschaftlichen und rechtlichen Problemen. Inzwischen haben sich Ratgeber jedoch zu einem wichtigen Bereich des Buchmarktes entwickelt: Heute gibt es kaum noch ein Alltagsthema, zu dem man keinen Ratgeber kaufen kann. Mehr als 50 000 Titel stehen zur Auswahl! Das Leben scheint komplizierter geworden zu sein und immer mehr Menschen suchen für alle möglichen Bereiche des Lebens Hilfe.

Musik

Bei der Arbeit, beim Joggen, beim Einkaufen oder Autofahren: Musik gehört zu unserem Leben. An Musik knüpfen wir Erinnerungen, Musik ist der „Soundtrack des Lebens" – ganz gleich ob man nun Schlager, Rock, Klassik, Techno oder Jazz liebt.

Musik, das sind vor allem die Sänger und Musiker, die Stars und ihre tollen Shows. Auch wenn sie nicht mehr leben, wie Michael Jackson, oder wenn sich geliebte Bands wie die *Scorpions* auflösen, bleiben wir ihnen treu. Elvis Presley, Jimi Hendrix und die *Beatles* haben noch immer Millionen Fans, obwohl sie nie mehr auf einer Bühne stehen werden. Dort sind heute andere Stars zu sehen – und locken mehr Menschen denn je in Konzerte, Musicals und zu Festivals.

Musik ist aber nicht nur Spaß und Glamour, sondern auch ein großes Geschäft. Darum sind Produzenten und Studios immer auf der Suche nach neuen Stars und Sounds.

Der King of Pop

Am 25. Juni 2009 schockierte eine Nachricht Millionen von Fans: Um 14:26 Uhr war in einem Krankenhaus in Los Angeles der Tod von Michael Jackson festgestellt worden. 18 Tage vor Beginn seiner Konzertserie „This is it", mit der er sich in London mit 50 Shows der Superlative von der Bühne verabschieden wollte. Als Todesursache gaben die Ärzte eine akute Vergiftung mit einem Betäubungsmittel an, das ihm sein Arzt verabreicht hatte. Der Megastar hatte schon lange an Schlaflosigkeit gelitten, die er mit verschiedenen Mitteln bekämpfte. Sein Arzt wurde im Februar 2010 wegen fahrlässiger Tötung angeklagt.

Michael Jackson

Michael Jackson wurde am 29. August 1958 in Gary, Indiana, geboren und wuchs in einer Musikerfamilie auf. Mit sieben Jahren war er 1966 schon der Leadsänger der Band *The Jackson Five*, in der er neben seinen Brüdern auftrat. Mit 13 Jahren startete er seine Solokarriere – und wurde einer der erfolgreichsten Popmusiker aller Zeiten. Sein Album *Thriller*, das 1982 erschien, ist mit zurzeit etwa 110 Millionen Exemplaren das meistverkaufte Album der Welt. Insgesamt verkauften sich Jacksons CDs mehr als 750 Millionen Mal. Nur Elvis Presley (über eine Milliarde) und die Beatles (1,3 Milliarden) waren noch erfolgreicher.

Wie hieß der Schimpanse von Michael Jackson?

A Judy
B Bubbles
C King Kong
D Cheeta

298

In den letzten Jahren seines Lebens konnte Jackson jedoch nicht mehr an die großen Erfolge der 80er- und 90er-Jahre anknüpfen. Außerdem war sein Leben geprägt von Krankheit, Operationen und Skandalen.

Musikexperten sind sich einig, dass Michael Jackson nach seinem Tod zu einem Mythos wird wie andere früh verstorbene Musiker – zum Beispiel Elvis Presley, Jimi Hendrix, Janis Joplin und Jim Morrison. Wahrscheinlich ist auch, dass er Elvis Presley beim Tonträger-Verkauf noch einholen wird. Denn allein in den ersten sechs Monaten nach seinem Tod gingen 29 Millionen seiner CDs über den Ladentisch. Und seine Plattenfirma hat angekündigt, dass sie weitere CDs mit noch unveröffentlichten Aufnahmen des King of Pop auf den Markt bringen will.

Tastenmagier

Als Josef Zawinul 2007 in einem Wiener Krankenhaus im Alter von 75 Jahren starb, ging eine Ära zu Ende: Zawinul war nicht nur der bekannteste Jazzmusiker Österreichs – er war auch der einzige europäische Musiker, der die Entwicklung des Jazz in den USA entscheidend geprägt hat und das auch noch nach seinem Tod tut.

Als Kind lernte der gebürtiger Wiener Akkordeon und Klavier. Eigentlich wollte er Konzertpianist werden. Als er als Jugendlicher jedoch die ersten Jazzstücke hörte, brach er seine musikalische Ausbildung ab. Danach spielte er in österreichischen Jazzbands, bevor er in die USA auswanderte, um im Mutterland des Jazz zu spielen. Dort begleitete er unter anderem berühmte Sängerinnen wie Ella Fitzgerald und Dinah Washington und wurde 1961 von dem Saxophonisten Cannonball Adderley engagiert. Für ihn schrieb er den bekannten Song *Mercy, Mercy, Mercy* – mit über einer Million Exemplaren eine der meistverkauften Jazzplatten überhaupt.

Joe Zawinul

Welches Instrument lernte Joe Zawinul als Kind?

A Alphorn
B Zither
C Akkordeon
D Harfe

299

1969 holte ihn der legendäre Trompeter Miles Davis in seine Band, und auch deren Musik beeinflusste der Österreicher stark, bevor er 1970 seine eigene Gruppe gründete: *Weather Report*. Die erfolgreiche Jazz-Rock-Band bestand bis 1986. Besonders auf dem afrikanischen Kontinent wurde sie gefeiert und prägt dort bis heute die Popmusik. Das berühmte amerikanische Musikmagazin „Down Beat" kürte *Weather Report* zur „herausragendsten Jazzband der letzten dreißig Jahre des 20. Jahrhunderts". Zawinuls letzte Band wurde 1988 das *Zawinul Syndi-*

cate, von der es noch unveröffentlichte Aufnahmen in den Archiven gibt.

Welche berühmte Sängerin hat Joe Zawinul begleitet?

- A Madonna
- B Ella Fitzgerald
- C Janis Joplin
- D Shakira

300

Seinen Erfolg verdankt Josef Zawinul den außergewöhnlichen Klängen und Melodien, die er seinen Keyboards entlockte. Gleich 30-mal hintereinander wurde er vom Musikmagazin „Down Beat" zum besten Keyboarder gewählt!

Scooter in den Charts

→ Eishockeyweltmeisterschaft 2010 in Deutschland: Den offiziellen Song zum sportlichen Großereignis, *Stuck on Replay*, lieferte die Remix-Band *Scooter*. Die Band mischt bekannte Titel im Studio neu, bearbeitet sie und ergänzt zusätzliche Sounds und Gesang.

H. P. Baxxter

Vor 17 Jahren hieß sie noch *Loop*, legte sich dann den Namen *Scooter* zu. Gründer ist ihr Frontmann H. P. Baxxter, der eigentlich Hans Peter Geerdes heißt und 1966 im ostfriesischen Leer geboren wurde. Der erste erfolgreiche Titel war *Hyper Hyper*: Er landete 1994 europaweit unter den Top 5. Von da an produzierte die Band einen Hit nach dem anderen und verkaufte bis heute rund 30 Millionen CDs. Mit bislang 23 Top-10-Hits stellte sie einen neuen Rekord auf.

Wie heißt der erste Hit von „Scooter"?

- A Mercy Mercy
- B Doobie Doobie
- C Yeah Yeah
- D Hyper Hyper

301

Scooter füllt mühelos Konzerthallen und Stadien. Live-Konzerte sind innerhalb kürzester Zeit ausverkauft. Besonders populär sind H. P. Baxxter und seine beiden Synthesizer-Spieler Rick J. Jordan und Michael Simon in England, wo inzwischen andere Bands ihre Musik nachspielen. *Scooters* letzte CD *Under the Radar over the Top* erschien im Oktober 2009 und landete gleich auf Platz 2 der Album-Charts.

Scorpions 2008

Scorpions

Im Januar 2010 konnte es jeder auf der Homepage der Band lesen: Nach 17 Studioalben, mehr als 100 Millionen verkauften Platten und über 5000 Konzerten in 80 Ländern lösen sich die *Scorpions* auf. Und das nicht etwa, weil sie nicht mehr populär wären oder sich zerstritten hätten, sondern weil sie „in Würde" abtreten wollen.

Wie heißt der Sänger der „Scorpions"?

A Klaus Lage
B Klaus Meine
C Klaus Büchner
D Klaus Renft

302

Schließlich wurde die Band um Gitarrist Rudolf Schenker und Sänger Klaus Meine (beide *1948) bereits 1965 gegründet. Die *Scorpions* sind also nur drei Jahre jünger als die *Rolling Stones*. Doch als Rock-Opas auf der Bühne stehen wie die *Stones* wollen die *Scorpions* nicht. Und so erschien 2010 ihr letztes Studioalbum, *Sting in the Tail*. Gleichzeitig begann ihre Abschiedstournee, die bis 2012 dauern soll und sie wieder um die ganze Welt führen wird. Neben den Songs der neuen CD sind auch die alten Hits wie *Rock You Like a Hurricane* und *Wind of Change* zu hören. Und nach der Abschiedstournee wird sich zeigen, ob wirklich Schluss ist. Oder ob es – wie bei so vielen anderen Bands – ein Comeback geben wird.

Yesterday – auch heute

Welcher Popsong ist der bekannteste der Welt? Die Frage lässt sich leicht beantworten: *Yesterday*. Geschrieben 1965 von Paul McCartney von den *Beatles*, veröffentlicht auf dem Album *Help!*, der LP zum gleichnamigen Film. Gleich nach Erscheinen belegte der Song in vielen Ländern Platz 1 in den Charts, darunter in den USA und in England. Die Ballade ging von Anfang an so ins Ohr, dass sie bald von vielen Sängern gesungen wurde. Ob Elvis Presley, Frank Sinatra, Ray Charles, Placido Domingo oder *Wet Wet Wet*, jeder nahm seine eigene Version auf. Mittlerweile gibt es mehr als 3000 Einspielungen von *Yesterday*. Damit ist es der mit Abstand am häufigsten gecoverte Song aller Zeiten.

Auf welchem Album ist „Yesterday" erschienen?

A Revolver
B Let It Be
C Abbey Road
D Help!

303

Der meistgespielte Song im Radio ist er sowieso. Das Musikmagazin „Rolling Stone" und der Musiksender MTV kürten ihn sogar zum „besten Popsong aller Zeiten", ebenso wie die Hörer und Zuschauer des englischen Senders BBC. Der Song ist zeitlos: Er trifft nicht nur den Geschmack einer Generation, sondern wird immer wieder neu entdeckt. Auch im 21. Jahrhundert wird es neue Coverversionen geben.

Hast du das gewusst?

Bevor Paul McCartney den endgültigen Text für *Yesterday* schrieb, hatte er einen einfachen Text als Lückenfüller: „Scrambled eggs, oh, my baby, how I love your legs" (Rühreier, oh, mein Baby, wie ich deine Beine liebe). Ob der Song auch mit diesem Text ein Erfolg geworden wäre?

Jimi Hendrix forever

Wer ist der beste Rockgitarrist aller Zeiten? Wer darauf eine Antwort will, braucht nur das amerikanische Musikmagazin „Rolling Stone" zu fragen, das eine Top-100-Liste der besten und einflussreichsten Gitarristen führt. Dort findet man auf Platz 1 Jimi Hendrix (1942–1970). Er hat alle Pop- und Rockstile überdauert und sie zum Teil sogar mit geprägt: Es gibt kaum einen E-Gitarristen, der ihn nicht zu seinen Vorbildern zählt.

Womit hat Jimi Hendrix manchmal Gitarre gespielt?

A mit Zehen
B mit Ohrläppchen
C mit Zähnen
D mit Haaren

304

Über 40 Jahre nach seinem Tod kommen Neuerscheinungen mit Hendrix-Songs auf den Markt: Seine Schwester Janie Hendrix veröffentlichte 2010 die CD *Valleys of Neptune* mit Studioauf-

Jimi Hendrix

nahmen, die kurz vor Hendrix' Tod entstanden sind. Nach ihrem Erscheinen belegte die CD in den Billboard-Charts, der US-amerikanischen Album-Hitparade, sofort Platz 3. Zum Titelstück *Valleys of Neptune* wurde sogar ein Music-Video gedreht. Es wird nicht Hendrix' letzte Veröffentlichung sein, denn in dem Archiv, das seine Schwester hütet, warten noch viele Schätze des viel zu früh verstorbenen Gitarren-Gotts.

Madonna, Megastar

Viele Musik-Journalisten bezeichnen Madonna nach dem Tod von Michael Jackson als den letzten echten Megastar: Sie wurde auf den Namen Madonna Louise Ciccone getauft und am 16. August 1958 in Bay City, USA, geboren.

Welcher Song war 1984 Madonnas erster Megahit?

- A Like a Rolling Stone
- B Feels Like the First Time
- C Like a Virgin
- D Like a Hobo

305

Die Journalisten haben gute Gründe für ihre Einschätzung: Seit dem Debütalbum *Madonna*, das 1983 erschien, hat sie über 300 Millionen Platten verkauft. Damit ist sie die kommerziell erfolgreichste Popsängerin der Welt. Ihre Bühnenshows sind einmalige Events, ihre Tourneen immer ausverkauft. Ihre letzte Welttournee – die *Sticky&Sweet*-Tour, die am 2. September 2009 endete – war die erfolgreichste Tour eines Solokünstlers. Damit hat Madonna sogar ihre Kollegen Michael Jackson und Elvis Presley überrundet. Ihr Studio-Album *Hard Candy* brach viele Rekorde und wurde mit dem World Music Award für das meistverkaufte Album ausgezeichnet.

Welchem Filmhelden gab Madonna Fechtunterricht?

- A James Bond
- B Spider Man
- C Harry Potter
- D Indiana Jones

306

Ganz nebenbei gehört Madonna zu den am häufigsten fotografierten Frauen der Welt. Immer wieder wirbt sie auch für große Modehäuser. Ans Aufhören denkt die Amerikanerin, die in London

Madonna

lebt, noch lange nicht. Drei weitere Studioalben und gleich vier Tourneen sind für die nächsten 10 Jahre geplant. Dass Madonna bereits über 50 Jahre alt ist, spielt für sie dabei keine Rolle.

Comeback

Nach der *Radio-Maria-*Tour sollte Schluss sein. Marius Müller-Westernhagen, einer der erfolgreichsten deutschen Musiker und Sänger, verabschiedete sich 1999 mit aufwendigen Konzerten von der Bühne. Doch fünf Jahre später kehrte er zurück. Mehr als 250 000 Zuschauer feierten sein Comeback, und eine Live-DVD wurde produziert – ein Riesenerfolg. Auch in Stadien wie der Köln-Arena trat er 2008 auf, obwohl er die für immer meiden wollte.

Welchen Preis erhielt Howard Carpendale 2004?

A Echo
B Donner
C Knaller
D Schall

307

Marius Müller-Westernhagen ist keine Ausnahme im Musikgeschäft. So erklärte Tina Turner (*1939) ihre *24/7*-Tour im Jahr 2000 zur Abschiedstournee. Sie wollte zwar noch im Studio singen, doch nicht mehr auf der Bühne. Acht Jahre später kündigte sie in einer Fernsehshow überraschend eine neue Welttournee an. Das erste Konzert am 1. Oktober 2008 in Kansas war nach gerade einmal zwei Minuten ausverkauft. In Deutschland war die Nachfrage nach Karten so groß, dass zusätzliche Konzerte veranstaltet werden mussten.

Tina Turner

Was Rocksängerinnen können, können Schlagerstars auch: So verkündete Howard Carpendale (*1946) 2003 seinen Rücktritt – 2007 gab es dann ein Comeback mit Tournee und neuer CD. Die Fans rissen ihm Tickets und CDs aus den Händen.

Abschied und Comeback liegen im Trend, denn ein Comeback ist erstaunlicherweise fast immer ein Erfolg.

Legenden on Tour

Die letzte Tournee der *Rolling Stones*, die den Titel *A Bigger Bang* trug, endete im Sommer 2007 und brachte der bekanntesten Rock-and-Roll-

Rolling Stones

Band der Welt 394 Millionen Euro ein. Damit ist den *Stones* die erfolgreichste Tournee aller Zeiten gelungen. Für die Jahre 2010 und 2011 sind eine neue CD und eine weitere Welttournee in Planung. Nicht ungewöhnlich für eine Band – wenn man mal davon absieht, dass im Jahr 2011 Leadsänger Mick Jagger und Gitarrist Keith Richards 68 Jahre alt werden. Schlagzeuger Charlie Watts wird sogar 70!

Welche Band wurde bereits 1962 gegründet?

A Scorpions
B Rolling Stones
C Take That
D AC/DC

308

Noch älter ist Tina Turner, die im Alter von 70 Jahren 2009 eine Welttournee absolvierte, die größten Stadien füllte und dabei über die Bühne wirbelte, als sei die Zeit stehen geblieben.

Auch ein anderer Altstar war 2009 auf Tournee: Chuck Berry, einer der wichtigsten Musiker der Rock-'n'-Roll-Ära. Von ihm stammen Songs wie *Roll Over Beethoven*, *Johnny B. Goode* und *Sweet Little Sixteen*. Songs, die von den *Beatles*, *AC/DC* oder Bruce Springsteen gecovert wurden. Auch Berrys Konzerte waren ausverkauft und wurden von vielen jungen Fans besucht.

Die Zeiten haben sich geändert: In den 60er- und 70er-Jahren musste man jung sein, um ein Rockstar zu werden – heute kann man auch im Rentenalter Millionen begeistern. Viele Altstars sind sogar besser im Geschäft als ihre jungen Kollegen und locken gleich mehrere Generationen in die Säle und Stadien.

Hall of Fame

Das berühmte Museum „Rock and Roll Hall of Fame" in Cleveland, Ohio, gibt jedes Jahr fünf Musiker und Bands bekannt, die in die „Hall of Fame", die Ehrenhalle, aufgenommen werden – eine der größten Auszeichnungen, die Rock- und Popmusiker erfahren können.

Seit 1986 wählt eine Jury aus Musikexperten aus einer Reihe von Vorschlägen die Neuzugänge aus. Infrage kommen nur Musiker, deren Debütalbum vor mindestens 25 Jahren erschienen ist und die zur Entwicklung der Musik entscheidend beigetragen haben. Den Gekürten wird dann

Beatles

ein Ehrenplatz im Museum zuteil. Die Neuzugänge 2010 waren allesamt Superstars: *Abba*, *The Hollies*, *Genesis*, Jimmy Cliff und *The Stooges*. Damit sind diese Bands und Musiker endgültig Teil der Musikgeschichte.

Welche Band kam am häufigsten in die „Hall of Fame"?

A The Police
B U2
C Santana
D The Beatles

309

Bis 2010 wurden insgesamt 170 Kandidaten aufgenommen, darunter einige sogar zweimal, da Bands und Solomusiker getrennt behandelt werden. So ist zum Beispiel John Lennon als Mitglied der *Beatles* und auch als Einzelinterpret vertreten. Nur ein einziger Musiker wurde bisher gleich dreimal aufgenommen: Eric Clapton ist mit den *Yardbirds*, mit *Cream* und solo dabei.

Neben einer großen Ausstellung zur Geschichte der Rockmusik und der Hall of Fame hat das Museum auch eine Liste der 500 bedeutendsten Rock-and-Roll-Songs zusammengestellt. Angeführt wird sie von den *Beatles*, die mit sieben Songs vertreten sind, gefolgt von Elvis Presley und den *Rolling Stones* mit je sechs Songs.

Wunderkinder

Im Alter von zehn Jahren gab Daniel Barenboim (*1942) sein Debüt als Konzertpianist in Rom. Anschließend lernte er bei dem deutschen Dirigenten Wilhelm Furtwängler (1886–1954) das Dirigieren und leitete ab dem Jahr 1967 das Londoner Philharmonische Orchester. Seit 1993 ist er Leiter der Staatsoper in Berlin.

Der aus Argentinien stammende Barenboim zählt zu jenen Talenten, die als Wunderkinder bezeichnet werden, weil sie ihre Instrumente schon als Kinder so gut wie Erwachsene beherrschen.

Der Violinist Yehudi Menuhin (1916–1999), der schon mit neun Jahren als Solist auf der Bühne stand, galt als Wunderkind. Als Erwachsener förderte er selbst viele Jahre lang junge Künstler.

Das bekannteste Wunderkind, Wolfgang Amadeus Mozart (1756–1791), bekam mit vier Jahren Klavier- und Geigenunterricht. Mit fünf Jahren komponierte er bereits seine ersten Werke.

Anne-Sophie Mutter

Und wer sind die Wunderkinder der letzten Jahrzehnte? Auf jeden Fall gehört Anne-Sophie Mutter dazu (*1963), die mit fünf Jahren ihren ersten Geigenunterricht bekam und mit 13 Jahren unter dem berühmten Dirigenten Herbert von Karajan bei den Pfingstkonzerten in Salzburg auftrat.

Der deutsch-amerikanische Geiger David Garrett (*1980) ist seit seinem 14. Lebensjahr bei der Deutschen Grammophon als Exklusivkünstler unter Vertrag.

Welches Wunderkind spielte eine Geige von Stradivari?

A Mozart
B Lang Lang
C Barenboim
D Menuhin

310

Der chinesische Pianist Lang Lang (*1982) erhielt mit drei Jahren Klavierunterricht und gab nur zwei Jahre später sein erstes Konzert. Mit neun studierte er Musik, mit elf startete er seine internationale Karriere. Seit seinem 17. Lebensjahr gibt er große Konzerte mit bekannten Symphonieorchestern. Er spielte zur Eröffnungsfeier der Olympischen Spiele 2008 in Peking und zur Verleihung des Friedensnobelpreises 2009 an Barack Obama. Lang Lang ist inzwischen ein Superstar der Klassik.

Wie heißt das erste Album von Björk?

A Björk
B Island
C Smørrebrød
D Volta

311

Wunderkinder gibt es auch in der Popmusik. Besonders bekannt ist die isländische Komponistin und Sängerin Björk (*1965), eigentlich Björk Guðmundsdóttir. Mit fünf Jahren begann sie, Klavier zu spielen, mit elf nahm sie professionellen Unterricht und veröffentlichte ihr erstes Album. Heute ist sie ein internationaler Musikstar und zudem eine anerkannte Schauspielerin.

Wer die Wunderkinder von heute sind, ist schwer zu sagen – das wird sich erst später zeigen. Vielleicht gehört ja beispielsweise Conrad Oberg (*1994) dazu, der mit neun Jahren seine erste CD aufnahm und mit 15 Jahren beim Woodstock-Jubiläums-Konzert auftrat. Man wird sehen.

Festival „Rock am Ring"

Festivals

Im Jahr 1966 kam John Phillips, Sänger der Band *The Mamas and the Papas*, auf die Idee, ein großes Rock- und Popkonzert zu organisieren. Kein gemeinsamer Auftritt von zwei oder drei Bands an einem Abend, sondern ein richtiges Festival mit vielen Gruppen, die drei Tage lang spielen. Phillips konnte viele Kollegen für diese Idee begeistern, und so fand im Juni 1967 in Kalifornien das „Monterey International Pop Festival" statt. Damals kamen mehr als 200 000 Menschen, um Janis Joplin, Jimi Hendrix, *The Who* und andere Musiker zu hören. Monterey wurde zum Vorbild für alle nachfolgenden Festivals, auch für das Woodstock-Festival.

In Deutschland gab es ab den 70er-Jahren Festivals. Zu den Pionieren zählt „Umsonst & Draußen" in Vlotho, das 1975 zum ersten Mal ausgerichtet wurde und auch 2010 stattfand. Das bekannteste deutsche Festival ist wohl „Rock am Ring". Eigentlich sollte es 1985 am Nürburgring eine einmalige Veranstaltung sein, aber es wurde ein Dauerbrenner. Ebenfalls ein Besuchermagnet ist „Rock im Park", das seit 1997 in Nürnberg stattfindet.

Das größte Festival Europas ist das Donauinselfest bei Wien. Seit 1984 finden sich jährlich im Juni bis zu drei Millionen Menschen dort ein.

Wer gilt als Erfinder des Rockfestivals?

- A John Williams
- B John Lennon
- C John Phillips
- D John Denver

312

Und die Besucherzahlen steigen: Kamen zum ersten „Wacken Open Air" in Schleswig-Holstein 1990 gerade einmal 800 Fans, waren es 2009 bereits 77 000. Immer mehr Menschen wollen viele Bands live erleben, die unglaubliche Stimmung auf einem Festival genießen und jede Menge Gleichgesinnte treffen.

Woodstock

Am 15. August 2009 wurde bei Woodstock in der Nähe von New York eine Geburtstagsparty gefeiert: Das legendäre Woodstock-Festival von 1969 begann hier auf einem Feld vor genau 40 Jahren. Zahlreiche Bands und Musiker, die damals auf der Bühne standen, hatten sich auch zum Jubiläum eingefunden: *Ten Years After, Canned Heat, Mountain, Crosby, Stills & Nash* und der Folksänger Arlo Guthrie, mit 22 Jahren damals einer der Jüngsten auf der Bühne.

Welche Sängerin trat beim Woodstock-Festival auf?

A Whitney Houston
B Janis Joplin
C Marilyn Monroe
D Mariah Carey

313

2009 war der Jüngste der erst 15-jährige Gitarrist Conrad Oberg, der den Part des 1970 verstorbenen Jimi Hendrix übernahm. Wie dieser spielte er *Star Spangled Banner*, die Nationalhymne der USA, und erhielt

Woodstock Festival 1969

tosenden Applaus. Oberg ist einer derjenigen Jungstars der amerikanischen Musikszene, die leidenschaftlich die Musik der 60er-Jahre spielen. Zwar freute er sich, auf dem Geburtstagskonzert auftreten zu können, doch noch lieber wäre er 1969 mit dabei gewesen, als sich vom 15. bis zum 18. August mehr als 400 000 Zuschauer zum bis dahin größten Musikfestival der Geschichte trafen. Nicht nur die Größe, auch die zahlreichen Stars, der weltweit erfolgreiche Film und die Schallplatten haben das Festival zur Legende und zum Symbol der Hippie-Ära werden lassen.

Wie lange dauerte das Woodstock-Festival?

A 1 Tag
B 3 Tage
C 5 Tage
D 1 Woche

314

Gefeiert wurde 2009 auch in Europa. Der Woodstock-Film war in vielen Kinos und im Fernsehen zu sehen. Außerdem erschien zur

Hast du das gewusst?

Das Woodstock-Festival fand gar nicht in Woodstock statt, sondern bei Bethel, einem Dorf, das 70 Kilometer von Woodstock entfernt liegt. Da das Festival ursprünglich bei Woodstock stattfinden sollte, wurde der Name beibehalten.

Feier eine Box mit sechs CDs mit bislang unveröffentlichten Aufnahmen vom Festival.

Groß gefeiert werden soll auch der Fünfzigste im Jahr 2019. Conrad Oberg will dann auf jeden Fall wieder dabei sein.

Live Earth

„Live Earth" ist eine Initiative gegen den Klimawandel, die der ehemalige US-Vizepräsident Al Gore zusammen mit dem amerikanischen Musikproduzenten Kevin Wall verwirklicht hat. Sie begann am 7. Juli 2007 mit Konzerten auf allen sieben Kontinenten. Insgesamt gab es Konzerte in elf Städten, darunter Sydney, Shanghai, Rio de Janeiro und Washington. In Europa waren Hamburg und London dabei. Jedes Land bot Stars auf. In Deutschland waren es unter anderem *Silbermond*, Roger Cicero und *Revolverheld*.

Al Gore ging es aber nicht vorrangig um die Musik, sondern um ein Zeichen gegen den Klimawandel. Das Festival sollte die Menschen auf die drohende Katastrophe aufmerksam machen. Etwa zwei Milliarden Menschen in über 100 Ländern verfolgten das Spektakel vor dem Fernseher. Ein großer Erfolg für Al Gore, Kevin Wall – und das Klima.

Al Gore

Welchen Preis hat Al Gore 2007 erhalten?

A Bundesfilmpreis
B Friedensnobelpreis
C Pulitzer-Preis
D Umwelt-Preis

315

Ein weiteres „Live Earth"-Konzert sollte 2008 in Indien stattfinden, musste aber wegen der Terroranschläge in Mumbai abgesagt werden. Dafür fand am 18. April 2010 der „Dow Live Earth Run for Water" statt, eine weltweite Aktion, die auf die steigende Wasserknappheit aufmerksam machen sollte. In Städten rund um die Welt liefen unzählige Teilnehmer, darunter viele Prominente, auf festgelegten Strecken jeweils genau sechs Kilometer – diese Entfernung müssen viele Frauen und Kinder täglich zurücklegen,

Hast du das gewusst?

Damit auch der Kontinent Antarktika vertreten war, stellten fünf junge Wissenschaftler der englischen Rothera-Station für das Festival die Band *Nunatak* zusammen. Als Publikum dienten die anderen 17 Wissenschaftler der Station.

um an sauberes Trinkwasser zu gelangen. Für die nächsten Jahre sind weitere „Live Earth"-Aktionen geplant.

Grammy Awards

Der wichtigste Termin für das internationale Musikgeschäft ist der Tag, an dem in Los Angeles die Grammy Awards vergeben werden. Der meist nur „Grammy" genannte Preis ist der „Oscar der Musikindustrie". Vergeben wird er seit 1959 in den USA von der National Academy of Recording Arts and Sciences, einer privaten Organisation, die die Interessen von Musikern, Toningenieuren und Produzenten vertritt.

Lady Gaga

Anfangs gab es nur wenige Kategorien – heute sind es 109. Dazu gehören das beste Album, der beste Song, der beste Künstler, die beste Gesangsdarbietung oder auch das beste Country-Album. Erfolgreichste Künstlerin war 2010 die Sängerin Beyoncé, die gleich sechs Grammys einheimste, darunter den für die beste weibliche Gesangsdarbietung. Die Country-Sängerin Taylor Swift konnte vier Grammys mit nach Hause nehmen. Lady Gaga erhielt zwei Grammys für die beiden Dance-Kategorien. Das beste Gesangsalbum lieferte Michael Bublé. Und das beste zeitgenössische Jazzalbum stammte von dem 2007 verstorbenen Joe Zawinul.

Wer gewann 2010 den Grammy für den besten Song?

A Pink
B Shakira
C Beyoncé
D Madonna

316

Die Auszeichnung selbst ist eine kleine, vergoldete Nachbildung eines Grammofons. Die meisten dieser Trophäen, nämlich 31, erhielt der Dirigent Sir Georg Solti (1912–1997). Platz zwei hat derzeit der Musiker und Produzent Quincy Jones mit 27 Grammys inne, dicht gefolgt von der Country-Sängerin Alison Krauss mit 26. Die bei einer Verleihung erfolgreichsten Musiker waren bisher Michael Jackson (1984 für sein Album *Thriller*) und Carlos Santana (2000 für sein Album *Supernatural*) mit jeweils acht Grammys. Auch deutsche Musiker haben schon Grammys gewonnen: Der weltbekannte

Bassbariton Thomas Quasthoff hat vier zu Hause stehen.

Deutsche Texte

Bis zu Beginn der 70er-Jahre war Englisch auch in Deutschland die Sprache der Rock- und Popmusik – Deutsch war nur etwas für Schlagersänger. Wer Erfolg haben wollte, brauchte englische Texte.

Das änderte sich erst, als Rio Reiser (1950–1996) und Udo Lindenberg (*1946) 1971 die ersten Rockplatten mit deutschen Texten aufnahmen. Diese Künstler bahnten anderen Sängern den Weg. Anfang der 80er-Jahre schwappte dann die „Neue deutsche Welle" über die deutschsprachigen Länder.

Tokio Hotel

Dass man auf Deutsch rappen kann, bewies der österreichische Sänger Falco (1957–1998), der 1981 mit *Der Kommissar* den ersten erfolgreichen Rapsong eines Weißen weltweit in den Charts platzierte. Heute sind die Vorurteile von einst vergessen und kein Thema mehr. Herbert Grönemeyer, Peter Maffay, Marius Müller-Westernhagen, Nena und Klaus Lage singen ebenso auf Deutsch wie Xavier Naidoo, *Ich & Ich*, *Die Fantastischen Vier*, *Die Söhne Mannheims* oder *Silbermond*. Dass dieser Trend andauert, zeigt unter anderem *Tokio Hotel*. Die erfolgreichste deutsche Teenie-Band erreicht vor allem dank deutscher Texte ihre Fans. In Frankreich lernen viele Schüler wegen *Tokio Hotel* sogar Deutsch!

Wie heißt der erste Hit von „Tokio Hotel"?

A Durch die Wüste
B Durch die Hölle
C Durch die Lappen
D Durch den Monsun

317

Für die Pioniere, die sich vor 40 Jahren noch dafür rechtfertigen mussten, dass sie auf Deutsch sangen, hat sich die Frage ohnehin erledigt. Udo Lindenbergs Album *Stark wie Zwei* von 2008 zum Beispiel landete in den Charts direkt auf Platz 1.

Hast du das gewusst?

Den ersten deutschsprachigen Song in den US-Charts konnte 1974 die Elektronik-Band *Kraftwerk* mit *Autobahn* platzieren. Der Titel erreichte Platz 25 – in England sogar Platz 11 – und bedeutete den internationalen Durchbruch für sie.

Casting-Show „Deutschland sucht den Superstar"

Casting-Stars

Wenn Musiker früher Karriere machen wollten, gründeten sie eine Band, nahmen ein Demoband auf und schickten es an einen Produzenten – und hofften, einen Plattenvertrag zu bekommen. Produzenten wiederum suchten in Musikclubs nach jungen Talenten. Das ist heute nicht anders, aber eine weitere Möglichkeit ist die Casting-Show.

Wer wurde 2003 Sieger der ersten Staffel von DSDS?

- A Alexander Klaws
- B Daniel Kübelböck
- C Bill Kaulitz
- D Dieter Bohlen

318

Ab 1983 ging „Star Search" im US-Fernsehen an den Start. Seit dem Jahr 2000 läuft das Format weltweit auf vielen TV-Sendern. Ein Grund für den Erfolg: Die Kandidaten können tatsächlich Karriere machen – selbst wenn sie nicht gewinnen. So ist Britney Spears 1991 bei „Star Search" zwar ausgeschieden, wurde später aber dennoch ein Weltstar. Ähnlich erging es Justin Timberlake und Christina Aguilera, die nicht in die Endrunde kamen, aber trotzdem berühmt wurden.

Welches Popduo gewann 2009 bei „Popstars"?

- A Cindy & Bert
- B Sonny & Cher
- C Bonny & Clyde
- D Some & Any

319

Die bekannteste Casting-Show bei uns ist „Deutschland sucht den Superstar" (DSDS), die seit 2002 auf RTL läuft. Der Sender Sat 1 konterte 2003 mit der deutschen Version von „Star Search". Diese Show gibt es schon lange nicht mehr, aber an der ersten Staffel beteiligte sich der 13-jährige Bill Kaulitz, später Frontmann von *Tokio Hotel*. Ebenfalls erfolgreich ist „Popstars". Diese Show begann auf RTL2 und läuft inzwischen auf Pro 7. Ihr verdanken die *No Angles* (2000) und *Bro'Sis* (2001) ihre Karrieren.

Weitere Sieger aus verschiedenen deutschen Casting-Shows sind Max Mutzke (2004), Mark Medlock (2007) und Michael Hirte (2008).

International bekannt wurde der Amateursänger und Handyverkäufer Paul Potts, der 2007 bei der britischen Casting-Show „Britain's Got Talent" siegte. Potts verkaufte daraufhin Millionen von Platten und wurde 2009 sogar mit dem Preis „Echo" ausgezeichnet.

Paul Potts

Casting-Shows haben Fans, aber auch viele Kritiker. Sie bemängeln das Können der Kandidaten und die Auswahlkriterien der Jurys. Junge Talente sehen dennoch in der Teilnahme eine Chance.

Soundtracks

Im Kino sieht man nicht nur schöne Filme, sondern hört auch tolle Musik. Dazu gehört die eigentliche Filmmusik, aber auch die Titelmusik und die Filmsongs, die oft von aktuellen Bands und Musikern stammen. Den Soundtrack zu einem Film bekommt man auf CD oder kann ihn im Internet downloaden.

Was bedeutet das Wort „Soundtrack" eigentlich?

- A Klangteppich
- B Geräuschkulisse
- C Tonspur
- D Lautstärke

320

Der Soundtrack gehört längst zum Merchandising eines Films. Er ist also eines der vielen Nebenprodukte, mit denen die Produzenten zusätzliches Geld verdienen und den Film bekannt machen. Heute gibt es kaum einen Film ohne eingängigen Soundtrack. Bei James Camerons *Avatar – Aufbruch nach Pandora* etwa sang Leona Lewis den Titelsong *I See You* und wurde gleich für den Golden Globe nominiert. Ein Welthit wurde 1997 *My Heart Will Go On* von Céline Dion, der Titelsong zu James Camerons *Titanic*. Fast ebenso erfolgreich war 2007 *Apologize* von *Timberland* und *OneRepublic*. In Deutschland wurde *Apo-*

Hast du das gewusst?

Einer der bedeutendsten Komponisten von Filmmusik ist Hans Zimmer aus Frankfurt. Der Oscargewinner schrieb unter anderem die Musik für die *Fluch-der-Karibik*-Filme, für *Der König der Löwen*, *Gladiator* und *Sherlock Holmes*.

logize vor allem als Titelsong des Til-Schweiger-Films *Keinohrhasen* bekannt.

Auch früher schon wurden Titelsongs von Filmen zu großen Hits – und sind es zum Teil heute noch. Zum Beispiel *Born to be Wild* von *Steppenwolf* zum Film *Easy Rider* (1969) oder *I Wanna be Loved by You*, gesungen von Marilyn Monroe im Film *Manche mögen's heiß* (1959).

Filmkomponist Hans Zimmer

Bei Filmproduktionen wird heutzutage schon beim Schreiben des Drehbuchs überlegt, welche aktuelle Band den Soundtrack zum Film liefern könnte. Beim 23. *James-Bond*-Film beispielsweise waren 2010 Lady Gaga, Amy Winehouse und Michael Bublé im Gespräch.

Sie sollen nicht nur für zusätzliche Gewinne sorgen, sondern auch für den Film werben, so wie der Film seinerseits für die Songs und die Künstler wirbt.

Lord of the Rings

Am 19. Juni 2007 bebte im Theatre Royal in London die Bühne: In den imposanten Kulissen tobte die Schlacht auf dem Pelennor. Hobbits, Orks, Elben und Menschen kämpften um die Macht über Mittelerde. Und das nicht nur auf der Bühne, sondern auch im Publikum. Schreie und Schlachtenlärm übertönten den Applaus. Der hielt noch lange nach der Rückkehr des Königs an, denn das Publikum war von der Premiere überwältigt. Regisseur Matthew Warchus war es gelungen, den Film *Der Herr der Ringe* spannend und glaubhaft auf die Musical-Bühne zu bringen. Nichts fehlte, weder die Riesenspinne Kankra noch der Ring, mit dem sich Frodo auf der Bühne unsichtbar machen konnte.

Wie heißt der Onkel von Frodo Beutlin?

- A Gollum
- B Bilbo
- C Gandalf
- D Sam

321

Allerdings musste für das technisch aufwendigste Musical aller Zeiten das halbe Theater umgebaut werden. Erst eine riesige Drehbühne mit einem Fahrstuhl ermöglichte schnelle Umbauten und ließ Schluchten und Berge entstehen. Auch verzichteten die

Bühnenbildner auf eine Trennung von Bühne und Zuschauerraum, sodass das Publikum oft mitten im Geschehen saß. Zwischen 2007 und 2008 sahen mehr als 700 000 Menschen den *Herrn der Ringe*.

In Deutschland sollte das Sensations-Musical schon einmal 2009 in Köln aufgeführt werden, aber die Umbau- und Produktionskosten erwiesen sich einfach als zu hoch. Jetzt hoffen die *Herr-der-Ringe*-Fans, dass es 2011 doch noch klappt und dass das Riesenspektakel in Deutschland zu sehen sein wird.

Elektro-Dudelsack

Die Sackpfeife wurde vor mehr als 1000 Jahren im frühen Mittelalter erfunden. Im Laufe der Geschichte haben Musiker und Instrumentenbauer zahllose Modelle entwickelt. Am bekanntesten sind der schottische (Great Highland Bagpipe) und der irische Dudelsack (Uilleann Pipe). Auch in Deutschland werden Dudelsäcke gespielt, zum Beispiel das „Hümmelchen" oder die Schäferpfeife.

José Ángel Hevia

Wie heißt die in Spanien beliebte Sackpfeife?

A Gaita
B Okarina
C Mandola
D Viola

322

In Spanien wiederum ist die „Gaita" sehr beliebt. Von dort stammt auch José Ángel Hevia, ein weltbekannter Dudelsackspieler. Er wollte das alte Instrument fit machen für das 21. Jahrhundert und entwickelte den ersten elektronischen Dudelsack. Zwar erinnert sein Dudelsack in der Form noch an die klassische Sackpfeife, aber ein Luftsack muss nicht mehr gefüllt werden. Es reicht aus, die Spielpfeife mit den Fingern zu spielen – die dazugehörigen Töne werden von einem Computer erzeugt. Auf diese Weise kann Hevia auch Klänge erzeugen, die mit keinem herkömmlichen Instrument hervorgebracht werden können.

Das Theremin

Als der französische Musiker Jean Michel Jarre 2010 auf Tournee war, bediente er nicht nur Synthesizer und Keyboards. Er trat auch an ein freistehendes Kästchen auf der

Bühne heran und bewegte seine Hände wie ein Magier um zwei Antennen aus Metall. Dadurch erzeugte er außergewöhnliche, sphärische Klänge. Das sonderbare elektronische Instrument, auf dem er spielte, heißt Theremin. Es ist das einzige Instrument, das ohne Berührung gespielt wird. Und obwohl es zu den am wenigsten bekannten Musikinstrumenten zählt, ist es doch oft zu hören: Rockbands wie *Led Zeppelin* setzten es ebenso ein wie beispielsweise Annett Louisan.

Jean Michel Jarre mit Theremin

Auch Filmmusiker benutzen dieses Instrument: In *Mars Attacks* von 1996 ist es zu hören, aber auch in *Charlie und die Schokoladenfabrik* von 2005. Natürlich gibt es virtuose Solokünstler wie Barbara Buchholz aus Berlin, die ganze Konzerte mit dem Theremin bestreitet und 2009 bei der Casting-Show „Das Supertalent" auftrat.

Das Theremin ist kein neues Instrument: Es wurde bereits 1919 von dem russischen Physiker Lev Sergejewitsch Termen erfunden, der auch den Namen Leon Theremin führte. Er entdeckte, dass Hände ein elektrisches Feld stören und dadurch Töne unterschiedlicher Tonhöhe erzeugen können.

Wie nannte Leon Theremin sein Instrument anfangs?

- A Ätherophon
- B Xylophon
- C Saxophon
- D Vibraphon

323

Das elektromagnetische Feld wird beim Theremin durch zwei Antennen erzeugt, die vom Gerät abstehen. Welcher Klang entsteht, bestimmt der Spieler dadurch, dass er den Abstand der Hände zu den Antennen verändert. Eine Hand ist dabei für die Tonhöhe zuständig, die andere für die Lautstärke.

Mit dem Theremin hat Termen übrigens nicht nur das erste elektronische Instrument erfunden, sondern auch den Weg für den Synthesizer bereitet.

Das älteste Instrument

Seit wann machen Menschen Musik? Diese Frage beschäftigt Archäologen, denn Musik sagt viel über die Kultur und das Denken und Fühlen von Menschen aus. Im Jahr

2009 kamen die Forscher einen großen Schritt voran: Der Tübinger Archäologe Nicholas Conard, dem schon viele spektakuläre Funde geglückt sind, fand bei Ausgrabungen auf der Schwäbischen Alb eine kleine Flöte. Das unscheinbare Instrument ist 22 Zentimeter lang, besitzt fünf Löcher und wurde aus dem Speichenknochen eines Gänsegeiers geschnitzt.

Flöten dieser Art wurden zwar schon einige Male entdeckt, aber sie waren nie so alt: Die Flöte von der Schwäbischen Alb wurde vor mehr als 35 000 Jahren gespielt! Damit ist sie das mit Abstand älteste bekannte Musikinstrument der Welt.

Welches Tier lieferte den Knochen für die Flöte?

324

A Mammut
B Säbelzahntiger
C Gänsegeier
D Höhlenbär

Für die Forscher ist dieser Fund ein klarer Beweis dafür, dass schon in der Steinzeit Musik zum damaligen Alltag gehört hat. Und nicht nur Musik mit Schlaginstrumenten wie Trommeln, sondern auch solche mit Melodieinstrumenten.

Natürlich wollten die Archäologen auch wissen, wie diese Musik geklungen haben könnte. Sie ließen die Flöte darum von einem Flötenbauer aus einem Gänsegeierknochen nachbauen. Das verblüffende Ergebnis: Die Flöte klingt nicht viel anders als heutige Flöten.

Welt-Tuba-Tag

An jedem ersten Freitag im Mai bringen Tubisten in der ganzen Welt ihre Instrumente auf Hochglanz und veranstalten Konzerte mit Werken, die speziell für die Tuba geschrieben worden sind. Ob mit Klassik, Blasmusik oder Jazz: An diesem Tag wird überall der „International Tuba Day“ oder „Welt-Tuba-Tag“ gefeiert.

Wer hat den „Welt-Tuba-Tag“ erfunden?

325

A Doris Day
B Girls Day
C Joel Day
D Domino Day

Erfunden hat diesen außergewöhnlichen Gedenktag der amerikanische Tubist Joel Day aus

Tuba

Philadelphia im Bundesstaat Pennsylvania im Jahr 1979. Er ärgerte sich immer wieder darüber, wie wenig Beachtung seinem Instrument geschenkt wurde. Als Joel Day den „Welt-Tuba-Tag" erfand, wurde er anfangs noch belächelt, doch mithilfe anderer Tubisten ist es ihm inzwischen gelungen, diesen Gedenktag weltbekannt zu machen. Dazu tragen auch Gruppen wie das *Melton Tuba Quartett* bei, das vier professionelle deutsche Tubisten gegründet haben.

Das Didgeridoo

Wer Musik von der englischen Band *Jamiroquai* hört, dem fallen sofort einige exotische Klänge auf. Sie werden von Wallis Buchanan mit einem Didgeridoo erzeugt.

Auch der Österreicher Bernhard Mikuskovics und der Engländer Stephen Kent setzen das exotische Instrument ein. Kent gilt als einer der besten Didgeridoo-Spieler der Welt. Gelernt hat er das Spielen dieses Instruments in Australien von den dortigen Ureinwohnern, den Aborigines.

Ein echtes Didgeridoo besteht aus einem bis zu 2,5 Meter langen und etwa 10 Zentimeter dicken Eukalyptus-Stamm, dessen Inneres von Termiten ausgehöhlt wurde. Eine Öffnung dient als Mundstück, in das hineingeblasen

Didgeridoo

und gesungen wird. Das klingt einfach – aber um ein Didgeridoo spielen zu können, braucht man eine besondere Atemtechnik, die Zirkularatmung. Dabei setzt man den Mund wie den Blasebalg eines Dudelsacks unter Druck und bläst Luft in das Mundstück. In regelmäßigen Abständen atmet man durch die Nase ein und füllt so den Luftvorrat im Mund wieder auf. Nur auf diese Weise kann man einen lang anhaltenden Ton spielen.

Wie heißen die Ureinwohner Australiens?

A Aborigines
B Iberer
C Indios
D Kelten

326

Schon seit rund 3000 Jahren wird dieses Instrument in Australien gespielt – und jetzt hat es einen Platz in der Popmusik des 21. Jahrhunderts gefunden.

Homerecording boomt

Den Anfang machte der amerikanische Rockstar Bruce Springsteen mit seinem Album *Nebraska:* Statt in ein Tonstudio zu gehen, stellte er im Januar 1982 in seinem Schlafzimmer ein Tonbandgerät mit vier Spuren auf. Diese bescheidene technische Ausstattung reichte ihm aus, um seine neue Platte aufzunehmen. Viele Musiker folgten seinem Vorbild, und inzwischen werden zahlreiche CDs nicht mehr in einem Studio aufgenommen, sondern mithilfe von Homerecording.

Welchen Spitznamen hat Bruce Springsteen?

A The Boss
B The King
C The Monster
D The Hero

327

Ein Tonband braucht man mittlerweile nicht mehr: Diese Aufgabe hat die Festplatte des Computers übernommen. Das

Homestudio

Mischpult ist eine besondere Software. Statt echten Reglern bedient man eine entsprechende Grafik auf dem Monitor. Über Mikrofone können akustische Instrumente wie Gitarre oder Querflöte aufgenommen werden. Keyboards werden direkt an den Computer angeschlossen. Die Software stellt außerdem ein elektronisches Schlagzeug zur Verfügung.

Welche Hardware ist für das Homerecording wichtig?

A Grußkarte
B Soundkarte
C Landkarte
D Fahrkarte

328

Produzenten von Technomusik nutzen heute den Computer und einige Zusatzgeräte, um ihre Musik herzustellen. Aber auch manche Amateurband, die sich kein teures Studio leisten kann, greift auf den Computer zurück. In den letzten Jahren haben die Anbieter von Software immer bessere Programme entwickelt, die inzwischen viele Qualitäten eines echten Studios besitzen.

Sampler: Neue Klänge

In der Popmusik werden gerne elektronische Instrumente wie Keyboards und Synthesizer eingesetzt, denn nur mit ihnen sind bestimmte Sounds möglich, die Musikerinnen und

Professionelles Tonstudio

Musiker wie Madonna, Phil Collins oder Herbert Grönemeyer brauchen. Wenn es aber um Klänge geht, die an vertraute Geräusche wie Türklingeln oder klirrendes Glas erinnern: Die sind fast immer echt – und wurden gesampelt.

Welches Gerät braucht jeder echte Sampler?

A Stimmgabel
B Echolot
C Drucker
D Mikrofon

329

Ein Sampler funktioniert so: Der Musiker nimmt ein Geräusch mit einem Mikrofon und einem digitalen Aufnahmegerät auf und überspielt es auf die Festplatte eines besonderen Keyboards. Dort sorgt ein Programm dafür, dass dieses Geräusch in jeder gewünschten Tonhöhe per Tastendruck abgerufen werden kann. Die Türglocke wird so zu einer Klangfarbe des Keyboards. Mithilfe des Keyboards, das man Sampler nennt, kann man jedes Geräusch musikalisch verwerten – das Röhren eines Auspuffs ebenso wie das Schreien eines Babys.

Dank des Samplers wurde die Klangvielfalt elektronischer Instrumente noch einmal deutlich gesteigert. Die Hersteller der Sampler bieten auch CDs mit fertigen Klängen an, sodass der Musiker nicht mehr selber auf die Jagd gehen muss. Immer neue Programme erlauben es, die gesampelten Klänge zu bearbeiten und zu verfremden. Heute kann man auch mit einem Computer Klänge aufnehmen und samplen.

Ende der Tauschbörsen

Noch vor zehn Jahren waren Tauschbörsen wie Napster der große Hit im Internet. Ohne großen Aufwand konnte man Musiktitel von einer CD anbieten und gleichzeitig unendlich viele Titel downloaden, die andere Nutzer eingestellt hatten. Ein schneller Weg, sich eine riesige und kostenlose Musiksammlung zusammenzustellen –

aber kein guter Weg für alle. Denn dabei wurden die Rechte der Plattenfirmen und Musiker ignoriert, die bei diesen Downloads keinen Cent für ihre Arbeit erhielten.

Welches Format wird zum Tausch von Musik genutzt?

A MP3
B H²O
C R2D2
D 3CPO

330

Außerdem kauften die Nutzer der kostenlosen Tauschbörsen immer weniger CDs, der Umsatz der Musikindustrie sank. Die Musikproduzenten wehrten sich: Sie gingen gegen die Tauschbörsenbetreiber vor und sorgten nach und nach für Verbote. 2002 musste die fast schon legendäre Tauschbörse Napster ihr bisheriges Angebot aufgeben.

Auch die Nutzer gerieten ins Visier der Musikindustrie. Anhand der IP-Adresse, die jeder Computer besitzt, konnten sie ausfindig gemacht und verklagt werden. Die Musikindustrie richtete nun selbst Online-Shops ein, bei denen man für jeden Download eines Titels ein entsprechendes Honorar bezahlen muss.

Einige Tauschbörsen machen dennoch weiter. Statt eines zentralen Servers, der den Tausch mit einer besonderen Software steuert und die Suchanfragen organisiert, setzen sie inzwischen auf Peer-to-Peer-Netzwerke („Netzwerke von Gleichrangigen"). Hier werden die Dateien ohne Umweg über einen Server direkt zwischen Anbietern und Nutzern getauscht.

Ein solcher Tausch ist schwerer zurückzuverfolgen. Das Risiko, erwischt zu werden, ist demnach entsprechend geringer. Dennoch existiert es, wie mehrere Urteile aus den vergangenen Jahren zeigen. Denn auch bei einem Peer-to-Peer-Netzwerk lassen sich die beteiligten Computer anhand ihrer IP-Adressen ausfindig machen. Und der Tausch urheberrechtlich geschützter Musik- oder Filmtitel über solche Netzwerke ist nach wie vor strafbar.

Computer-Pirat

Da der Druck auch auf die Peer-to-Peer-Netzwerke zugenommen hat, verlagern sich der Tausch und Kauf illegaler Titel nun auf Filehoster, von Experten auch Cyberlocker genannt. Es handelt sich dabei um legale Dienstleister, die das Versenden großer Datenmengen erleichtern. Ihre Technik kann für illegalen Tausch und Handel genutzt werden.

Wie werden Filehoster noch genannt?

A Cyberpunks
B Cyberlocker
C Cybernauten
D Cybernews

331

Alle Aktionen laufen dabei über die Webseite der Anbieter, die sich vor allem durch eingeblendete Werbung finanzieren. Auf der Medienmesse „Cinema Expo" 2010 warnten Experten davor, dass Filehoster die Rolle der alten Tauschbörsen übernehmen könnten. Werden sie von Anbietern und Nutzern geschickt eingesetzt, ist es schwerer denn je, die IP-Adressen zu ermitteln. Die Musik- und die Filmindustrie suchen nach rechtlichen und technischen Möglichkeiten, auch dieses Loch zu stopfen. Ob sie Erfolg haben werden, ist allerdings fraglich – bislang wurden immer wieder neue Wege gefunden, auf denen man illegal Musiktitel und Filme tauschen konnte.

GEMA

Wenn man zu Hause auf der Gitarre ein Lied singt, ist das kein Problem. Wenn man aber bei einem Sommerkonzert der Schule dieses Lied spielt, könnte es sein, dass man Post von der GEMA bekommt. Die GEMA, eigentlich „Gesellschaft für musikalische Aufführungs- und mechanische Vervielfältigungsrechte", wurde 1903 gegründet, um „das geistige Eigentum von Musikschaffenden zu schützen". Das bedeutet, dass Komponisten immer dann Geld verdienen, wenn ihre Stücke öffentlich gespielt werden. Die GEMA überprüft, wann und wo was gespielt wurde, kassiert das Geld und leitet es an die Künstler weiter. GEMA-Gebühren werden für Musik berechnet, die zum Beispiel im Kindergarten, in der Disco, im Festzelt oder im Altenheim gespielt wird. Die Höhe berechnet sich nach Anzahl der gespielten Stücke, dem Eintrittspreis für die Veranstaltung und nach Größe des Veranstaltungsraums. Es muss sogar für Songs bezahlt werden, die im Gottesdienst gespielt oder für eine Telefonwarteschleife benutzt werden.

GEMA-Gebäude in München

Kuriositäten

Das Leben ist voller Überraschungen, und wer genau hinsieht, entdeckt an jeder Ecke Erstaunliches. Abenteuer und Rekorde sind fast täglich in den Nachrichten zu finden. Da überleben Menschen Stürze aus großer Höhe oder finden Plastiktüten voller Geldscheine, deren Eigentümer sich nie melden. Bekannte Orte wie der Vatikan oder die US-Hauptstadt Washington haben ebenfalls Erstaunliches zu bieten – wenn man genauer hinsieht. Das lohnt sich auch bei Fabeltieren und Seeungeheuern. Es kommt darauf an, Augen und Ohren zu öffnen und neugierig zu sein. Dann bleibt die Welt spannend.

Essen aus dem Drucker

Die USA sind nicht nur das Land der unbegrenzten Möglichkeiten, sondern auch das Land des Fast Food und der Computerindustrie. Wahrscheinlich kann die Idee, Essen mit dem Computer auszudrucken, darum auch nur aus den USA kommen. Vorgestellt wurde der Essensdrucker im Jahr 2010 von einigen Studenten des Massachusetts Institute of Technologie (MIT). Der von ihnen entwickelte „Cornucopia Food Printer" ähnelt einem bekannten Farbdrucker – nur enthalten die zwölf Patronen keine Farbe, sondern zerkleinerte und gekühlte Lebensmittel!

Welche Besonderheit hat ein Essensdrucker?

- A Patronen
- B USB-Anschluss
- C Kühlanlage
- D Display

332

Am Computer lassen sich verschiedene Menüs auswählen und vom Essensdrucker auf einen Teller drucken. Zuvor muss man sich seine Lieblingszutaten mithilfe der zwölf Patronen selbst zusammenstellen. Die Menüs, die man am Rechner auswählt, lassen sich auch per E-Mail versenden und an einem anderen Essensdrucker ausdrucken. Wer mittags keine Zeit für einen Besuch in der Kantine hat, stellt in Zukunft einfach seinen Drucker an, denn der ist faster als jedes Fast Food. Guten Appetit!

Kartoffeln überall

Kartoffeln sind in aller Munde, denn diese Nutzpflanze lässt sich überall auf der Welt anbauen, ist gut zu lagern, nährstoffreich und gesund. Sie kann deshalb einen guten Beitrag leisten, wenn es darum geht, den Hunger in der Welt zu bekämpfen. Pro Jahr werden rund 330 Millionen Tonnen Kartoffeln geerntet. Mehr als 70 Millionen Tonnen wachsen in China. In den USA sind es nur 20 Millionen Tonnen. Ausgerechnet im Reisland China boomt die Kartoffel und die chinesische Regierung unterstützt das. Die jungen Chinesen stehen auf Kartoffelstäbchen, die im Wok frittiert werden: Pommes Frites. Erfunden wurden

Kartoffeln

die Pommes Frites um das Jahr 1700 in Belgien. Der amerikanische Name „French Fries" stimmt also nicht! Die ersten Pommes Frites wurden von Fischern gebacken, die auch ihre Fische in heißes Öl warfen. In harten Wintern, wenn die Seen und Flüsse zugefroren waren, kamen statt der Fische eben Kartoffeln ins Öl.

Wo wurden die Pommes Frites erfunden?

A USA
B Frankreich
C Deutschland
D Belgien

333

Ketchup und Mayonnaise gab es damals allerdings noch nicht. Die beiden beliebtesten Pommes-Frites-Soßen wurden erst vor rund 80 Jahren als Zutaten entdeckt. Vorher wurden Pommes Frites gerne mit Senf gegessen. In Großbritannien ist ein besonderer Malzessig als Soße zu „Fish & Chips" üblich. Und in China steht eine Vielzahl asiatischer Soßen zur Verfügung.

Hamburger Hamburger

Soweit sich die Spur zurückverfolgen lässt, begann die Geschichte des Hamburgers Anfang des 19. Jahrhunderts tatsächlich in Hamburg. Damals bestiegen dort zahllose Menschen die großen Segelschiffe

Hamburger

und später auch Dampfer, um in die USA auszuwandern. Als Proviant nahm man Pökelfleisch mit an Bord, weil das sehr haltbar ist. Unterwegs wurde das etwas zähe Fleisch zerschnitten und zwischen zwei Brotscheiben gelegt. So fand das Grundrezept für den Hamburger den Weg nach New York. Dort wurde es im Laufe der Zeit verändert und landete schließlich als „Hamburg Steak" in den Restaurants. Statt des Pökelfleisches verwendete man nun allerdings Rinderhackfleisch.

Wie hieß der DDR-Hamburger?

A Spreewald-Burger
B Broiler
C Grilletta
D Rostocker

334

Zu Beginn des 20. Jahrhunderts entwickelten Imbissköche den heute üblichen Hamburger. Nach dem Zweiten Weltkrieg wurde der praktische Imbiss dank amerikanischer Fast-Food-Ketten zum Welterfolg. Und ähnlich wie bei der ebenfalls weltweit verbreiteten Pizza wurde das Grundrezept variiert und auf andere Essgewohnheiten und Regionen übertragen.

Wie heißt ein Hamburger mit Käse und Ananas?

A Keniaburger
B Hawaiiburger
C Karibikburger
D Chickenburger

335

Nach dem Erfolg im Westen wurde der Hamburger auch in der DDR eingeführt – als „Grilletta". Statt des üblichen Softbrötchens nahm man dort ein normales, eher krosses Brötchen. Weitere Zutaten waren saure Gurken und Chutney, seltener gab es Ketchup.

In Indien wiederum ist aus dem Hamburger der „Mutton-Burger" geworden. Weil Rindfleisch da aus religiösen Gründen nicht infrage kommt, verwendet man Hammelfleisch. Für indische Vegetarier gibt es außerdem den „Vada Pav", der statt Fleisch scharf gewürzte Kartoffelscheiben enthält.

Das wahrscheinlich größte Angebot an Hamburgern hat Australien, wo aus fast jedem Fleisch Hamburger zubereitet werden: Der „Crocoburger" ist aus Krokodilfleisch, der „Kangooburger" aus Kängurufleisch.

Der wohl teuerste Burger wird von Sterne-Restaurants während der Trüffelsaison angeboten. Neben feinstem Rindfleisch enthält er auch noch eine dünne Scheibe Gänseleberpastete und Trüffel. Je nach Trüffelmenge und Rezept kostet er zwischen 80 und 160 Euro.

Der Clou am Hamburger, egal wie exotisch oder teuer, ist aber das Brötchen: Mit seiner Hilfe kann das Hacksteak ohne Teller gegessen werden – wie seinerzeit an Bord der Auswandererschiffe.

Teure Lebensmittel

Grundnahrungsmittel sind billig: Wer auf dem Weltmarkt im Juli 2010 ein Kilo Weizen kaufte, musste genau 17 Cent dafür bezahlen, für ein Kilo Kartoffeln 20 bis 50 Cent. Ganz anders sieht es mit den Preisen bei den seltenen und exklusiven Lebensmitteln und Gewürzen aus. Wer zum Beispiel ein Kilo Fleisch vom Zwergzeburind kauft, das aus Sri Lanka stammt, muss schon mal 1000 Euro ausgeben. Der anspruchsvolle Kaffeetrinker

Gewürze

kann sich für 700 Euro ein Kilo Kopi-Luwak-Kaffee aus Sumatra gönnen. Das ist fast geschenkt, wenn man es mit dem weißen Alba-Trüffel aus Italien vergleicht, der zwischen 4000 und 5000 Euro pro Kilo kosten kann. Und selbst das ist noch preiswert, verglichen mit Beluga-Kaviar aus dem Iran, für den der Feinschmecker bis zu 7000 Euro fürs Kilo zahlen muss.

Wie heißt der teuerste Kaffee der Welt?

A Kopi Luwak
B Hara Kiri
C Mata Hari
D Kuala Lumpur

336

Aber es geht noch teurer: Für die beste Qualität des Gewürzes Safran, das aus den Stempelfäden der Blüten einer Krokusart gewonnen wird, sind für ein Kilo 15 000 Euro fällig. Zum Glück braucht man immer nur einige Fäden, um eine Suppe oder ein Risotto zu würzen. Mit einem Euro kommt man da schon weit – und kann so das wohl teuerste Lebensmittel der Welt genießen.

Hast du das gewusst?

Es gibt Gerichte, in denen Blattgold für die Färbung sorgt, zum Beispiel diverse Risottos. Ein solches Gericht ist sehr kostspielig. Aber dieses Gold ist kein Lebensmittel und kein Gewürz, sondern ein Farbstoff mit der Nummer E 175.

Exotische Speisen

Noch vor rund 80 Jahren konnte man in unseren Breiten in manchen Gaststätten Maikäfersuppe bestellen. Ohne Beine und Flügel wurden auch die Käfer in einer klaren Brühe gekocht, zerkleinert und durch ein Sieb gedrückt.

Essbare Insekten

Eine Delikatesse – vor allem in Jahren, in denen Maikäfer eine regelrechte Plage waren. Nach dem Zweiten Weltkrieg verschwand dieses alte Gericht bei uns von den Speisekarten, und mit ihm die Insektenküche. In anderen Ländern ist sie beliebter denn je. Vor allem in asiatischen Ländern werden gekochte und frittierte Insekten sehr geschätzt. In Thailand stehen regelmäßig Blattwanzen, Wasserkäfer und Schaben auf dem Speiseplan.

In China und Korea werden Seidenraupen nicht nur zur Seidengewinnung gezüchtet, sondern auch, weil man die Puppen der Schmetterlinge kocht. Besonders gut schmecken den Asiaten Heuschrecken und Grillen in scharfen Soßen. Heuschrecken und Käferlarven sind auf dem afrikanischen Kontinent begehrt, ebenso wie manche Schmetterlingsraupen und Maden. Motten wiederum zählen in Australien zu den Delikatessen, wo die Bogong-Motte von den Aborigines in Feuerstellen gebraten wird.

Welchen Stoff enthalten Insekten?

A viel Eiweiß
B viel Fett
C viel Salz
D viel Zucker

337

Doch ganz gleich, welche Insekten man verspeist: Man nimmt auf jeden Fall eine gesunde Mahlzeit zu sich. Denn Insekten enthalten kaum Fett, dafür aber gesundes Eiweiß, viel Eisen und Vitamine. Vielleicht setzen sich Insekten ja doch noch einmal in Europa durch? In einigen großen Städten wie Berlin stehen sie schon auf der Speisekarte mancher Restaurants.

Fabeltiere

Drachen, Zentauren, Meeresungeheuer, Basilisken oder Sphingen (Mehrzahl von „Sphinx") sind weltbekannte Fabeltiere. Seit Jahrtausenden werden Geschichten über sie

Wolpertinger

erzählt, und auch heute tauchen sie in fantastischen Romanen auf. Es gibt auch eine große Zahl nur regional bekannter Fabeltiere: In Bayern kann man auf geheimnisvollen Waldlichtungen angeblich auf den Wolpertinger stoßen, einen geflügelten Hasen mit einem Geweih. Im Thüringer Wald kennt man einen nahen Verwandten des Wolpertingers, den Rasselbock, einen gehörnten Feldhasen. In Hessen wiederum treibt der Dilldapp sein Unwesen, eine Kreuzung aus Hase, Reh, Iltis und anderen Tieren des Waldes.

Auf welchen gehörnten Hasen kann man in Thüringen treffen?

A Wolpertinger
B Dilldapp
C Elwetritsch
D Rasselbock

338

In der Pfalz schleicht die Elwetritsch durch das Unterholz, ein großer Hühnervogel mit einem

„Nessie", das Ungeheuer von Loch Ness

Geweih und menschlichen Brüsten. Wer sich in Franken aufhält, sollte abends damit rechnen, dass plötzlich der Hägglmoo aus einem Fluss auftaucht: ein Fischmann, der der Sage nach Menschen mit sich in die Tiefe zieht.

Welches Fabeltier wurde von Loriot entdeckt?

A Wilder Waldmops
B Dicke Sumpfkuh
C Rheinisches Flusspferd
D Frecher Flugfisch

339

In und um Aachen kann einem Betrunkenen der Bahkauv auflauern, ein Kalb mit Molchschwanz und scharfen Reißzähnen.

Naturschutz für Nessie

Jeden Sommer pünktlich zur Ferienzeit gibt es Zeitungsmeldungen, nach denen in verschiedenen Gewässern Ungeheuer gesichtet werden. Das berühmteste ist Nessie. Die meisten Zeugen beschreiben das Ungeheuer von Loch Ness so, wie es auf einem berühmten Foto von 1933 zu sehen ist: Ein langer Hals ragt aus dem Wasser. Daran schließen sich ein kleiner und ein großer Buckel an. Lange haben Paläontologen und andere Wissenschaftler tatsächlich nach dem geheimnisvollen Tier gesucht. Mikrofone wurden ins Wasser gelassen und mit U-Booten wurde der Grund von Loch Ness erkundet – aber von Nessie keine Spur.

Welche Stadt liegt östlich von Loch Ness?

A Inverness
B Hogwarts
C Askaban
D Godric's Hollow

340

Es könnte ein Plesiosaurus sein, vermuteten lange Zeit Anhänger von Nessie – das ist ein Meeressaurier mit einem langen, schlangenartigen Hals. Der Plesiosaurus ist jedoch, wie alle Dinosaurier, vor 65 Millionen Jahren ausgestorben – Loch Ness entstand aber erst nach der letzten Eiszeit vor rund 12 000 Jahren …

„Nessie"

Der Paläontologe und Saurierexperte Neil Clark von der Universität Glasgow hat sich die Fotos von 1933 genauer angesehen und alte Zeitungen durchgeblättert. Er hat eine einfache Erklärung für die verblüffenden Bilder: Als die Fotos aufgenommen wurden, gastierte der Zirkus Olympia am See. Einer der Elefanten nahm ein Bad und wurde dabei von Zirkusdirektor Bertram Mills fotografiert.

Welches Tier wurde einige Zeit hinter Nessie vermutet?

- A ein Riesennilpferd
- B eine Seekuh
- C ein Plesiosaurus
- D ein Blauwal

341

Die unscharfen Schwarz-Weiß-Aufnahmen gab er an die Presse, die hellauf begeistert war. Den aus dem Wasser aufragenden Rüssel deuteten sie als Hals, den Kopf und den Rücken als Buckel des Ungeheuers. Der Zirkusdirektor setzte sofort ein Kopfgeld von 20 000 Pfund für den Fang des Ungeheuers aus – das inzwischen wieder als harmloser Elefant im Zirkus auftrat. Eine perfekte Werbeaktion, die der Zirkusdirektor für sich nutzen konnte, ohne das Geheimnis zu lüften. Dieses Kunststück gelang erst dem Glasgower Wissenschaftler. Obwohl auch die schottischen Behörden nicht an Nessie glauben, haben sie das Ungeheuer sicherheitshalber unter Naturschutz gestellt. Man kann ja nie wissen ...

Kuh- und Pferdefriseure

Nicht nur Menschen gehen zum Friseur, sondern auch Tiere. Das heißt: Der Friseur kommt zu ihnen. Wenn eine große Landwirtschaftsmesse ansteht, kann der Landwirt seine wertvolle Milchkuh ja nicht einfach aus dem Stall holen und auf dem Messestand dem Publikum präsentieren. Vielmehr wird sie vorher so richtig herausgeputzt.

Wie nennt man die Haare am Fesselgelenk eines Pferdes?

- A Schweifhaar
- B Zotteln
- C Barteln
- D Kötenbehang

342

Diese Aufgabe übernehmen professionelle „Cowfitter" oder Kuhfriseure. Mit Bürsten, Kämmen, Scheren und Haarschneidegeräten reinigen und trimmen sie das Fell.

Das dauert mehrere Stunden und geschieht in der Nacht, damit die Kuh am Morgen, wenn die Messe beginnt, sauber und glänzend dasteht.

Kuhfriseur

Auch Pferde müssen auf Leistungsschauen und Hengstleistungsprüfungen die Zuschauer und Preisrichter von ihren Qualitäten überzeugen. Deshalb gibt es neben den Kuhfriseuren selbstverständlich auch Pferdefriseure. Die kümmern sich ebenfalls um das Fell, ganz besonders jedoch um Mähne und Schweif. Dabei setzen sie fast alle Mittel und Tricks ein, die Friseure bei menschlichen Kunden anwenden. Sogar Echthaarverlängerungen beim Pferdeschweif sind machbar!

Seltene Berufe

Kuh- und Pferdefriseure zählen zu den seltenen Berufen, aber es gibt noch ungewöhnlichere: der Freizeitpark-Tester. Was für andere Menschen ein großer Spaß ist, ist für ihn ein ernstes Geschäft. Stundenlang fährt der Tester Achterbahn, um die Sicherheit zu prüfen und Schwachstellen aufzuspüren. Er vergleicht Preise und Angebote verschiedener Parks, misst mit der Stoppuhr Fahrtzeiten und befragt Gäste nach ihren Eindrücken. Danach muss der Tester Berichte schreiben, die in Zeitschriften und im Internet nachzulesen sind.

Welche Vögel erforscht der Inselvogt auf Memmert?

A Gabler
B Schneider
C Kauer
D Löffler

343

Ums Lesen geht es auch beim Daten-Archäologen. Er versucht, an den Inhalt alter Magnetbänder, Disketten oder Festplatten zu gelangen. Schon bei 10 oder 20 Jahre alten Datenträgern kann das Auslesen schwierig sein – weil es kaum noch die passende Hard- und Software dafür gibt. Ein Problem, das Behörden und Universitäten immer deutlicher zu spüren bekommen. Sogar die NASA, die amerikanische Raumfahrtbehörde, bemüht inzwischen Daten-Archäologen, um alte Aufzeichnungen von Raumsonden auszuwerten. Die Experten kennen verschiedene Tricks, wie man an alte Daten herankommt. Oft haben sie alte Geräte und Computer zur Verfügung.

Der einsamste Job Deutschlands ist wahrscheinlich der des Inselvogts auf der unbewohnten Vogelinsel Memmert. Seit 2003 lebt Enno Janssen im einzigen Haus dort und erforscht die Vogelwelt der Insel, die während der Brutzeit niemand außer ihm betreten darf. Seltene Vögel wie Löffler und Säbelschnäbler brüten hier. Ab und zu fährt Enno Janssen zur Nachbarinsel Juist oder aufs Festland, um Vorträge zu halten oder seine Vorräte zu ergänzen. Enno Janssens Job gibt es wie den der Bundeskanzlerin oder den des Bundespräsidenten nur ein einziges Mal.

Urban Legends

Früher gab es Sagen und Märchen – heute gibt es „Urban Legends". So nennt man mysteriöse und unglaubliche Geschichten, die von Mensch zu Mensch weitererzählt werden. Ein bekanntes Beispiel ist die von der exotischen Spinne, die aus den Blättern einer gerade erst gekauften Yuccapalme krabbelte und den ahnungslosen Besitzer in die Wange biss. Die Bissstelle schwoll an, und ärztlich angeordnete Bestrahlungen halfen nicht. Eines Tages aber platzte die Schwellung auf und Hunderte kleiner Spinnen schlüpften aus … Doch Halt, keine Panik, eine solche Spinne gibt es nicht. Sie ist das Produkt

Spinne

einer blühenden Fantasie. Ebenso wie die Krokodile, die angeblich in der Kanalisation von New York ihr Unwesen treiben. Oder die Behauptung, Albert Einstein sei ein schlechter Schüler gewesen und hätte in Mathe sogar eine Sechs gehabt. Purer Unsinn! Genau wie die Geschichte von der Katze – manchmal ist es ein Papagei oder ein Pudel –, die zuerst in der Waschmaschine gewaschen und anschließend in der Mikrowelle getrocknet wurde.

Wie nennt man eine Falschmeldung in der Zeitung?

A Zeitungsente
B Magazingans
C Feuilletonhuhn
D Nachrichtenvogel

344

Hunderte solcher sogenannten „Urban Legends" sind schon seit Jahrzehnten im Umlauf. Sie werden immer wieder verändert und aktualisiert. Ihr Ursprung lässt sich fast nie ermitteln. Doch diese modernen Märchen sind ebenso beliebt wie die alten Märchen.

Und wie die alten Märchen werden sie im Freundeskreis und auf Feiern erzählt. Besonders beliebt sind Horrorgeschichten – wie die von dem abgetrennten Finger, der noch stundenlang über den Tisch kroch ...

Abstürze

Am 5. Juli 2010 wagte die 19-jährige Russin Julia Jewdokimenko ihren ersten Fallschirmabsprung. In 800 Metern Höhe verließ sie das Flugzeug. Dann kam der Schock: Der Fallschirm öffnete sich nicht. Ungebremst raste die junge Frau in die Tiefe. Sie hatte schon mit ihrem Leben abgeschlossen, als sie mit einem schmatzenden Geräusch in einem Sumpfgebiet landete. Einige Knochen waren gebrochen, aber sonst fehlte ihr nichts: Der Sumpf hatte die Energie des Aufpralls abgefangen und ihr das Leben gerettet.

Immer wieder überleben Menschen verheerende Unfälle und Katastrophen, die eigentlich tödlich enden müssten. So auch der Engländer Michael Holmes, der 2007 über Neuseeland ebenfalls mit dem Fallschirm absprang. Als der sich nicht öffnete, stürzte er 3600 Meter in die Tiefe – und landete in einem dichten Gebüsch. Nach nur elf Tagen im Krankenhaus konnte er wieder nach Hause gehen.

Mann am Abgrund

Heiligabend 2008 rutschte ein zehnjähriges Mädchen in der Nähe der Aussichtsterrasse auf dem Wendelstein in den Bayerischen Alpen ab und stürzte 170 Meter in die Tiefe. Es landete im weichen Schnee und trug zur Überraschung der Bergretter nur einige blaue Flecken davon.

Was hat ein Fallschirmspringer immer dabei?

A Trinkflasche
B Notfallhandbuch
C Reserveschirm
D Bibel

345

Ebenso viel Glück hatte ein 14-jähriges Mädchen, das 2010 in Dormagen bei Düsseldorf aus dem 13. Stock eines Hochhauses stürzte. Es schlug auf ein Vordach auf, das nachgab und einstürzte. Die Feuerwehr fand das Mädchen in den Trümmern – mit ein paar harmlosen Knochenbrüchen.

Einen Monat später fiel ein vierjähriger Junge in Miami, Florida, aus dem 17. Stock eines Hochhauses auf die Abdeckung des

Swimmingpools – und trug nur ein paar Kratzer davon. Freiwillig sollte aber niemand derartige Sprünge riskieren, denn eine Wundergarantie gibt es nicht.

Wunder von New York

Am 15. Januar 2009 um 15:26 Uhr startet Flug 1549 vom LaGuardia-Flughafen in New York in Richtung Seattle. An Bord des Airbus A230 befinden sich 150 Passagiere und fünf Besatzungsmitglieder. Flugkapitän ist Chesley Burnett Sullenberger, ein erfahrener Pilot. Die Maschine fliegt noch keine 1000 Meter hoch, als ihr ein Schwarm Gänse entgegenkommt. Einige der Tiere prallen gegen die beiden Triebwerke und legen sie lahm.

„Wunder von New York"

Das Flugzeug hat keinen Schub mehr. Innerhalb weniger Sekunden muss Sullenberger eine Entscheidung über Leben und Tod treffen. Der Weg zurück zum Flugplatz ist zu weit, die Stadt zu dicht bebaut, die Straßen sind zu schmal. Bei der geringen Flughöhe kommt nur der Hudson River als Landeplatz infrage, der Fluss, der mitten durch New York fließt. Ein riskantes Unternehmen, denn bislang ist es in der Geschichte der Luftfahrt nur zwei Piloten gelungen, ein Düsenflugzeug sicher notzuwassern.

Wer war an der Notlandung auf dem Hudson River schuld?

A Geier
B Schwalben
C Gänse
D Störche

346

Aber Sullenberger ist ein sehr erfahrener Pilot. Er fliegt eine Kurve, hält die Maschine gerade und die Nase hoch. Besatzung und Passagiere haben nur Sekunden Zeit, um sich auf den Aufprall vorzubereiten. Sullenberger gelingt vor Tausenden erstaunter Zeugen das Kunststück: Die Maschine setzt, ohne auseinanderzubrechen, langsam auf dem Wasser auf. Niemand ist ernsthaft verletzt. Sofort öffnet die Crew die Notausstiege und lässt die Notrutschen ins Wasser. Zum Glück sind Fähren und Schiffe auf dem Fluss unterwegs, die das Flugzeug schnell erreichen und alle 155 Menschen an Bord nehmen. Flugkapitän Sullenberger ist damit die wohl perfekteste Notlandung auf Wasser gelungen, die es je gab.

Kuriose Briefmarken

Briefmarken sind langweilig und nur etwas für Sammler – so denken viele. Aber Briefmarken können auch ganz anders gestaltet sein als die, die man vom Schalter oder Automaten kennt. Die 1973 vom Königreich Bhutan herausgegebene Briefmarke, die einen Durchmesser von 10 Zentimetern hat, lässt sich als Schallplatte abspielen – dann erklingt die Nationalhymne des Landes.

Welches Land ist bekannt für besondere Briefmarken?

A Belgien
B Dänemark
C Bhutan
D Irland

347

Andere Briefmarken dieses Königreichs zeigten schon dreidimensionale Bilder von Drachen oder Raumschiffen. Im polynesischen Staat Tonga gab es in den 60er-Jahren Briefmarken in Form von Bananen, Flugzeugen und Papageien.

Briefmarken gibt es aus nahezu jedem Material: Mehrere Länder, darunter Burundi und Niger, gaben zu besonderen Anlässen Briefmarken aus Goldfolie heraus. Die Sowjetunion war nicht so großzügig: Sie ließ 1965 Briefmarken mit erfolgreichen Raumschiffen auf Alufolie drucken. In der DDR druckte man Marken auf Gewebe. Und in der Schweiz hatte man 2004 den Einfall, Marken auf Holz pressen zu lassen. Anlässlich der Fußball-EM 2008 konterte Österreich mit Marken aus Kunstleder.

Briefmarke aus Gold

Hast du das gewusst?

Die Deutsche Post gab 1999 zwei Briefmarken mit aufgeklebten Hologrammen heraus. Sie zeigen Satelliten, die die Erde umkreisen. Ähnliche Marken gibt es auch aus Österreich und Australien.

Alte Schauspieler

„Altersgen gefunden!" Diese Meldung wurde 2010 von den Medien verbreitet. Es ist jedoch schon länger bekannt, dass das Alter eines Menschen nicht nur von seinem Lebenswandel abhängt, sondern auch vom Erbgut: Wer von seinen Vorfahren bestimmte Erbinformationen bekommen hat, kann über 100 Jahre alt werden.

Der holländische Schauspieler Johannes Heesters, der 1903

geboren wurde, gilt als ältester aktiver Schauspieler der Welt. Am 5. Dezember 2010 konnte er seinen 107. Geburtstag feiern. Seinen ersten Auftritt als Schauspieler hatte er 1921.

Wie lautet der Spitzname von Johannes Heesters?

A Blacky
B Thommy
C Jopi
D Harry

348

Etwas jünger als Heesters ist der amerikanische Schauspieler Eli Wallach, der 1915 geboren wurde und mit 15 seinen ersten Film drehte. Seit 1945 ist er professioneller Schauspieler und hat in fast 80 Filmen mitgewirkt. Ebenso wie Heesters ist auch Wallach noch aktiv: 2009 stand er für den Roman-Polanski-Film *Ghostwriter* neben Ewan McGregor vor der Kamera, und gleich darauf drehte er mit Michael Douglas

Johannes Heesters

den Film *Wall Street: Geld schläft nicht*, der im September 2010 in die Kinos kam.

Am 4. Juli 2010 stieg in Beverly Hills eine rauschende Party, denn die betagte Schauspielerin Gloria Stuart feierte ihren 100. Geburtstag. Sie drehte 1932 ihren ersten Film und war unter anderem in *Titanic* von James Cameron zu sehen. Die Schauspielerin starb jedoch zwei Monate später. Wir können gespannt sein, welche Rollen Daniel Radcliffe (Harry Potter) oder Emma Watson (Hermine Granger) spielen werden, wenn sie auf die hundert zugehen!

Schweizer Garde

Die Schweizer Garde des Vatikans ist die älteste und kleinste Armee der Welt. Die Schutztruppe des Papstes zählt genau 110 Mann. Genau genommen ist sie aber keine Armee, denn kein Schweizer darf als Söldner in einem anderen Land dienen. Darum wird sie auch als „Hauspolizei“ bezeichnet.

Aufgestellt wurde sie im Jahr 1506, als der damalige Papst

Hast du das gewusst?

Im Mai 2003 wurde der 23-jährige Dhani Bachmann als erster Farbiger als Schweizer Gardist vom Papst vereidigt. Er stammt aus Indien und wurde als Vierjähriger von einer Schweizer Familie adoptiert.

Schweizer Garde im Vatikan

Julius II. nach einer zuverlässigen Wachmannschaft für den Vatikan suchte. Die Wahl fiel auf Schweizer Soldaten, weil sie als die tapfersten in Europa galten. Da sie sich bewährt haben, und weil es im Vatikan keine schnellen Veränderungen gibt, gibt es die berühmte Garde noch heute.

Wo verbringt der Papst den Sommer?

A Neuschwanstein
B Camelot
C Engelsburg
D Castel Gandolfo

349

Ihre Kommandos erhalten die Gardisten in deutscher oder italienischer Sprache. Ihre Bewaffnung besteht wie vor 500 Jahren aus Hellebarden und Schwertern. Weniger sichtbar sind ihre modernen Waffen, mit denen sie ebenfalls ausgerüstet sind.

Ihre Uniform sieht zwar historisch aus, wurde aber erst 1910 von dem Garde-Kommandanten Jules Repond entworfen. Er bevorzugte dabei die Farben Blau, Rot und Gelb, die Farben der Florentiner Familie Medici. Im Alltag tragen die Gardisten eine Baskenmütze, bei feierlichen Anlässen eine Sturmhaube aus Metall.

Um Mitglied der Schweizer Garde zu werden, muss man ein Mann, Schweizer, über 1,74 Meter groß, katholisch, unverheiratet und nicht älter als 30 Jahre sein. Außerdem muss man die Rekrutenschule der Schweizer Armee absolviert haben, also ein ausgebildeter Soldat sein. Für die Zeit ihres Dienstes erhalten die Gardisten die vatikanische Staatsbürgerschaft.

Pseudonyme

Auf der Bühne nennen sie sich Eminem, Sting, Smudo oder Campino. Jeder kennt diese Künstler – doch ihren richtigen Namen weiß kaum jemand. Künstler ziehen Pseudonyme ihren bürgerlichen Namen vor, weil sie einprägsamer sind.

Der amerikanische Rapper Eminem heißt eigentlich Marshall

Bruce Mathers III. Seinen Namen änderte er 1995, weil Künstlernamen in der Rapperszene üblich sind.

Unter welchem Namen wurde Johann Hölzel ein Weltstar?

A Falco
B Silvio
C Zorro
D Kollo

350

Der englische Superstar Sting heißt eigentlich Gordon Matthew Thomas Sumner. Er verdankt seinen Künstlernamen einem gelb-schwarz gestreiften Pullover, der einen Musikerkollegen an eine Wespe erinnerte. Er nannte ihn spaßeshalber Sting, übersetzt „Stachel". Der Name gefiel Sumner und er behielt ihn.

Welchen Namen wählte der Engländer Farrokh Bulsara?

A Freddy Quinn
B Freddy Krueger
C Freddie King
D Freddie Mercury

351

Auch deutsche Sänger mögen Pseudonyme. Michael Bernd Schmidt machte als Smudo bei den *Fantastischen Vier* Karriere. Andreas Frege ist als Campino seit Jahrzehnten der Leadsänger der *Toten Hosen*. Bei den *Ärzten* trommelt und singt Bela B., in dessen Pass Dirk Albert Felsenheimer steht. Sein Künstlername

Sting

bezieht sich auf den bekannten ungarischen Schauspieler Bela Lugosi, der in vielen Filmen den Grafen Dracula spielte. Blixa Bargeld, eigentlich Christian Emmerich, der Frontmann der *Einstürzenden Neubauten*, ist Fan des in den 20er-Jahren bekannten Malers Johannes Theodor Baargeld. Als Anis Mohamed Youssef Ferchichi ein bekannter Rapper wurde, wählte er das japanische Wort Bushido als Pseudonym, was „Weg des Kriegers" bedeutet.

Das Weiße Haus

Das Weiße Haus, der Amts- und Wohnsitz des Präsidenten der USA, zählt zu den bekanntesten Gebäuden der ganzen Welt – wie Eiffelturm, Brandenburger Tor oder Tower Bridge. Mit dem Bau des Weißen Hauses wurde am 13. Oktober 1792 an einer Stelle begonnen, die George Washington, der erste Präsident der USA, selbst ausgesucht hatte. Es war das erste Haus der neuen Hauptstadt Washington. Das

Weiße Haus hat 132 Räume, von denen das Oval Office – das ovale Büro – der bekannteste ist. Der Bau des „White House" dauerte so lange, dass erst der zweite Präsident der USA, John Adams, einziehen konnte.

Aus welchem Stein wurde das Weiße Haus erbaut?

A Granit
B Kalkstein
C Schiefer
D Sandstein

352

Als Vorbild für das Weiße Haus diente Leinster House, ein 1745 erbauter Palast in Dublin. Nur die graue Farbe der Steine dieses Palastes gefiel den Amerikanern nicht: Sie wünschten sich ein weißes Gebäude. Doch sosehr sie sich auch in ihrem Land umsahen, das passende Baumaterial war nicht aufzutreiben. Fündig wurden die Architekten schließlich in Obernkirchen bei Hannover. Der Sandstein, der dort in den Steinbrüchen abgebaut wird, galt und gilt als der schönste und beste der

Das Weiße Haus

Welt. Also orderte man die benötigte Menge und ließ die Steine in die USA verschiffen.

Wie heißt das Arbeitszimmer des Präsidenten?

A Washington Room
B Chamber of Secrets
C Oval Office
D Crystal Palace

353

Auf dem Potomac River wurden sie in die Nähe der Baustelle geschafft. Weißen Marmor kaufte man auf der kroatischen Insel Brač. So entstand ein weißes Gebäude, das seit 1901 auch offiziell „Weißes Haus" heißt. Damit es weiß bleibt, wird es regelmäßig mit weißer Farbe gestrichen. Wie die Steine kommt auch die Farbe aus Deutschland, und zwar von einem bayerischen Unternehmen.

Der Vatikan

Der Vatikan ist mit seinen 0,44 Quadratkilometern und seinen gut 900 Einwohnern der kleinste anerkannte Staat der Welt und liegt mitten in der Hauptstadt eines anderen Landes, in Rom. Doch nicht nur das macht den Vatikan einmalig. Der Zwergstaat ist das einzige nicht demokratische Land Europas! Zwar wird der Papst von den Kardinälen gewählt – doch anschließend ist er absoluter Herrscher auf Lebenszeit. Er kann von der Bevölkerung nicht abgewählt werden und es gibt kein Parlament. Damit ist der Vatikan eine absolute Wahlmonarchie. Obwohl der Vatikan nicht Mitglied der EU ist, gilt dort der Euro, und der Vatikan gibt sogar eigene Euromünzen heraus. Besondere Verträge machen das möglich.

Welche Sprache benutzt man am Geldautomaten im Vatikan?

A Deutsch
B Japanisch
C Französisch
D Latein

354

Sogar einen eigenen Bahnhof besitzt der Zwergstaat, zu dem eine Gleislänge von 200 Metern gehört. Benutzt wird er allerdings nur bei besonderen Gelegenheiten. Es gibt keine Schule, denn die Kardinäle und die anderen Kirchenmänner haben im Allgemeinen keine Kinder. Ein Gefängnis hat man dagegen schon. Es bietet allerdings nur zwei Häftlingen Platz – und wird noch seltener benutzt als der Bahnhof.

Häufiger ist die Fußballmannschaft des Vatikans im Einsatz, auch wenn der Staat selbst über keinen Fußballplatz verfügt. Die Spieler – Schweizer Gardisten, Angestellte und Museumspersonal – müssen auf italienische Plätze ausweichen. Obwohl die Nationalmannschaft kein FIFA-Mitglied ist, sich also nicht für eine Fußball-WM qualifizieren kann, finden regelmäßig Länderspiele statt.

Petersplatz im Vatikan

Wer hat's erfunden?

Menschen interessiert, wann wer welche Erfindung gemacht hat. Allerdings sind einige falsche Antworten im Umlauf. Das liegt häufig am Namen der Erfindung. So stammt der Morse-Apparat zwar von dem Amerikaner Samuel Morse, der seine ersten Telegrafen 1837 vorstellte. Das dazu passende Morse-Alphabet aus Punkten und Strichen beziehungsweise kurzen und langen Tönen hat er aber nicht erfunden: Das war sein Mitarbeiter Alfred Veil. Samuel Morse selbst hatte keine Zeit, sich darum zu kümmern …

Der Erfinder der Dampfmaschine? Die meisten tippen auf James Watt. Der schottische Erfinder hat die Dampfmaschine aber nur entscheidend verbessert. Die Idee kam ihm, als er 1764 den Auftrag erhielt, eine Dampfmaschine von Thomas Newcomen zu reparieren. Die Dampfmaschine gab es bereits seit 1712, und einfache Vorläufer wurden noch früher von Denis Papin und Thomas Savery gebaut.

Wer hat den Morsecode erfunden?

A Alfred Veil
B Alfred Hitchcock
C Alfred Nobel
D Alfred Döblin

355

Das Schwarzpulver, das noch heute in Böllern und Feststoffraketen zum Einsatz kommt, wird gerne dem Franziskanermönch Berthold Schwarz aus Freiburg zugeschrieben. Er soll im 14. Jahrhundert den ersten richtigen Sprengstoff erfunden haben. Doch trotz des Namens ist das reine Legende – das Schwarzpulver wurde in Arabien und China schon im 11. Jahrhundert eingesetzt, Erfinder unbekannt.

Das Porzellan stammt auch aus China. Der Apothekerlehrling Johann Friedrich Böttger soll es

Dampfmaschine von Newcomen

1707 für Europa ein zweites Mal erfunden haben. Aber von diesen Dingen hatte er überhaupt keine Ahnung. Er hatte behauptet, Gold machen zu können. Daraufhin ließ August der Starke, Kurfürst von Sachsen, Böttger nach Dresden entführen, damit der seine Schatzkammern füllte. Das hätte den jungen Mann fast das Leben gekostet, denn natürlich konnte er kein Gold herstellen. Ehrenfried Walther von Tschirnhaus überredete Böttger dazu, in dem eigens eingerichteten Laboratorium des Kurfürsten statt des Goldes wenigstens Porzellan herzustellen. Böttger baute die Porzellanmanufaktur in Meißen auf. Seitdem gilt er als der Erfinder des Porzellans – aber eigentlich war das Tschirnhaus.

Lachen ist gesund

Der griechische Philosoph Aristoteles war davon überzeugt, dass Menschen sich vor allem durch das Lachen vom Tier unterscheiden. Zu seiner Zeit, in der griechischen Antike, sahen sich die Bürger Komödien im Theater an, um zu lachen. Im Mittelalter war Lachen hingegen verpönt: Der Papst war der Ansicht, dass Jesus auch niemals gelacht habe. Lachen galt darum lange Zeit als unchristlich. Erst in der Neuzeit während der Epoche der Aufklärung im 17. und 18.

Jahrhundert wurde es wieder als etwas Positives betrachtet. Lustspiele und Komödien kehrten auf die Bühnen zurück.

Wie heißt die Wissenschaft vom Lachen?

A Glaziologie
B Geologie
C Gerontologie
D Gelotologie

356

Heute ist Lachen sogar als Medizin anerkannt. Seit 1964 gibt es eine Wissenschaft, die das Lachen und seine Wirkung untersucht: die Gelotologie. Es wurde festgestellt, dass Lachen nicht nur für das Zusammenleben der Menschen wichtig ist, sondern auch für die Gesundheit. Wenn ein Mensch über einen Witz oder einen Komiker lacht, entspannt er sich. Körper und Gehirn werden besser durchblutet und mit Sauerstoff versorgt. Intensives Lachen stärkt Herz und Immunsystem wie ein Lauftraining. Sogar Schmerzen können durch Lachen bekämpft werden. Menschen, die häufig lachen, sind gesünder, leiden weniger unter Stress, haben seltener Kopfschmerzen. Diese Erkenntnis wird inzwischen in Kliniken zur Therapie eingesetzt. Auf Kinderstationen treten Clowns auf, um die kleinen Patienten aufzuheitern. 1991 wurde der Verein CliniClowns gegründet. Die CliniClowns greifen eine Idee des amerikanischen Arztes Patch Adams auf, dass durch Lachen der Heilungs- und Genesungsprozess unterstützt wird. Studien in amerikanischen und europäischen Kliniken haben gezeigt, dass Kinder so schneller gesund werden. Es stimmt also: Lachen ist die beste Medizin!

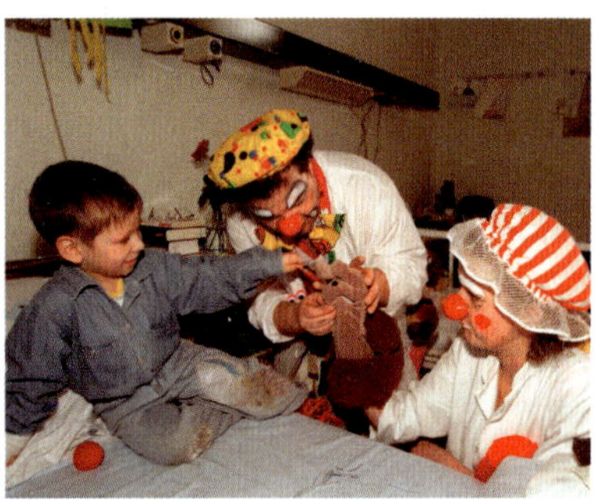

Clowns in einer Klinik

Erfolgreicher Filmautor

Der erfolgreichste Filmautor lebte von 1564 bis 1616, und gegen ihn haben bekannte Regisseure wie Steven Spielberg, George Lucas oder James Cameron keine Chance: Die Dramen von William Shakespeare wurden bislang mehr als 400-mal verfilmt! Seine Theaterstücke dienen dabei gleich als Drehbücher. Denn wer könnte bessere Dialoge schreiben als William Shakespeare? Die Stücke werden meist kaum verändert. Allenfalls werden Kürzungen vorgenommen, und das Stück wird so eingerichtet, dass es als Filmstoff „funktioniert“.

William Shakespeare

Am häufigsten, nämlich rund 75-mal, wurde *Hamlet* verfilmt, gefolgt von *Romeo und Julia*. Auch 2010 begannen wieder Arbeiten an neuen Shakespeare-Filmen. Al Pacino stand in England als *König Lear* vor der Kamera. Ralph Fiennes verfilmte *Coriolanus* und übernahm auch die Titelrolle. Über die Jahre haben bekannte Regisseure wie Roman Polanski, Orson Welles, Peter Greenaway und Kenneth Branagh Shakespeare verfilmt.

Wer stellt die berühmte Frage: „Sein oder nicht sein?"

A Othello
B Romeo
C Hamlet
D König Lear

357

Aber worin liegt der große Reiz seiner Stücke? Es gibt kaum einen Dichter, der so zeitlos fast alle menschlichen Fragen, Ängste, Freuden und Probleme so fantastisch beschrieben und auf den Punkt gebracht hat wie William Shakespeare. Jede neue Generation kann ihn für sich wiederentdecken. Seine Stücke bleiben immer modern.

In welcher Stadt spielt die Tragödie von Romeo und Julia?

A London
B Verona
C Berlin
D Athen

358

Auch die Zukunft beherrscht Shakespeare schon: Nicht nur Jean-Luc Picard, Kommandant des Raumschiffs „Enterprise", ist ein großer Shakespeare-Fan – auch das kriegerische Volk der Klingonen zitieren ihn gern.

Fundstücke

Als im Jahr 2006 ein Rentner aus Wiesbaden in einem ICE zur Toilette ging, traute er seinen Augen nicht: Neben der Kloschüssel stand eine Plastiktüte, randvoll mit Geldscheinen. Insgesamt 400 000 Euro! Er wartete mit der Tüte eine Weile vor der Toilette. Als sich niemand meldete, gab er das Geld bei der Polizei ab. Der Eigentümer meldete sich auch später nicht. So bekam der Rentner einen beträchtlichen Finderlohn, das restliche Geld ging an die Bahnhofsmission.

Große Geldbeträge werden immer wieder gefunden, aber es gibt auch ungewöhnliche Fundstücke. Im Fundbüro der Stadt Hamburg lagern gleich mehrere Grabsteine. Im Fundbüro von Wuppertal warten ein Totenschädel und ein Bundesverdienstkreuz auf ihre rechtmäßigen Besitzer.

Was steht einem ehrlichen Finder zu?

A Fangprämie
B Finderlohn
C Fundhonorar
D Aufspürbonus

359

Ein ganz besonderes Fundstück ist der Ötzi, den das Nürnberger Ehepaar Simon 1991 in den Ötztaler Alpen fand. Nachdem der Wert der Mumie berechnet worden war, erhielten sie 2010 immerhin 175 000 Euro Finderlohn!

Sehr viel häufiger sind „Fundstücke" aus dem Zweiten Weltkrieg: Im November 2009 wollte ein polnischer Rentner in seinem Garten ein Loch graben. Doch er kam nicht weit, denn er stieß auf Metall – das sich als deutscher Jagdpanzer entpuppte. Er wurde für ein Museum ausgebuddelt.

Nachbildung von „Ötzi"

Sogar komplette Flugzeuge kann man finden: Am 1. Januar 2010 stieß eine australische Expedition im Eis von Antarktika auf die Überreste eines Flugzeugs aus dem Jahr 1911. Es gehörte einem Flugpionier, der damit die Antarktis überqueren wollte. Auch dieser Fund landete im Museum.

Teure Kunstwerke

In Zeiten von Finanz- und Wirtschaftskrisen entscheiden sich viele Reiche und Superreiche, ihr Geld in Kunstwerken anzulegen. Kunst gilt als krisensicher, und auch Banken ersteigern gerne Kunstwerke als Geldanlage.

Zum teuersten Kunstwerk aller Zeiten wurde 2010 die lebensgroße Bronzeplastik *L'Homme qui marche I* des Schweizer Bildhauers Alberto Giacometti. Im berühmten Londoner Auktionshaus Sotheby's ging die Plastik nach nur acht Minuten für 74 Millionen Euro an einen unbekannten Bieter, der sich per Telefon beteiligt hatte. Bis dahin war das Gemälde *Junge mit Pfeife* von Pablo Picasso das teuerste Kunstwerk gewesen: Es wurde 2004 für 73 Millionen Euro bei Sotheby's in New York versteigert. Der Vorbesitzer hatte es übrigens für nur rund 25 000 Euro erworben.

Welcher Künstler ist der derzeit teuerste der Welt?

A Vincent van Gogh
B Rembrandt
C Pablo Picasso
D Leonardo da Vinci

360

Der Rekord der Giacometti-Plastik hielt gerade einmal drei Monate, denn schon im Mai 2010 holte ihn sich Picasso zurück, diesmal beim Auktionshaus Christie's in New York. Das Bild *Nackte, Grüne Blätter und Büste* erzielte den Spitzenpreis von 82 Millionen Euro. Doch auch dieser Rekord wird nicht von Dauer sein, denn die großen Auktionshäuser haben angekündigt, dass demnächst weitere bekannte Kunstwerke angeboten werden. Auch Picassos sollen dabei sein. Ob er seinen ersten Platz verteidigen kann?

Verschwörungstheorien

Wer im Internet surft, stößt auf alle möglichen Verschwörungstheorien. Je komplizierter die Welt wird, je schwerer Zusammenhänge zu verstehen sind, umso mehr Verschwörungen werden hinter geschichtlichen

Mondlandung

Ereignissen vermutet. Dazu gehört die Mondlandungsverschwörung, die besagt, dass die Amerikaner weder 1969 und auch später nie auf dem Mond gewesen sind. Alle Bilder seien Fälschungen, hergestellt in Filmstudios, um die Weltöffentlichkeit zu täuschen. Rein technisch sei die Mondlandung damals gar nicht durchführbar gewesen.

Wer betrat am 20. Juli 1969 als erster Mensch den Mond?

A Jules Verne
B Herbert George Wells
C Neil Armstrong
D Wernher von Braun

361

Daran glauben die Anhänger der Mondlandungsverschwörung – obwohl die Gegenbeweise erdrückend sind. Es ist typisch für Verschwörungstheoretiker, sich nicht auf Argumente und Beweise einzulassen. Was auch immer Physiker und Astronauten ihnen entgegenhalten – sie leugnen alles, um an ihrer Theorie festhalten zu können.

Die wohl bekannteste Verschwörungstheorie ist die von den Hintergründen der Ermordung John F. Kennedys 1963. Allerdings gibt es sehr unterschiedliche Versionen: Mal soll die Mafia hinter allem stecken, dann der amerikanische Geheimdienst CIA, dann wieder der kubanische Geheimdienst, vielleicht auch die Rüstungsindustrie. Trotz einiger Zweifel sind bislang aber die meisten ernsthaften Experten zu dem Schluss gekommen, dass sich hinter der Ermordung des beliebten US-Präsidenten keine Verschwörung verbirgt.

In welcher Stadt wurde John F. Kennedy erschossen?

A New York
B Dallas
C Los Angeles
D Washington

362

Im Frühjahr 1994 kamen einige Studenten in Kiel auf die Idee, eine eigene Verschwörungstheorie zu erfinden, um den Unsinn solcher Theorien deutlich zu machen: Die „Bielefeldverschwörung" besagt, dass es die Stadt Bielefeld gar nicht gibt. Alle Hinweise auf die Stadt seien von finsteren Verschwörern erfunden und gefälscht worden. Die Bielefeldverschwörung hat inzwischen so viele Anhänger, dass sogar ein Film darüber gedreht wurde: Im Juni 2010 kam der Thriller *Die Bielefeld-Verschwörung* in die Kinos. Ob er auch in Bielefeld lief, weiß niemand so genau ...

Neue und alte Wörter

Jedes Jahr kommen neue Wörter zur deutschen Sprache hinzu. Viele stammen aus dem Englischen, sind also Anglizismen wie „Download", „Blog" oder „Public Viewing". Andere Wörter sind Neologismen (Wortneuschöpfungen), zum Beispiel „Podcast", was aus dem iPod der Firma Apple und dem englischen Wort für Sendung – „broadcast" – zusammengesetzt wurde.

Aber es verschwinden auch Wörter aus der deutschen Sprache, weil immer weniger Menschen sie benutzen. Dazu gehören vor allem Begriffe für technische Geräte, die es nicht mehr gibt: zum Beispiel die „Wählscheibe" alter Telefonapparate oder der heute nicht mehr übliche Kunststoff „Bakelit".

Wie wurde früher eine 10-Pfennig-Münze genannt?

A Gulden
B Groschen
C Heiermann
D Schilling

363

Und was war noch gleich das „Magische Auge"? Genau, die kleine grünliche Anzeige, mit deren Hilfe früher Radiosender eingestellt wurden. Aber auch Wörter aus dem Alltag sind vom Aussterben bedroht wie „Backfisch“ für Teenager oder „Gendarm“ für Polizist. Immer weniger Menschen wissen, dass ein Polizeiauto lange Zeit als „Peterwagen“ bekannt war oder dass das Outlet noch vor wenigen Jahren „Werksverkauf“ hieß. Und selbst der „Mauerspecht“, der 1989 mithalf, die Berliner Mauer zu beseitigen, gerät schon wieder in Vergessenheit.

Letzte Worte

Von einigen berühmten Persönlichkeiten sind letzte Worte, Wünsche und Ratschläge überliefert. So meinte die französische Modeschöpferin Coco Chanel auf ihrem Sterbebett: „So stirbt man also.“ Johann Wolfgang von Goethe hatte nur einen Wunsch: „Mehr Licht!“ Der erste Bundeskanzler Konrad Adenauer hingegen tröstete seine Familie: „Da gibt es nichts zu weinen.“ Und Ludwig van Beethoven verabschiedete sich mit der Feststellung: „Schade, schade, zu spät!“ Der Komponist meinte den Wein, der gerade geliefert worden war und den er nicht mehr trinken konnte.

Coco Chanel

Wer wünschte sich „mehr Licht“?

A Adenauer
B Chanel
C Goethe
D Beethoven

364

Der englische Dichter Oscar Wilde starb verarmt. Daher sagte er kurz vor seinem Tod: „Ich kann mir nicht mal leisten zu sterben.“ Der Filmkomiker Stan Laurel, besser bekannt als Doof des Duos „Dick und Doof“, warnte seine Freunde: „Wer an meinem Grab weint, mit dem rede ich nie wieder ein Wort.“ Ähnlich trocken äußerte sich der Schauspieler und Autor Peter Ustinov. Sein letzter Wunsch war ein warnender Hinweis auf seinem Grab: „Betreten des Rasens verboten!“

Hast du das gewusst?

Die letzten Worte von Albert Einstein sind nicht übermittelt. Denn als er am 18. April 1955 im Alter von 76 Jahren in Princeton starb, war nur die Nachtschwester Alberta Rozsel bei ihm – und die verstand leider kein Deutsch.

Lösungen

Biologie

1 C – Die großen Pflanzen fressenden Dinosaurier nennt man Sauropoden.
2 B – Die Dinosaurier haben die Federn „erfunden".
3 B – In der Eifel gab es früher Riesenskorpione.
4 C – Der Riesenfrosch lebte auf Madagaskar.
5 B – Das Erbgut eines Lebewesens nennt man Genom.
6 D – Man vermutet noch viele unbekannte Tierarten im Regenwald.
7 B – Die neu entdeckte Nabelschweinart heißt Riesenpekari.
8 C – Der Haast-Adler machte Jagd auf die Moas.
9 B – Die Dronte ist auch unter dem Namen Dodo bekannt.
10 D – Kryptozoologen suchen nach Fabeltieren.
11 A – Das ausgestorbene Riesenfaultier heißt Megatherium.
12 B – Riesenkalmare gehören zu den zehnarmigen Tintenfischen.
13 C – Die Feinde der Riesenkalmare sind die Pottwale.
14 B – Vor allem der Klimawandel ist für die Alien-Invasionen verantwortlich.
15 D – Der Feldhamster ist vom Aussterben bedroht.
16 B – Die männlichen Bienen heißen Drohnen.
17 C – Die Varroa-Milbe ist für das Bienensterben mit verantwortlich.
18 A – Käferforscher nennt man auch Koleopterologen.
19 D – Der Riesenbockkäfer ist mit 17 Zentimetern der längste Käfer der Welt.
20 B – Marienkäfer fressen Blattläuse.
21 C – Die Reaktionskammer des Bombardierkäfers liegt in seinem Hinterleib.
22 A – Kakerlaken sind sogar gegen Radioaktivität weitgehend immun.
23 B – Die unbekannte Riesenspinne entdeckte man in Israel.
24 D – Die todesähnliche Starre der Bärtierchen nennt man Kryptobiose.
25 C – Bärtierchen haben acht Beine.
26 C – Luftplankton beeinflusst unser Wetter.
27 B – Die Gesichtsform von Säugetier-Babys, die bei den älteren Tieren Fürsorgeverhalten auslöst, nennt man Kindchenschema.
28 D – Eine Wolfsfamilie ist ein Rudel.
29 A – Wölfe, Wisente und sogar Bären gibt es in Polen.
30 A – Die in den USA weit verbreitete Zeichensprache heißt ASL (American Sign Language).
31 C – Krähen sind Rabenvögel.

32 B – Der Krake in Seattle heißt Harry Potter.
33 C – Das Kommunikationszentrum einer Pflanze befindet sich in der Wurzel.
34 D – Die Dattelpalme aus dem uralten Samen bekam den Namen Methusalem.
35 A – Das internationale Samenarchiv steht in Spitzbergen.
36 B – Das Wiesenschaumkraut verbreitet sich durch Saftdruckstreuung.
37 D – Das Schneeglöckchen lässt seine Samen von Ameisen verbreiten.
38 A – Der Sonnentau ist eine fleischfressende Pflanze.
39 C – Die Kannenpflanze lockt ihre Beute mit Duftstoffen an.
40 B – Das Wurzelgeflecht eines Pilzes nennt man Myzel.
41 C – Ein Mammutbaum kann über 100 Meter hoch werden.
42 B – Allergene können Allergien auslösen.
43 C – Zum ersten Mal trat die Schweinegrippe in Mexiko auf.

Erde und Weltall

44 D – Die Zentrale für geologische Tiefenbohrungen ist in Potsdam.
45 C – Eine Kohle führende Schicht nennt man Flöz.
46 C – Die meisten unterirdischen Brände gibt es in China.
47 D – Ein Höhlenforscher ist ein Speläologe.
48 A – Der aufgetaute Permafrostboden bildet Methan.
49 B – Die Verwitterung von Gestein nennt man Erosion.
50 A – Das Mineral Hapkeit stammt vom Mond.
51 A – Ein Sand-Wasser-Gemisch wird Suspension genannt.
52 C – Der Vulkan Tambora sorgte 1816 für „ein Jahr ohne Sommer".
53 C – Ein Sponsor beteiligt sich an den Kosten einer Expedition.
54 B – Im Königreich Bhutan gibt es mehrere unbestiegene Berge.
55 A – Der größte Alpengletscher heißt Aletschgletscher.
56 D – Die meisten Gletscher gibt es auf dem Kontinent Antarktika.
57 C – Das meiste Methanhydrat lagert im Meer.
58 B – Methan wird von Bakterien erzeugt.
59 B – Eine Monsterwelle nennen Seeleute „Kaventsmann".
60 B – Tiefseebakterien nutzen Schwefelwasserstoff für die Energiegewinnung.
61 D – Eine Wanderdüne kann über 300 Meter hoch werden.
62 C – Die „Lange Anna" besteht aus Sandstein.
63 C – Die größte Ortschaft auf Sylt heißt Westerland.
64 C – Forscher nennen das Doggerland scherzhaft „verlorene Welt".
65 B – Das Schiff „Esperanza" hat die Müllinsel erforscht.
66 A – Die Menschen haben früher Geister für Irrlichter verantwortlich gemacht.
67 B – Nach einem Elmsfeuer gibt es oft einen Blitz.
68 C – Elektrisch leitendes Gas nennt man Plasma.
69 A – Steinmeteorite werden auch Chondrite genannt.
70 A – Asteroiden wurden früher auch Planetoiden genannt.
71 A – Die Raketenstufe schlug im Krater Cabeus ein.

72 C – Der Mars wird auch „roter Planet“ genannt.
73 B – Der Mars-Roboter „Spirit“ steckt seit 2009 im Sand fest.
74 C – Der größte Mond Jupiters heißt Ganymed.
75 D – Die Pluto-Monde Nix und Hydra wurden erst 2005 entdeckt.
76 C – Der größte Zwergplanet des Kuipergürtels heißt Eris.
77 A – Die meisten Exoplaneten sind Gasriesen.
78 A – Unsere Nachbargalaxie heißt Andromedagalaxie.
79 D – Schwarze Löcher nennt man auch Singularität.

Aktuelles Weltgeschehen

80 C – Oscar Lafontaine trat 2010 als Parteivorsitzender der Linken zurück.
81 A – Der erste Präsident der Bundesrepublik war Theodor Heuss.
82 A – Der siebenarmige jüdische Leuchter heißt Menora.
83 C – Der Turm einer Moschee wird Minarett genannt.
84 B – Vielen Senioren droht in Zukunft die Altersarmut.
85 D – Die von Armut bedrohte Unterschicht wird auch als Prekariat bezeichnet.
86 C – Eine Gesellschaft mit ständiger Kontrolle nennt man Observosphäre.
87 B – Das SWIFT-Abkommen erlaubt den USA, Kontodaten einzusehen.
88 A – Billiglöhne nennt man auch Dumpinglöhne.
89 B – Die „EU-Außenministerin“ heißt Catherine Ashton.
90 A – Österreich ist nicht Mitglied der NATO.
91 D – 2009 wurde Anders Rasmussen zum Generalsekretär der NATO gewählt.
92 C – Der Klimagipfel 2009 fand im Bella Center statt.
93 D – Louisiana ist von der Ölpest besonders betroffen.
94 A – Einen explosionsartigen Austritt von Erdöl nennt man Blow-out.
95 B – Der G8-Gipfel 2010 fand in Huntsville in Kanada statt.
96 D – Silvio Berlusconi führte die italienische Delegation an.
97 A – Jacques Chirac war Sarkozys Vorgänger im Amt des Staatspräsidenten.
98 C – Barack Obamas Vater stammt aus Kenia.
99 D – Barack Obama gehört der Partei der Demokraten an.
100 C – Der berühmteste Revolutionär Kubas ist Che Guevara.
101 B – Das Hauptquartier der Bundeswehr in Afghanistan liegt in Kunduz.
102 D – Im Iran wird Persisch gesprochen.
103 C – Saddam Hussein herrschte bis 2005 im Irak.
104 D – Der Krimiautor Henning Mankell war an Bord eines gekaperten Hilfsschiffes.
105 D – Die Hauptstadt von Georgien heißt Tiflis.
106 C – Hongkong hat eigene Gesetze und ein kapitalistisches Wirtschaftssystem.
107 B – Chinas Aufforstungsaktion wird „Grüne Mauer“ genannt.
108 C – Die Hauptstadt Nordkoreas heißt Pjöngjang.
109 A – Kenia ist der größte Blumenexporteur der Welt.
110 B – Die Hauptstadt von Ghana heißt Accra.
111 B – Somalia liegt am Horn von Afrika.

Wirtschaft

112 C – Banker bezeichnen Häuser und Grundstücke als Immobilien.
113 B – Die Bank „Lehman Brothers“ ging durch die Wirtschaftskrise pleite.
114 A – Der Broker handelt an der Börse mit Derivaten.
115 A – Das lateinische Wort „bonus“ bedeutet „gut“.
116 D – Das Bankgeheimnis hat bislang viele Steuersünder geschützt.
117 C – Der Haushalt wird auch Etat genannt.
118 D – John Maynard Keynes lehrte an der Universität von Cambridge.
119 A – Unternehmensberatung heißt auf Englisch „Consulting“.
120 B – Ein Insolvenzverwalter wird von einem Gericht eingesetzt.
121 C – Schwarzarbeit wird auch Schattenwirtschaft genannt.
122 B – Die Umweltprämie wurde auch als Abwrackprämie bezeichnet.
123 C – Die griechische Währung hieß früher Drachme.
124 A – Medikamente werden Pharmazeutika genannt.
125 B – Auch Rentner müssen Steuern zahlen.
126 D – Soziale Kompetenz nennt man auch „Soft Skills“.
127 B – Roboter übernehmen immer mehr Arbeit in Fabriken.
128 A – Toyota ist der größte Autoproduzent der Welt.
129 A – Der Firmensitz von Airbus befindet sich in Toulouse/Frankreich.
130 D – Das Lieblingsziel chinesischer Touristen in Deutschland ist Berlin.
131 A – Ein Anbieter-Portal im Internet ist ein virtueller Marktplatz.
132 C – Das aus Japan stammende Garnelenimitat heißt Surimi.
133 A – Saudi-Arabien ist der größte Erdölexporteur der Welt.
134 C – Gasprom ist der größte russische Gaslieferant.
135 A – Kohlekraftwerke erzeugen besonders viel CO_2.
136 A – „Graue Energie“ bezeichnet den indirekten Energieverbrauch.
137 D – Biodiesel wird aus Raps und Sojabohnen gewonnen.
138 D – Indium ist ein besonders seltenes Metall.
139 C – Vor der Küste Norwegens werden Lachse gezüchtet.

Technik

140 D – Ein Elektroauto braucht kein Getriebe.
141 A – Das Elektroauto wurde 1881 erfunden.
142 B – Der Chemiker Schönbein hat die Brennstoffzelle entwickelt.
143 C – Die Laufmaschine LAURON hat sechs Beine.
144 A – Ein Transporter darf außerhalb einer Ortschaft nicht die Straße benutzen.
145 B – Die meisten Laufstühle werden mit einem Joystick gesteuert.
146 C – Die Fehmarnbeltbrücke folgt der Vogelfluglinie.
147 C – Die Tunnel in den Alpen sollen die Menschen vor Lärm schützen.
148 B – Die erste Fahrt eines Schiffes nennt man Jungfernfahrt.
149 C – Alle Seenotrettungskreuzer haben eine Feuerlöschanlage an Bord.

150 B – Der Rettungskreuzer „Eiswette“ ist auf Nordstrand stationiert.
151 D – Die Außenjade führt von der Nordsee zum JadeWeserPort.
152 A – Jeder Tauchroboter hat einen Tiefenmesser an Bord.
153 D – Wasserstoff sorgte früher für den Auftrieb der Zeppeline.
154 A – Pralluftschiffe nennt man auch Blimps.
155 D – Der Airbus A380 wird auch Superjumbo genannt.
156 C – Das erste SpaceShipTwo-Raumschiff heißt „Enterprise“.
157 B – Die Umlaufbahn eines Satelliten wird Orbit genannt.
158 C – Trümmer im Weltraum sollen künftig mit Lasern abgeschossen werden.
159 A – Der humanoide Roboter von Honda heißt Asimo.
160 C – Der Lotoseffekt lässt Wasser und Schmutz abperlen.
161 C – Nach oben gebogene Flügelenden heißen Winglets.
162 C – Zur Medizin der Zukunft gehören Nanopartikel.
163 C – Blinden pflanzt man Chips in die Netzhaut ein.
164 B – Ein Duftscanner wird auch „künstliche Nase“ genannt.
165 C – Die Patronen eines Smell-Synthesizers enthalten Duftöle.
166 A – Smartphones haben einen MP3-Player installiert.
167 D – Das Original wird mit einem 3-D-Scanner abgetastet.
168 A – In einem LCD-Bildschirm erzeugen Flüssigkristalle das Bild.
169 D – Der Nachfolger der Blu-Ray-Disc könnte die HVD werden.
170 B – Die größte Solaranlage der Welt könnte in Zukunft in der Sahara stehen.
171 D – Deutschlands größter Offshore-Windpark heißt „Alpha ventus“.
172 B – Tiefe wird bei Bergleuten „Teufe“ genannt.
173 C – In Chuquicamata wird Kupfererz abgebaut.
174 C – Vom Grand Canyon Skywalk aus sieht man den Colorado River.
175 C – Der Eiffelturm war von 1889 bis 1930 das höchste Gebäude der Welt.
176 D – Das Gran Telescopio steht auf der Kanareninsel La Palma.
177 A – Eine Energiesparlampe hat keinen Glühfaden.
178 C – Thomas Alva Edison hat die Glühbirne entwickelt.
179 B – Ein Null-Energie-Haus wird manchmal auch Ökohaus genannt.
180 A – Die Wärmepumpe entzieht der Luft Wärmeenergie.

Wissenschaft

181 C – Der Mathematiker Euklid hat sich mit Primzahlen beschäftigt.
182 A – Die Verschlüsselung von Nachrichten heißt Kryptografie.
183 B – Lichtteilchen werden Photonen genannt.
184 C – An Bord der „Enterprise“ ist „Scotty“ für das Beamen zuständig.
185 B – Hadronen bestehen aus Quarks.
186 C – Schon Albert Einstein suchte nach der Weltformel.
187 B – Das englische Wort „string“ bedeutet „Saite“.
188 A – Das englische Wort für Urknall ist „Big Bang“.
189 D – Den Zustand vor dem Urknall nennen Physiker Singularität.

190 B – Die Summe aller Paralelluniversen wird Multiversum genannt.
191 D – David Deutsch erforscht Paralleluniversen.
192 D – Bei der Fusion von Wasserstoffkernen entsteht Helium.
193 B – Der Quantencomputer rechnet mit Qubits.
194 C – Elektromagnete arbeiten mit supraleitenden Spulen.
195 D – Das Wort „Nano“ bedeutet „Zwerg“.
196 D – Blauwale können Infraschall gut hören.
197 D – Das schwärzeste Schwarz besteht aus Kohlenstoff.
198 D – Einen Ornithopter nennt man auch Schlagflügelapparat.
199 A – Otto Lilienthal hat mit Ornithoptern experimentiert.
200 B – In einer Kavitationsblase befindet sich ein Körper.
201 C – Ein Hyperschallflugzeug braucht Wasserstoff als Treibstoff.
202 D – Xenon dient meist als Treibstoff für Ionentriebwerke.
203 C – Erdbeben zeichnet man mit Seismografen auf.
204 B – Der Krater eines Supervulkans wird Caldera genannt.
205 A – Die Enden der Chromosomen heißen Telomere.
206 A – Das Erbgut von Lebewesen befindet sich im Zellkern.
207 C – Mediziner nennen die Hörschnecke im Innenohr Cochlea.
208 C – Ein Kernspintomograf macht Scheibenbilder.
209 A – Steven Spielberg drehte den Film *E.T.* und unterstützt SETI.
210 D – Der „Computer von Antikythera“ ist 2150 Jahre alt.

Sport

211 A – Franz Beckenbauer holte sich 1974 als Spieler und 1990 als Trainer den WM-Titel.
212 C – Ungarn hat noch keinen WM-Titel gewonnen.
213 C – Die deutsche Bundestrainerin heißt Silvia Neid.
214 B – Erster deutscher Frauenfußballmeister wurde 1974 der TuS Wörrstadt.
215 C – Der RoboCup findet jedes Jahr statt.
216 C – Fechten war bisher bei allen Olympischen Spielen vertreten.
217 A – Beachvolleyball gehört seit 1996 zum Programm.
218 C – Die III. Olympischen Spiele fanden 1904 in Athen statt.
219 A – Einen Pelota-Spieler nennt man Pelotari.
220 C – Olympische Winterspiele dauern 17 Tage.
221 B – Radball wird in der Halle gespielt.
222 D – Der Schmetterlingsstil wird auch Delfin genannt.
223 B – Bis 2008 war Mark Spitz der erfolgreichste Schwimmer.
224 B – Eine „Wild Card“ kann die Teilnahme an einer WM sichern.
225 C – Michael Schumacher hat 2004 seinen letzten WM-Titel gewonnen.
226 D – Die Formel-1-Wagen von Mercedes nennt man auch Silberpfeile.
227 C – Der Supercup findet alle zwei Jahre in Deutschland statt.
228 C – Der Ironman zählt zum Triathlon.

229 D – Beim Rotpunkt ist man durch ein Seil gesichert.
230 D – Das Freiklettern wurde in der Sächsischen Schweiz erfunden.
231 B – Bei einer Dopingkontrolle müssen Sportler eine Urinprobe abgeben.
232 B – Der Wirkstoff Epo steigert die Produktion der roten Blutkörperchen.
233 A – Der Schutzanzug beim Canne de Combat heißt Tenue.
234 A – Das griechische Wort „Apnoe" bedeutet „Atemstillstand".
235 C – Freitaucher benutzen eine Monoflosse.
236 D – Ein Schiff mit drei Rümpfen heißt Trimaran.
237 D – Das Schweizer Schiff „Alinghi" war zweimal beim Admiral's Cup erfolgreich.
238 C – Beachvolleyball wurde in den USA erfunden.
239 B – Die Kombination aus Fußball und Beachvolleyball heißt Footvolley.
240 B – Aufsteigende warme Luft nennen Segelflieger Thermik.
241 C – Das Segelfliegen wurde in Deutschland erfunden.
242 C – Der Horseball hat sechs Schlaufen.
243 B – Can's Professional kann man im Internet bewundern.
244 C – Fingerboarder nennen ein Hindernis Obstacle.
245 B – Einen Becherstapler nennt man Stacker.
246 A – Der Schottenrock heißt Kilt.
247 B – Der Bleikern macht die Boßelkugel so schwer.
248 D – Boßeln wird in Irland „Road Bowling" genannt.
249 C – Base-Jumper nennt man auch Objektspringer.
250 A – Parkour-Sportler nennen sich Traceure.
251 B – Die Lenkstange eines Kites heißt Bar.
252 C – Auf Fehmarn finden regelmäßig Kite-Surf-Wettbewerbe statt.
253 D – Philip Shaw hat das Extrembügeln erfunden.
254 B – Auf der „Grünen Woche" konnte man Kuhfladenweitwurf ausprobieren.

Kommunikation und Medien

255 D – Ein Roboter spielt in *Metropolis* eine große Rolle.
256 B – Der Regisseur Fritz Lang drehte *Metropolis*.
257 A – Bella Swan begegnet in *Twilight* dem Vampir Edward Cullen.
258 D – Der erste Vampirfilm hieß *Die Vampirtänzerin*.
259 B – Albus Dumbledore wird seit dem dritten Harry-Potter-Film von Michael Gambon gespielt.
260 C – Daniel Radcliffe hat schon einmal David Copperfield gespielt.
261 B – Esgaroth wird gegen die Orks verteidigt.
262 A – Der Oscar heißt offiziell Academy Award.
263 B – Oscar-Preisträgerin Sandra Bullock spricht fließend Deutsch.
264 C – Der Chef von James Bond heißt M.
265 A – Auf dem Planeten Pandora leben die Na'vi.
266 C – Beim Film *Titanic* führte James Cameron Regie.
267 B – Der Dokumentationskanal von ARD und ZDF heißt Phoenix.

268 D – Den Monitor eines Tablet-Computers nennt man Touchscreen.
269 B – Blogs wurden früher Online-Tagebücher genannt.
270 B – Der Blogger schreibt einen Blog.
271 C – Die persönliche Geheimzahl wird PIN genannt.
272 B – Neu aufgelegte Videospiele heißen Retrospiele.
273 A – Psychologen erforschen die Spiel- und Internetsucht.
274 C – Viele Süchtige leiden unter Depressionen.
275 D – Spyware-Programme spionieren Computer aus.
276 B – Ein soziales Netzwerk wird auch Netzgemeinschaft genannt.
277 C – Zu „Cyber Bullying“ kann man auch „Cyber Mobbing“ sagen.
278 A – Eine Schallplatte hat auf jeder Seite eine Rille.
279 C – DJs scratchen.
280 C – Beim illegalen Downloaden wird das Urheberrecht verletzt.
281 D – Die Slotmusic-Card kann auch mit dem Handy abgespielt werden.
282 B – MP3 hat den Walkman vom Markt verdrängt.
283 C – Eine CD besteht vor allem aus Polycarbon.
284 D – Dennis Gábor hat die Holografie erfunden.
285 B – Das chinesische Satellitennavigationssystem heißt Compass.
286 C – Der Reisepass enthält einen RFID-Chip.
287 A – Haustiere tragen heute oft schon einen implantierten RFID-Chip als Ausweis.
288 C – Ein Computer braucht künstliche Intelligenz, um sprechen zu können.
289 A – Die meisten Esperanto-Sprecher leben in Europa.
290 D – Die Quantenkryptografie verwendet Photonen.
291 C – Eine schwarze Flamme auf orangefarbenem Grund bedeutet „hochentzündlich“.
292 B – Der Autor Michael Ende schrieb *Die unendliche Geschichte*.
293 B – Die Dokumente werden mit einem Scanner eingelesen.
294 A – Stephen King veröffentlicht manche Geschichten nur als E-Book.
295 B – Die herkömmliche Buchdrucktechnik heißt Offsetdruck.
296 C – Ein Laie wird auch Amateur genannt.
297 D – Medizin-Ratgeber sind die beliebtesten.

Musik

298 B – Der Schimpanse von Michael Jackson hieß Bubbles.
299 C – Joe Zawinul lernte als Kind Akkordeon.
300 B – Joe Zawinul begleitete Ella Fitzgerald mit dem Klavier.
301 D – Der erste Hit von Scooter hieß *Hyper Hyper*.
302 B – Der Sänger der *Scorpions* heißt Klaus Meine.
303 D – *Yesterday* ist auf dem Album *Help!* erschienen.
304 C – Jimi Hendrix hat manchmal mit den Zähnen Gitarre gespielt.
305 C – Madonnas erster Megahit war *Like a Virgin*.
306 A – Madonna gab James Bond Fechtunterricht.
307 A – Howard Carpendale bekam 2004 den „Echo“.

308 B – Die *Rolling Stones* wurden bereits 1962 gegründet.
309 D – Die *Beatles* sind in der „Hall of Fame“ am häufigsten vertreten.
310 D – Yehudi Menuhin spielte eine Geige von Stradivari.
311 A – Das erste Album von Björk hieß *Björk*.
312 C – John Phillips gilt als Erfinder des Rockfestivals.
313 B – Janis Joplin trat beim ersten Woodstock-Festival auf.
314 B – Das ursprüngliche Woodstock-Festival dauerte drei Tage.
315 B – Al Gore erhielt 2007 den Friedensnobelpreis.
316 C – Beyoncé hat 2010 den Grammy für den Song des Jahres gewonnen.
317 D – Der erste Hit von Tokio Hotel hieß *Durch den Monsun*.
318 A – Sieger der ersten Staffel von DSDS wurde 2003 Alexander Klaws.
319 D – Some & Any gewannen 2009 bei „Popstars“.
320 C – Das Wort „Soundtrack“ eigentlich bedeutet eigentlich „Tonspur“.
321 B – Der Onkel von Frodo Beutlin heißt Bilbo.
322 A – Die in Spanien beliebte Sackpfeife heißt Gaita.
323 A – Leon Theremin nannte sein Instrument anfangs „Ätherophon“.
324 C – Ein Gänsegeier lieferte den Knochen für die Flöte.
325 C – Joel Day hat den Welt-Tuba-Tag erfunden.
326 A – Die Ureinwohner Australiens heißen Aborigines.
327 A – Der Spitzname von Bruce Springsteen ist „The Boss“.
328 B – Eine Soundkarte ist für das Homerecording wichtig.
329 D – Jeder echter Sampler braucht ein Mikrofon.
330 A – Das MP3-Format wird zum Tausch von Musiktiteln genutzt.
331 B – Filehoster werden auch Cyberlocker genannt.

Kuriositäten

332 C – Der Essensdrucker hat im Gegensatz zu anderen Druckern eine Kühlanlage.
333 D – Die Pommes Frites wurden in Belgien erfunden.
334 C – Der DDR-Hamburger hieß Grilletta.
335 B – Ein Hamburger mit Käse und einer Ananasscheibe wird Hawaiiburger genannt.
336 A – Der teuerste Kaffee der Welt heißt Kopi Luwak.
337 A – Insekten enthalten viel Eiweiß.
338 D – In Thüringen kann man auf den fabelhaften Rasselbock treffen.
339 A – Loriot entdeckte den Wilden Waldmops.
340 A – Im Osten des Loch Ness liegt Inverness.
341 C – Einige Zeit lang wurde hinter Nessie ein Plesiosaurus vermutet.
342 D – Die längeren Haare am Fesselgelenk eines Pferdes nennt man Kötenbehang.
343 D – Der Inselvogt erforscht auf Memmert Löffler.
344 A – Eine „Urban Legend“, die sogar in der Zeitung landet, heißt Zeitungsente.
345 C – Ein Fallschirmspringer hat immer einen Reservefallschirm dabei.
346 C – An der Notwasserung eines Flugzeuges auf dem Hudson River in New York waren Gänse schuld.

347 C – Bhutan ist bekannt für seine außergewöhnlichen Briefmarken.
348 C – Der Spitzname von Johannes Heesters ist Jopi.
349 D – Die Sommerresidenz des Papstes heißt Castel Gandolfo.
350 A – Der Österreicher Johann Hölzel wurde als *Falco* ein Weltstar.
351 D – Der Engländer Farrokh Bulsara wählte als Künstlernamen *Freddie Mercury*.
352 D – Das Weiße Haus wurde aus Sandstein erbaut, das immer wieder weiß gestrichen wird.
353 C – Das Arbeitszimmer des Präsidenten heißt „Oval Office".
354 D – Um im Vatikan einen Geldautomaten zu bedienen, muss man Latein können.
355 A – Alfred Veil hat den Morsecode erfunden.
356 D – Die Wissenschaft vom Lachen heißt Gelotologie.
357 C – Die Shakespeare-Figur Hamlet stellt die berühmte Frage: „Sein oder nicht sein?"
358 B – Die Tragödie von Romeo und Julia spielt in Verona.
359 B – Einem ehrlichen Finder steht ein Finderlohn zu.
360 C – Pablo Picasso ist derzeit der teuerste Künstler der Welt.
361 C – Neil Armstrong betrat am 20. Juli 1969 als erster Mensch den Mond.
362 B – John F. Kennedy wurde in Dallas erschossen.
363 B – Eine 10-Pfennig-Münze wurde früher Groschen genannt.
364 C – Goethe wünschte sich „mehr Licht".

L

M

N

O

P

Q

R

S

Bildnachweis

Umschlag: Portrait U1 und Klappe Jörg Pilawa: Random House/Flashfotos.de; alle anderen Fotos U1: Shutterstock (Wal: idreamphoto, Gehirn: Yakobchuk Vasyl, Windrad: T.W. van Urk, Basketball: xc, Fahnen: Sven Hoppe, Mars: Luis Stortini Sabor aka Cvadrat); Fotos U4 von links nach rechts: Corbis/Michael St. Maur Sheil, Picture Alliance/EPA/Walton, Shutterstock/Lars-Hendrik Frahm.

Innenteil: Alamy Images: 22 (Blickwinkel/Hartl); Ardea.com: 15 (Mark Boulton); Associated Press: 11 (Carin L. Cain), 14 (Conservation International/Bruce Beehler), 31 (Gorilla Foundation), 53 (Michael Dwyer); Astrofoto: 66 (Astrofoto), 68 (Keller/Schmidbauer), 69 o. (Ralf Schoofs), 69 u. (Shigemi Numazawa); Biosphoto: 10 o. (Gunther Michel); Cinetext Bildarchiv: 169 (Raumschiff Enterprise (Star Trek, TV-Serie, USA 1966-1969)); Corbis: 13 o. (HO/Reuters), 42 (Michael St. Maur Sheil), 45 (Ashley Cooper), 57 o. (JP Laffont/Sygma; Filmtitel: Am Anfang war das Feuer), 91 (Joaquin Hernandez/Xinhua Press), 141 (Arnd Wiegmann/Reuters), 188 (Jim Bourg/Reuters), 250 (Megan Lewis/Reuters), 295 (DK Limited/Dave King); Deutscher Wetterdienst (DWD): 59 (Claudia Hinz); Gettyimages: 13 u. (Dorling Kindersley/Andrew Nelmerm), 17 (Louie Psihoyos), 27 (Oxford Scientific/Photolibrary), 40 (Dorling Kindersley/ Joe Cornish), 44 (National Geographic/Stephen Alvarez), 58 (AFP/Jay Directo), 70 (Daniel Berehulak), 72 (AFP), 83 (AFP/Cristina Quicler), 87 (Bloomberg), 88, 89 (AFP/Eric Feferberg), 92 (AFP/Behrouz Mehri), 93 o. (Pool), 93 u. (AFP/Michael Kappeler), 94 (AFP/Joseph Eid), 95 (AFP), 96 o. (AFP/Sai Khatib), 96 u. (Abid Katib), 97 o. (Frank Hoensch), 97 u. (AFP/Mikhail Metzel), 98 o. (Epsilon), 98 u. (Alex Wong), 100 (AFP), 102 (AFP/Ali Musa), 103 u. (AFP/Pierre Verdy), 104 (Vincenzo Lombardo), 112 (Hulton Archive/Walter Stoneman), 121 (Ulf Andersen), 122 (AFP/Andrew Yates), 126 (Stone/Arnulf Husmo), 130, 146 u., 148, 150 (Bloomberg), 172 (Stone/Gary S Chapman), 182 (The Images Bank/Marvin E. Newman), 301 (Lipnitzki/Roger Viollet); William K. Hartmann, Planetary Science Institute, Tucson, AZ, USA: 43 (Painting by William K. Hartmann); Imago: 78, 116 (Blickwinkel), 107, 108 u., 161 u., 196, 208, 257, 262 (UPI Photo), 108 o. (Hans Günther Oed), 109, 119, 125, 162, 165 (Imagebroker), 111, 123 (Pemax), 113 (Seeliger), 115, 140 o., 240 (Horst Rudel), 117, 120, 177, 194, 288, 289 (Xinhua), 118, 204 (Thomas Frey), 128 u. (Rust), 129 (Theissen), 132, 210 (Hoch Zwei), 133 (Gran Angular), 134 (Cover Spot), 146 o. (Arnulf Hettrich), 151 (Insadco), 153 (Manja Elsässer), 159 u. (Jochen Tack), 160, 164 (Mc Photo), 161 o. (Imagebroker/Handl), 195 o., 195 u. (Hübner), 197 (Thomas Zimmermann), 198 (PanoramiC), 212 (BPI), 216 (HBL Network), 220 (Paul Marriott), 222, 224, 227 o., 243 (United Archives), 227 u. (Granata Images), 228 (Itar-Tass), 230 (Müller-Stauffenberg), 233, 236 (Niehoff), 234 (Schöning), 238 (Geisser), 239 (Sven Simon), 244 (APress), 247 (Marc Schüler), 251 (Manfred Siebinger), 253, 260 (Stefan M. Prager), 254 (LFI), 263 (Zwei Kameraden), 265 (Bernd Müller), 266 (Star Media), 268 (Hogreve), 269 (Reporters), 275 (H.R. Schulz), 276 (Imagebroker/Wothe, 291 (Rüttimann), 298 (MIS); Interfoto: 252 (Moore), 255 (Michael Pladeck), 256 (Stephan Rumpf), 258 (Photoasia), 259 (Zill), 261 (Lisa Law), 264 (Imagebroker), 267 (Geraldo); Istockphoto: 8 (Sascha Burkhard), 19 (Daniel Halvorson), 21 (proxyminder), 23 (David Orr), 25 (Joseph OBrien), 30 (Jim Kruger), 33 (XAOC), 35 (Joe Gough), 37 (horstklinker), 38 (Slobo), 39 (Sebastian Kaulitzki), 47 (Terry Wilson), 48 (Harris Shiffman), 50 (Bartosz Hadyniak), 61, 62 (Christian Miller), 101 (Michael Fuller), 106 (Andy Dean), 110 (Daniel Montreuil), 127 (bronswerk), 128 o. (Dieter Hawlan), 131 (antikainen), 152 (Jurjen Draaijer), 154 (stocknshares), 156 (Ivan Stevanovic), 166 (Sebastian Duda), 179 (Natalia Silych), 185 (Conor Quinlan), 192 (Ben Blankenburg), 199 (Bonnie Schupp), 205 u. (ParkerDeen), 206 (Scott Cramer), 211 (Siri Groenskar), 217 (Michael Walker), 235 (filonmar), 242 (Péter Mács), 245 (Yunus Arakon), 246 (kryczka), 248 (Lise Gagne), 270 (Mark Herreid), 272 (quavondo), 274 (Mikkel William Nielsen), 286 (Dirk Freder), 287 (Martina Barbist), 294 (Nikada); Laif: 138 u. (Thomas Ernsting); NOAA Photo Library: 54 (OAR/National Undersea Research Program (NURP)/P. Rona; Quelle: http://www.photolib.noaa.gov/htmls/nur04506.htm); Picture Alliance: 10 u. (Dpa/Holger Hollemann), 12 (dpa/Markus Poschmann), 18 (dieKLEINERT.de/Nicolas Neubauer), 26 (epa/Yael Ofek/University Of Haifa), 28 (epa/Walton), 29 (Urs Müller), 34 (dpa – Bildfunk/Guy Eisner/Science Magazine: Die Forscher präsentieren die Dattelpalme im US-Fachjournal «Science» (Bd. 329, S. 1463) vom Freitag 13.06.2008), 36 (epa Str), 46 (dpa-Zentralbild/Euroluftbild.de), 49 (Abacapress/ De Malglaive Etienne), 57 u. (dpa/Federico Gambarini), 63 (NASA/AFP), 64 (DB NASA), 73 (DeFodi), 75 (dpa/Jochen Lübke), 76 o. (dpa-Zentralbild/Karlheinz Schindler), 77 (dpa-Zentralbild/ Patrick Pleul), 79

(ANP/Ed Oudenaarden), 80 (Anke Fleig/SVEN SIMON), 81 o. (Scharsich), 81 u. (epa ansa), 82 (epa Lusa Inacio Rosa), 84 (dpa/Wulf Pfeiffer), 85 (dpa/Kay Nietfeld), 86 (dpa/Henning Bagger), 90 (epa Pat Benic/Pool), 103 o. (Carlos Dias/Nato), 114 (dpa/Daniel Karmann), 124 (dpa/Frank May), 136 (DPPI/Gregory Lenormand), 138 o. (ZB-Fotoreport/Jan-Peter Kasper), 139 (dpa–Report/Jens Büttner), 140 u. (dpa/Chad Ehlers), 142 (dpa-Report/DB RCI), 143 (dpa-Zentralbild/Stefan Sauer), 144 (dpa/Klaus Schreiber), 145 (dpa/Carsten Rehder), 147 (dpa/Virgin Galactic), 149 (dpa-Report/ESA), 155 (dpa/Tobias Kleinschmidt), 157 (maxppp/Matthieu de Martignac), 158 (dpa-Report/Thomas Schulze), 159 o. (dpa/Ingo Wagner), 163 (dpa-Report/Instituto de Astrofisica de Canarias (IAC)), 168 (akg-images/Orsi Battaglini), 170 (dpa/Martial Trezzini), 171 (United Archives/TopFoto), 173 (dpa-Report/epa Stefan Zaklin), 174 (dpaweb/Forschungszentrum Karlsruhe), 175 (dpaweb/epa Sipa Tschaen), 178 (Mary Evans Picture Library/Julie), 180 (dpa-Report/epa anp Ed Oudenaarden), 184 (dpa), 186 (Sueddeutsche Zeitung Photo/Robert Haas), 187 (dpa/Peter Endig), 189 (dpa-Fotoreport/ESO), 190 (dpa-Report/epa ANA Cardiff University), 191 (dpa-Bildarchiv/Tass), 200 (Augenklick/Roth), 201 (Newscom), 202 (landov/Albert Pena), 203 (dpa/Jens Büttner), 205 o. (dpa/Bruce Omori), 209 (Sea & See), 213 (dpaweb/Patrick Seeger), 214 (dpa-Report/Boris Roessler), 215 (Berlin Picture Gate/Kalozois George), 218 (ASA/Sampics), 223 (N.N.), 225 (dpa-Fotoreport/Enterpress NLC), 226 (dpa/Paul Buck), 229 (dpa/Andy Rain), 231, 232 (dpa/Oliver Berg), 237 (dpa Report/Jan-Peter Kasper), 241 (dpa/Frank Rumpenhorst), 282 (dpa-Fotoreport/Bernd Weissbrod), 283, 297 (Mary Evans Picture Library), 284 (United Archives/Top Foto), 285 (dpa/Ulrike Cordes), 290 (ZB-Fotoreport/Peter Förster), 292 (dpa/Hendrik Schmidt), 296 (dpa Bildarchiv/Frank Mächler), 299 (dpa/Epa Nasa); Photoshot: 24 (Bruce Coleman/Edward L. Snow); Public Library of Science/Art: John Megahan (www.plos.org): 16 (Original Artikel: Giant Haast's eagle attacking New Zealand moa; Citation: (2005) Ancient DNA Tells Story of Giant Eagle Evolution. PLoS Biol 3(1): e20. doi:10.1371/journal.pbio.0030020; http://www.plosbiology.org/article/info:doi/10.1371/journal.pbio.0030020); Reuters: 32 (Stringer New Zealand), 183 (Mike Blake); Sammlung Gesellschaft für ökologische Forschung, München: 51; Shutterstock: 55 (Andrea Lehmkuhl), 56 (Lars-Hendrik Frahm), 60 (Graeme Dawes), 65 (Patrimonio designs limited), 67 (Linda Brotkorb), 74 (Manfred Steinbach), 76 u. (Monkey Business Images), 99 o. (Amy Nichole Harris), 99 u. (Leungchopan), 271 (fritz16), 278 (Sarsmis), 279 (Paul Binet), 280 (Kykykis), 281 (Sepavo), 293 (Sepavo), 294 (Nikada); Sinopictures: 176 (dinodia); USGS/United States Geological Survey (http://geology.usgs.gov/connections/index.htm): 52 (courtesy of the U.S. Geological Survey); Vario Images: 137; Wikipedia gemeinfrei: 181 (One half 3544), 207 (Abehiphop); Wildlife: 20 (S.Muller)